Gunter Prüller-Jagenteufel / Wolfgang Treitler (Hg.)

Verbrechen und Verantwortung

KATHOLIZISMUS IM UMBRUCH

Herausgegeben von
Stephan Goertz und Magnus Striet

Band 13
Verbrechen und Verantwortung

Verbrechen und Verantwortung

Sexueller Missbrauch von Minderjährigen in kirchlichen Einrichtungen

Herausgegeben von
Gunter Prüller-Jagenteufel und
Wolfgang Treitler

HERDER

FREIBURG · BASEL · WIEN

MIX
Papier aus verantwortungsvollen Quellen
FSC® C083411

www.herder.de
Umschlaggestaltung: Verlag Herder
Satz: Barbara Herrmann, Freiburg im Breisgau
Herstellung: CPI books GmbH, Leck
Printed in Germany
ISBN Print 978-3-451-38913-9
ISBN E-Book (PDF) 978-3-451-83913-9

Sono contento e grato per l'iniziativa della serie di conferenze sugli abusi sessuali sui minori e la loro prevenzione, organizzata alla Facoltà di Teologia cattolica dell'università di Vienna.

Che il Signore benedica tutto ciò che state facendo per la protezione del bene dei più vulnerabili.

Avvento 2019

Franciscus

(Übersetzung s. S. 11)

Inhalt

II: Herausforderungen an die Katholische Kirche

III: Verantwortung und Prävention

Einleitung

Spätestens seit den 1990er Jahren sickerten Missbrauchsverbrechen in der Katholischen Kirche langsam an die Oberfläche des öffentlichen und kirchlichen Bewusstseins. In Österreich wurden damals Missbrauchsvorwürfe bekannt, die Josef Hartmann, ein ehemaliger Zögling des späteren Wiener Erzbischofs Hans-Hermann Kardinal Groer, publik machte; sie betrafen den sexuellen Missbrauch in einem Knabenseminar in den 1970er Jahren. Nach anfänglichen, teils skandalösen Repliken auf diese Vorwürfe durch andere Bischöfe – Kardinal Groer selbst schwieg dazu bis zu seinem Tod – wurde das Jahr 1998 zu einer vorläufigen Zäsur. Der Nachfolger Groers, Erzbischof Christoph Schönborn, sowie der Salzburger Erzbischof Georg Eder und die Bischöfe von Graz-Seckau und Gurk-Klagenfurt, Johann Weber und Egon Kapellari, veröffentlichten noch vor dem Abschluss einer weithin wirkungslos gebliebenen päpstlichen Visitation die Stellungnahme, sie seien zur „moralischen Gewissheit" gekommen, dass die gegen Groer erhobenen Vorwürfe den Tatsachen entsprächen. Danach kehrte Ruhe ein, kurz unterbrochen durch Anzeigen, die sich auf ein Ordensmitglied eines Benediktinerstiftes bezogen und die der zuständige Abt sehr rasch auszugleichen verstand.

Dann das Jahr 2010: Der Leiter des von Jesuiten geführten Canisius-Kollegs in Berlin, Klaus Mertes SJ, machte Missbrauchsfälle im Kolleg bekannt, schrieb den Opfern einen Brief und sorgte damit für eine Öffentlichkeit, die sich nicht mehr durch Individualbearbeitungen abfinden ließ. Das Thema der Verbrechen blieb präsent, die bisherigen Taktiken der Kirchenleitungen versagten. Doch die Katholische Kirche Deutschlands schien gelähmt: Mertes wurde vielerorts gemieden, Einladungen storniert, ein strukturierter Dialog mit den Bischöfen kam nicht zustande. Im Gegensatz dazu veröffentlichte die österreichische Bischofskonferenz am 21. Juni 2010 unter dem Titel „Die Wahrheit wird euch freimachen" eine Rahmenordnung zum Umgang mit „Missbrauch und Gewalt" in der Kirche; 2016 erfuhr diese eine überarbeitete Neuauflage. Gleichfalls 2010 wurde in Wien die „unabhängige Opferschutzkommission" eingerichtet, die seither alle angezeigten Fälle von kirchlichen Missbrauchsverbrechen bearbeitet.

2018 wurde das vom Verband der Diözesen Deutschlands angestoßene, interdisziplinäre Projekt *MHG-Studie* veröffentlicht, das sich mit kirchlichen Missbrauchsverbrechen zwischen 1946 und 2014 befasste und – auf Basis des aus Zeit- und anderen Gründen nur fragmentarisch zugänglichen Materials – den Blick in einen wahren Abgrund von Verbrechen und Lügen eröffnete. Im selben Jahr holten Verbrechen dieser Art Papst Franziskus während seiner Chile-Reise ein; die Verantwortung dafür machte er schließlich zur „Chefsache".

Das gab Anfang 2019 das Initiale zur Idee, an der Katholisch-Theologischen Fakultät der Universität Wien mit internationalen Expert(inn)en eine Ringvorlesung zu veranstalten, die sich den Verbrechen ebenso wie mit den vielfältigen, v. a. kirchlichen Verantwortungsfeldern widmen sollte.

Der Zuspruch zu dieser Veranstaltung, die unter dem Titel *Sexueller Missbrauch von Minderjährigen. Verbrechen und Verantwortung* das Wintersemester 2019/20 prägte, war enorm – sowohl von Seiten der Fakultät und des Wiener Erzbistums wie auch von Seiten der Vortragenden. Selbst der Wiener Erzbischof, Christoph Kardinal Schönborn, sagte einen Vortrag zu und stellt diesem Band das Geleitwort voraus. Am 16.12.2019 brachte Hans Zoller SJ, Leiter des *Center for Child Protection* und nicht nur kirchlich gesehen einer der weltweit führenden

Experten, eine Grußbotschaft von Papst Franziskus in die Vorlesung mit:

> „Ich bin froh und dankbar für die Initiative der Ringvorlesung zum sexuellen Missbrauch und seiner Prävention, die die Fakultät für Katholische Theologie der Universität Wien organisiert hat.
> Der Herr segne all das, was Ihr zum Schutz des Wohlbefindens der am meisten Schutzbedürftigen tut.
> Advent 2019 Franciscus"

Aus den Vorträgen dieser Ringvorlesung wurden für den vorliegenden Band diejenigen Themenbeiträge ausgewählt, die über lokale Bezüge hinaus von Bedeutung sind; für die Drucklegung wurden diese überarbeitet.

Der *erste Teil* dieses Bandes widmet sich den *aktuellen Befunden und ihrer (Be-)Deutung.*

Den Anfang macht der kirchenhistorische Beitrag von *Hubert Wolf*, den dieser am Dies facultatis der katholisch-theologischen Fakultät Wien als Festvortrag hielt: *MachtMissbrauch im Männerbund. Zur Geschichte der vielleicht tiefsten Krise der katholischen Kirche.* Ausgehend von den Ergebnissen der MHG-Studie widmet sich Wolf den persönlichen und strukturellen Ursachen des Missbrauchs aus systematischer und historischer Perspektive und zieht daraus Konsequenzen für eine anstehende Strukturreform der Kirche.

Der Neutestamentler und Rektor der Theologischen Hochschule Frankfurt/St. Georgen, *Ansgar Wucherpfennig SJ*, bringt in seinem Beitrag *Homosexualität und Pädosexualität: eine Unterscheidung* die nötigen (und im kirchlichen Kontext oftmals – mitunter wohl auch wider besseres Wissen – vernachlässigten) Differenzierungen an und zeigt, wie eine profunde biblische Exegese alte Vorurteile aufbricht und einer erneuerten Sicht den Weg bereiten kann.

Im Beitrag *Räume des Machtmissbrauchs. Die Heiligkeit von Institutionen und pädagogischer Personenkult – die Causa Odenwaldschule* erhebt der Schweizer Erziehungswissenschaftler *Damian Miller* die katastrophale Dynamik einer geschlossenen säkularen Bildungsanstalt, in der Strukturen pädagogischer Macht und eine dazu passende Ideologie den systematischen physischen, psychischen und sexuellen Missbrauch Minderjähriger förderte und zugleich verschleierte.

Der Theologe und Psychotherapeut *Erich Lehner*, der sich als Männerforscher einen Namen gemacht hat, widmet sich in seinem Beitrag *Männer als Täter? Über den Zusammenhang von Männlichkeit und Gewalt* der geschlechtsspezifischen Täterpersönlichkeit, in der Machtausübung und Gewalt in immanentem Zusammenhang mit Männlichkeitskonstruktionen eine wesentliche Rolle spielen. – Ein beredtes Zeugnis auch dafür, dass die Kirche die Genderforschung ernster nehmen sollte, als sie es zurzeit tut.

Der *zweite Teil* dieses Bandes thematisiert wesentliche *Herausforderungen für die Katholische Kirche.*

Ihn eröffnet der Beitrag von *Klaus Mertens SJ*: *Aufarbeitung von Missbrauch und die Unterscheidung der Geister.* Aus seinen jahrelangen Erfahrungen und mit einer klassisch jesuitischen Perspektive fragt Mertes nach den Gründen, die in innerkirchlichen Bildungseinrichtungen zu sexuellem Missbrauch geführt haben. Zwar kann dieser durch eine Reihe indirekter Ursachen, unter die auch der Zölibat fällt, begünstigt werden, doch hängt deren Wirksamwerden zum einen von psychischen Voraussetzungen ab, zum anderen jedoch – und entscheidend – von einem System, das Missbrauch erst ermöglicht. Hier bilden stark hierarchisierte Systeme eine wesentliche direkte Ursache für Missbrauchsverbrechen.

Die radikale theologische Dimension des sexuellen Missbrauchs Minderjähriger arbeitet *Wolfgang Treitler* in seinem Beitrag *Von der Kirchenkrise in die Gotteskrise* heraus. Die unheilvolle Koinzidenz von geistlicher Autorität, väterlichem „Freund“ und vergewaltigendem Missbrauchstäter erschüttert den Glauben von Kindern und Jugendlichen zutiefst, weil sie ein im wahrsten Sinn des Wortes perverses Gottesbild offenbart: Eines Gottes, der nicht rettet, sondern in schweigender Gleichgültigkeit verharrt und damit den Täter rechtfertigt. Theologie kann davon ebenso wenig unberührt bleiben, wie von den übrigen Menschheitsverbrechen, an denen die Kirche nicht unbeteiligt geblieben ist und die sie bleibend herausfordern.

Besonders herausgefordert durch die innerkirchlichen Missbrauchsverbrechen wurde Papst Franziskus. *Andras Batlogg SJ* zeichnet in seinem Aufsatz *Gegenwärtige päpstliche Initiativen. Lässt sich von Papst Franziskus lernen?* die Etappen nach, in denen Franziskus mit dem kirchlichen Missbrauchsskandal konfrontiert wurde, und stellt die ersten Monate des Jahres 2018 als die Zeit heraus, in der es infolge seines Chile-Besuches zur endgültigen Wende des Papstes hinsichtlich der Einschätzung und Bearbeitung dieser Verbrechen gekommen ist. Franziskus hat offensiv Kontakt zu Missbrauchsopfern gesucht, bis in höchste Kirchenränge Konsequenzen gezogen und präventive Regelungen im kirchlichen Recht angestoßen. Rein kirchliche Untersuchungen unter Ausschluss staatlicher Gerichte gehören damit der Vergangenheit an.

Aus praktisch-theologischer Perspektive widmet sich *Johann Pock* dem Thema der *Prävention als Ziel der Priester-Aus- und -Weiterbildung.* Insbesondere fragt er hier nach dem *Beitrag der Theologie*, d. h. v. a. der theologischen Bildungsstätten und der von ihnen vermittelten Theologie des Priesteramtes. Überhöhung des Priesterbildes durch fragwürdige Amts- und Opfertheologien und für die heutige Zeit dysfunktionale

Vorbilder – wie z. B. der im Priesterjahr 2010 hoch gefeierte Pfarrer von Ars – werden einer kritischen Revision unterzogen und im Gegenzug eine für die heutige Zeit taugliche Amtstheologie skizziert.

Im *dritten Teil – Verantwortung und Prävention* – werden schulische und kirchliche Präventionsmaßnahmen in Blick genommen.

Andrea Lehner-Hartmann analysiert in ihrem Beitrag *Schulen im Fokus: Safe space oder Orte der Angst?* Möglichkeiten traumapädagogischen Handelns, das von grundsätzlicher, offener Wertschätzung für Schüler(inne)n getragen ist. Ob Schule ein gefährlicher oder sicherer Ort ist, hängt wesentlich davon ab, wie sehr dem äußeren sicheren Ort und seinen Bedingungen der innere sichere Ort entspricht, der es Schüler(inne)n ermöglicht, ihre negativen Erfahrungen und Gedanken zuzulassen und mit ihnen umgehen zu lernen. Von den Lehrkräften verlangt das die richtige Abschätzung von Nähe und Distanz zu den betroffenen Schüler(inne)n und damit das genau Gegenteil dessen, was Missbrauchstäter praktizieren. Klares Ziel ist es, „Schulen immer mehr zu ‚safe spaces' zu machen, die möglichst allen Kindern und Jugendlichen einen angst- und gewaltfreien Zugang zu Bildung ermöglicht."

In dem folgenden Beitrag *Institutionelle Vulneranz und Vulnerabilität. Sich anvertrauen – ein ethischer Moment* nimmt *Mary Hallay-Witte* den Ausgang bei der Tatsache, dass die Reaktion der Kirche auf konkrete Missbrauchsskandale weithin von einem institutionellen Affekt bestimmt ist: Der erste Gedanke der Verantwortlichen gilt der Institution Kirche und dem Schaden, den das Öffentlichwerden dieser Verbrechen nach sich zieht. Dieses Gefühl institutioneller Vulneranz spiegelt nun eben jene institutionelle Gewalt wieder, die den systemischen sexuellen Missbrauch von Minderjährigen erst ermöglicht. Überwinden lässt sich diese nur durch einen fundamentalen Paradigmenwechsel: Eine Kultur der Achtsamkeit, die der faktischen und vielfältigen Verwundbarkeit Raum gibt; eine solche ist aber nicht ohne tiefgreifende institutionelle Veränderungen zu erwarten.

Im letzten Beitrag des Bandes: *Prävention von sexuellem Missbrauch. Die Entwicklungen in der katholischen Kirche im vergangenen Jahrzehnt und die Arbeit des Centre for Child Protection*, widmet sich der wohl profundeste kirchliche Experte in diesem Feld, *Hans Zollner SJ*, den innerkirchlichen Problemkonstellationen: Der sachlich nüchternen Problemerhebung, der Identifikation von Risiko- und Schutzfaktoren, der Entwicklung von Präventionsstrategien und deren Vermittlung. Hier zeigt sich, dass sowohl das Bewusstsein als auch das Knowhow durchaus auch innerkirchlich gegeben sind; woran es krankt, ist jedoch das immer noch verbreitete Verleugnen und Wegschauen. Wer sich jedoch getraut, der Wahrheit ins Angesicht zu blicken, kann erkennen, dass mit dem klaren Blick auf die Abgründe der Katastrophe auch sichtbar wird, dass das Wissen und die Kompetenz, um Abhilfe zu schaffen, bereits längst vorhanden sind.

Die Herausgeber danken allen Autor(inn)en, die sich bereitgefunden haben, an der Ringvorlesung teilzunehmen und ihre Beiträge für diesen Band zur Verfügung zu stellen. Wir danken zugleich dem Verlag Herder sowie Stephan Goertz und Magnus Striet für die Aufnahme dieses Bandes in die Reihe „Katholizismus im Umbruch“ – eine Reihe, die wohl wie keine andere für dieses Thema geeignet ist.

Wien, 28. Dezember 2020

Gunter Prüller-Jagenteufel und Wolfgang Treitler

Zum Geleit

von Christoph Kardinal Schönborn

Die Missbrauchskrise ist eine der größten Erschütterungen, die die Kirche in ihrer Geschichte erlebt hat. Denn sie trifft das Herz der Glaubwürdigkeit der Kirche, das Vertrauen. Umso wichtiger ist es, offen und klar auf Geschehenes zu blicken, um Wege der Versöhnung zu finden und künftigen Missbrauch zu verhindern. Denn nur die Wahrheit macht frei, auch wenn sie schmerzlich ist.

Mit aller Wucht hat mich die Missbrauchsthematik im Drama um meinen Vorgänger im Amt des Erzbischofs von Wien, Hans-Hermann Groër (1919–2003), getroffen. Als am 25. März 1995 das Magazin „Profil" schwere Anschuldigungen des sexuellen Missbrauchs gegen ihn erhob, war meine erste Reaktion: Das kann ich nicht glauben! Kurz darauf musste ich eingestehen, dass die Vorwürfe begründet waren. Die Ereignisse damals haben uns alle überrumpelt. Viel zu lange hat es gedauert, bis die Kirche erkannt hat, dass die schonungslose Wahrheit der einzige Weg ist.

Diesen Weg der Verantwortung versuchen wir in Österreich zu gehen. Ich habe im Jahr 2010 Waltraud Klasnic, die ehemalige Landeshauptfrau der Steiermark, gebeten, eine unabhängige Opferschutz-Kommission zu bilden, der sich die Kirche unterstellt. Diese Kommission hat seit ihrem Bestehen mehr als 2.300 Fälle von Missbrauch, dazu gehören sexueller Missbrauch, Gewalt und andere Vorwürfe, entgegengenommen. In allen Diözesen wurden Ombudsstellen als unabhängige Anlaufstellen für Opfer von Missbrauch und Gewalt in der Kirche eingerichtet. Die Klasnic-Kommission schlägt vor, wie viel an finanzieller Hilfe oder Therapiestunden eine betroffene Person bekommen soll. Als Erzbischof habe ich eins zu eins ihre Empfehlungen übernommen. Gezahlt wird nicht aus Kirchenbeitragsmitteln, sondern aus der „Stiftung Opferschutz", in die die Diözesen und Ordensgemeinschaften einzahlen. Ich bin dankbar, dass wir in Österreich einen Weg gefunden haben, mit dem schmerzlichen Thema umzugehen, der auch international Beachtung gefunden hat.

Betroffen macht mich das Leid der Opfer. Ich weiß aus vielen Begegnungen und Gesprächen mit Missbrauchsopfern, bis zurück in meine Zeit als Professor in Fribourg, wie belastend, ja lebenslang traumatisierend Missbrauchserfahrungen sein können. Oft dauert es Jahre oder Jahrzehnte, um das Erfahrene überhaupt ins Bewusstsein kommen zu lassen. Dann beginnt der schwierige und schmerzhafte Prozess, das Erlebte zur Sprache zu bringen. Umso wichtiger ist es, Opfer von Missbrauch behutsam zu ermutigen, über Geschehenes zu sprechen.

Die Kirche ist am besten dadurch geschützt, dass die Wahrheit ans Licht kommt. Die Ehre eines Bischofs oder Kardinals darf nie über dem Schutz eines Betroffenen stehen. Der Opferschutz hat Vorrang vor dem Täterschutz. Als Erzbischof bin ich hier in einer schwierigen Doppelfunktion, mangels Gewaltenteilung: Ich bin Hirte für die Gläubigen und für die Priester, und ich bin Richter. Das Leiden der Opfer geht mir nahe. Aber ich sehe auch den Täter, der das Leben anderer schwer, oft lebenslang belastet hat, als Menschen. Richter und Hirte zugleich zu sein, birgt eine große Spannung.

Was begünstigt Missbrauch im kirchlichen Bereich? Bei der Erforschung der Ursachen darf nicht übersehen werden, dass mit knapp 53 % ein Großteil der etwa 2.300 an die Klasnic-Kommission herangetragenen Fälle auf die Jahre 1940 bis 1969, weitere 31 % auf den Zeitraum zwischen 1970 und 1979 zurückgehen. Das Ausmaß der Missbrauchsfälle in der Zeit vor dem Zweiten Vatikanischen Konzil gibt zu denken. Mit vollen

Kirchen und einem intensiven religiösen Leben war die Kirche der Zeit vor dem Konzil in vieler Hinsicht faszinierend. Das habe ich in meiner Jugend selber erfahren. Doch war die Autorität des Priesters in oft ungesunder Weise überhöht. Die Kirche glich einem geschlossenen System, das Machtmissbrauch und schließlich sexuellen Missbrauch begünstigt hat. Auch das System geschlossener Schulen trug zum Missbrauch bei. Die Missbrauchsfälle in der katholischen Kirche in Österreich sind sehr stark zurückgegangen, seit es keine Internate mehr gibt. Nur 1,2 % der an die Opferschutzkommission herangetragenen Fälle haben sich seit dem Jahr 2000 ereignet.

Ein weiteres: Im Vorfeld von sexuellem Missbrauch in der Kirche steht fast immer spiritueller Missbrauch. Oft geschieht dies in den sogenannten neuen geistlichen Bewegungen. Es ist erschütternd, dass so viele der neuen geistlichen Bewegungen Gründer haben, die sich mit der Zeit als Missbrauchstäter erwiesen haben. Dabei wird spirituelle Autorität in erschreckender Weise überhöht, was zu weiteren Formen von Missbrauch führen kann.

Die Kirche braucht einen wachen und kritischen Blick auf Strukturen und Voraussetzungen, die Missbrauch begünstigen. Und sie braucht einen Kulturwandel im Umgang mit Schuld und Versagen. Ich danke den Herausgebern und allen Referent(inn)en für Ihre persönlichen Zugänge und die umfassende wissenschaftliche Auseinandersetzung mit diesem so schmerzlichen Thema. Ich bin zuversichtlich, dass die Kirche aus diesen schlimmen Erfahrungen lernen wird, im Vertrauen auf die Zusage Christi: „Wenn ihr in meinem Wort bleibt, seid ihr wahrhaft meine Jünger. Dann werdet ihr die Wahrheit erkennen und die Wahrheit wird euch befreien.“ (Joh 8,31–32)

† *Christoph Kardinal Schönborn*

I:
Befunde und ihre (Be-)deutung

Macht-Missbrauch im Männerbund
Zur Geschichte der vielleicht tiefsten Krise der katholischen Kirche

von Hubert Wolf

„Wir wissen, dass es an diesem Heiligen Stuhl schon seit einigen Jahren viele gräuliche Missbräuche in geistlichen Dingen und Exzesse gegen die göttlichen Gebote gegeben hat, ja, dass eigentlich alles pervertiert worden ist. So ist es kein Wunder, wenn sich die Krankheit vom Haupt auf die Glieder, das heißt von den Päpsten auf die unteren Kirchenführer ausgebreitet hat. Wir alle […] sind abgewichen, ein jeder sah nur auf seinen eigenen Weg, und da ist schon lange keiner mehr, der Gutes tut, auch nicht einer." Diese Formulierungen stammen nicht von einem Kritiker der katholischen Kirche, sondern von Papst Hadrian VI. aus dem Jahr 1522. Keine zwei Jahre zuvor hatte Luther sich auf dem Wormser Reichstag geweigert, seine Thesen zu widerrufen, worauf die Reichsacht über ihn verhängt wurde – ein entscheidender Schritt auf dem Weg zur Kirchenspaltung. Hadrian VI. versuchte, der Kritik den Wind aus den Segeln zu nehmen, indem er die vielfältigen Missstände offen beim Namen nannte, seiner Kirche lange überfällige Reformen verordnete und versprach, „dass Wir jede Anstrengung unternehmen werden, dass als erstes diese Kurie, von der das ganze Übel ausgegangen ist, reformiert wird, damit sie in gleicher Weise, wie sie zum Verderben der Untergebenen Anlass geboten hat, nun auch ihre Genesung und Reform bewirkt. Dazu fühlen Wir Uns umso mehr verpflichtet, als Wir sehen, dass die ganze Welt eine solche Reform sehnlichst begehrt."[1]

---

[1] Schuldbekenntnis Hadrians VI. vom 25. November 1522, deutscher Text bei:

Doch Hadrian VI. starb bereits im September 1523 und sein Reformprogramm wurde nie umgesetzt, die Krankheit der Kirche nicht beseitigt, vor allem nicht am Haupt. Diese Reformverweigerung führte schließlich zur endgültigen Kirchenspaltung.

Nicht wenige haben die Lage der katholischen Kirche heute mit der Situation zur Reformationszeit verglichen. Aber die Krise ist heute vielleicht noch größer. Denn das 15. Jahrhundert war das „kirchenfrömmste Zeitalter" (Bernd Möller) überhaupt. Die Kompetenz der Kirche für Glück und Heil der Menschen war unbestritten. Nur gab es nach der Reformation eben mehrere konkurrierende Kirchen.

Heute werden dagegen Kirche und Kirchen grundsätzlich infrage gestellt. Die katholische Kirche implodiert gerade zu. Es treten nicht nur Randständige aus, sondern Mitglieder der Kerngemeinden, nicht zuletzt Frauen, verlassen die Catholica in Scharen. Sie haben genug von nutzlosen Dialogprozessen, nicht eingehaltenen Reformversprechen und vor allem von männerbündischem Klerikalismus und Protzsucht. Und als dann der Missbrauchsskandal in immer neuen Wellen die katholische Kirche erschütterte und die Aufarbeitung halbherzig blieb, kam es zu einer grundsätzlichen Systemkrise.

Das Thema „MachtMissbrauch im Männerbund" ist uferlos – gerade in historischer Perspektive. Wie soll man den sexuellen Missbrauch von Kindern und Jugendlichen adäquat in den Griff bekommen, ohne den Respekt vor den Opfern zu vernachlässigen? Wie als Historiker psychologische Argumente sachgerecht beurteilen? Soll man sich auf die Männer konzentrieren? Müsste man nicht ausgiebig über Frauen in kirchlichen

---

Heiko A. Obermann, Kirchen- und Theologiegeschichte in Quellen. Bd. 3: Die Kirche im Zeitalter der Reformation, Neukirchen-Vluyn 1988, 92–94. Vgl. zum Thema generell Hubert Wolf, Krypta. Unterdrückte Traditionen der Kirchengeschichte, München 2015.

Ämtern, die Notwendigkeit einer Verwaltungsgerichtsbarkeit und Veränderungen in der kirchlichen Sexualmoral sprechen? Müsste man nicht fragen, ob es doch so etwas wie die Möglichkeit einer Autokorrektur des Lehramts gibt?[2] Das alles ist in diesem Rahmen leider nicht möglich.

Ich werde mich deshalb zunächst auf den sexuellen Missbrauch und die dazu einschlägigen Studien zu diesem Thema konzentrieren; dann werde ich mich in historischer Perspektive mit der These Joseph Ratzingers auseinandersetzen, der massenhafte Missbrauch sei eine Folge von 1968, bevor ich schließlich frage, ob sich eine Aufhebung des Zölibats mit der Tradition der Kirche vereinbaren lässt und ob es einen Zusammenhang von Machtmissbrauch und Zölibat gibt.

1. Sexueller Missbrauch: eine Bestandsaufnahme

Fast täglich berichten die Medien weltweit über sexuellen Missbrauch von katholischen Priestern und Ordensleuten an Kindern und Jugendlichen. Egal, welche Zeitung man aufschlägt, immer wieder ist von Missbrauchsopfern, Gerichtsverfahren gegen Priester und Bischöfe, Vertuschung und Vernichtung einschlägiger Unterlagen die Rede. Bischöfe und Kardinäle sind zum Rücktritt gezwungen, entweder weil sie selbst sich des Missbrauchs schuldig gemacht oder einfach weggeschaut haben, wenn ihre Mitbrüder im geistlichen Amt von ihnen abhängige Minderjährige zu sexuellen Handlungen zwangen.

---

[2] Vgl. Matthias Daufratshofer, Das päpstliche Lehramt auf dem Prüfstand der Geschichte. Der Jesuit Franz Hürth als „Holy Ghostwriter" Pius' XI. und Pius' XII. [Dissertation zur Erlangung der theologischen Doktorwürde an der Katholisch-Theologischen Fakultät der Westfälischen Wilhelms-Universität Münster in Westfalen 2020]; Michael Seewald, Dogma im Wandel. Wie Glaubenslehren sich entwickeln, Freiburg i. Br. 2018.

Die Studie „Sexueller Missbrauch an Minderjährigen durch katholische Priester, Diakone und männliche Ordensangehörige“ (MHG-Studie), die von der Deutschen Bischofskonferenz in Auftrag gegeben und am 27. September 2018 der Öffentlichkeit präsentiert wurde, zeigt im wesentlichen drei Grundtypen priesterlicher Sexualstraftäter auf:[3]

Erstens den regressiv-unreifen Typus. Ihn kennzeichnet eine defizitäre persönliche und sexuelle Entwicklung. Die Verpflichtung zum Zölibat bietet die Möglichkeit, „sich mit der eigenen sexuellen Identitätsbildung nicht hinreichend auseinandersetzen zu müssen. Dazu kommt, dass die Unfähigkeit von Personen dieses Typus, eine reife Partnerschaft einzugehen, im Fall der Priesterschaft sozial nicht weiter begründet werden muss.“[4] Die meisten Täter sind laut MHG-Studie diesem Typ zuzuordnen.

Zweitens den fixierten Typus. Hierbei handelt es sich um Menschen mit tief verwurzelten „pädophilen Präferenzstörungen“, die sich schon in der Pubertät ausbilden.[5]

Drittens den narzisstisch-soziopathischen Typus. Die Täter dieser Gruppe, die sich „in stärkerem Maße durch fehlendes Unrechtsbewusstsein und geringes Einfühlungsvermögen in die

---

[3] Vgl. grundsätzlich zur Typisierung MHG-Studie: Sexueller Missbrauch an Minderjährigen durch katholische Priester, Diakone und männliche Ordensangehörige im Bereich der Deutschen Bischofskonferenz, Mannheim, Heidelberg, Gießen, 24. September 2018, online: https://www.dbk.de/fileadmin/redaktion/diverse_downloads/dossiers_2018/MHG-Studie-gesamt.pdf [Stand 24.06.2020], 12f. (Zusammenfassung), 105 und 281f. Vgl. zum Thema generell Hubert Wolf, Zölibat. 16 Thesen, München 2019.

[4] MHG-Studie, 12.

[5] Vgl. etwa Norbert Leygraf/Andrej König/Hans-Ludwig Kröber/Friedemann Pfäfflin, Sexuelle Übergriffe durch katholische Geistliche in Deutschland. Eine Analyse forensischer Gutachten 2000–2010. Abschlussbericht 2012, online: http://www.dbk.de/fileadmin/redaktion/diverse_downloads/Dossiers_2012/2012_Sex-Uebergriffe-durch-katholische-Geistliche_Leygraf-Studie.pdf [Stand 24.06.2020], 9.

Situation der Betroffenen bei gleichzeitig eher schwereren Tatbeständen auszeichnen", werden als vergleichsweise „durchsetzungsstark und dominant" bezeichnet. „Charakteristisch ist eine emotional eher unreife [...] Persönlichkeitsstruktur. Die Missbrauchshandlungen erscheinen [...] stärker als in den anderen Gruppen durch die Amtsautorität der Beschuldigten begünstigt, die für die Herstellung von Tatgelegenheiten ebenso wie für die Vertuschung von Übergriffen instrumentalisiert wird."[6] Bei diesem Typus herrscht keine einseitige sexuelle Fixierung auf Kinder und Jugendliche vor. Vielmehr geht es darum, durch das Ausspielen der eigenen Machtposition Lust zu empfinden, andere zu erniedrigen und von sich abhängig zu machen.

Der narzisstisch-soziopathische Tätertypus lenkt mehr noch als die beiden anderen den Blick auf die Machtstrukturen in der katholischen Kirche und die herausgehobene Stellung des zölibatären Klerus. Nach katholischem Kirchenrecht sind die Priester, die in Persona Christi handeln, die einzigen Vermittler der göttlichen Gnadengaben. „Die Weihe hat sie so unvergleichlich Christus gleich gestaltet, dass nur sie das Volk Gottes als ‚Mittler zwischen Gott und den Menschen' belehren, kultisch versorgen und leiten können", schreibt der Bonner Kanonist Norbert Lüdecke und zitiert dabei den verstorbenen Kölner Kardinal Joachim Meisner. Lüdecke bringt diese „religiös fundierte Kultpotenz und Positionsmacht der ‚Gottesmänner'" ausdrücklich mit der strafbewehrten Verpflichtung zu „sexueller Totalabstinenz (Zölibat)" in Verbindung.[7]

Die vermeintlich aus der sexuellen Enthaltsamkeit resultierende Heiligkeit ist eine wesentliche Voraussetzung für die ein-

---

6 MHG-Studie, 105.

7 Norbert Lüdecke, Sexueller Missbrauch von Kindern und Jugendlichen durch Priester aus kirchenrechtlicher Sicht, in: MThZ 62 (2011) 33–60, 41–43.

malige Stellung des Priesters in der katholischen Kirche. „Geweihten Männern als solchen gebührt Ehrfurcht, das heißt achtungsvolle Scheu und Respekt vor ihrer geistlichen Erhabenheit, sowie als Trägern von Jurisdiktion Gehorsam. […] Rechtlich begründet die Ordination der einen die Subordination der anderen. […] Die Kleriker bilden den Leitungs- oder Führungsstand, Laien den Gefolgschaftsstand."[8]

Dieses Priesterbild kann sexuellen Missbrauch begünstigen, denn Täter fordern dabei auch religiösen Gehorsam ein oder drohen sogar mit dem Verlust des ewigen Seelenheils für den Fall, dass die Opfer sich ihnen widersetzen.[9] Ein Drittel der in der MHG-Studie befragten Betroffenen berichtete, der Täter habe mit einer Bestrafung durch Gott gedroht.[10] Priesterliche Missbrauchstäter fügen Menschen schlimmste seelische und körperliche Verletzungen zu, zerstören durch ihre Taten Biografien und werden dadurch zu „Slayers of the Soul", zu Seelenmördern.[11] Die Diskrepanz zwischen dem hehren Ideal des Priesters und den Taten, die dieses Ideal ermöglicht, könnte größer kaum sein.

---

8 Norbert Lüdecke, Mehr Geschlecht als Recht? Zur Stellung der Frau nach Lehre und Recht der römisch-katholischen Kirche, in: Sigrid Eder/Irmtraud Fischer (Hg.), … männlich und weiblich schuf er sie … (Gen 1,27). Zur Brisanz der Geschlechterfrage in Religion und Gesellschaft (= Theologie im kulturellen Dialog 16), Innsbruck 2009, 183–216, 185.

9 Für Fallbeispiele vgl. Royal Commission into Institutional Responses to Child Sexual Abuse, Final Report. Volume 16: Religious institutions, Barton 2017, online: https://www.childabuseroyalcommission.gov.au/sites/default/files/final_report_-_volume_16_religious_institutions_book_1.pdf [Stand 24.06.2020], 456; 40th Statewide Investigating Grand Jury Report 1, Interim – Redacted, Pennsylvania 2018, online: https://www.courthousenews.com/wp-content/uploads/2018/08/pa-abuse-report.pdf [Stand 24.06.2020], 309, 363 und 482f.

10 Vgl. MHG-Studie, 92f.

11 Vgl. den sprechenden Titel von Stephen J. Rossetti, Slayer of the Soul. Child Sexual Abuse and the Catholic Church, New London, CT, [3]1994.

2. Die These von Joseph Ratzinger: 1968 ist an allem schuld

Wie konnte es dazu kommen? Ist Missbrauch eine neue Entwicklung in der Kirchengeschichte? Oder gibt es hier eine Longue durèe? Das sind Fragen, die derzeit intensiv diskutiert werden. Joseph Ratzinger, einst Papst Benedikt XVI., gab am 11. April 2019 in einem Aufsatz eine eindeutige Antwort. Schuld an Missbrauch und Kirchenkrise sei „1968" und die daraus resultierende Abkehr von der klassischen katholischen Sexualmoral. „Eine verheerende Wirkung hatte etwa der von der österreichischen Regierung herausgegebene ‚Sexkoffer'." Zu den „Freiheiten, die die Revolution von 1968 erkämpfen wollte, gehörte auch diese völlige sexuelle Freiheit, die keine Normen mehr zuließ. […] Zu der Physiognomie der 68er Revolution gehörte, dass nun auch Pädophilie als erlaubt und als angemessen diagnostiziert wurde." Und weiter: „In verschiedenen Priesterseminaren bildeten sich homosexuelle Clubs, die mehr oder weniger offen agierten." Zudem habe sich das Klima in den Seminaren durch das Zusammenleben von Priesteramtskandidaten und angehenden Pastoralreferenten mit Frau und Kind so verändert, dass „die Vorbereitung auf den Priesterberuf" nicht unterstützt wurde.[12]

Ratzinger macht also einen eindeutigen Schuldigen aus und zeigt dabei, dass er sein „Trauma 68" nicht verarbeitet hat. Die Flucht aus Tübingen in das geborgene Regensburg und die Abwendung von den Reformen des Konzils gingen bei ihm Hand in Hand. Er kommt einem vor wie der Zauberlehrling. Magnus Striet sprach daher von einem Popanz, den Ratzinger hier aufbaue. Und Michael Seewald konstatierte eine starke

[12] Joseph Ratzinger, Die Kirche und der Skandal des sexuellen Mißbrauchs, online: https://www.katholisch.de/artikel/21325-benedikt-xvi-68er-sind-verantwortlich-fur-missbrauchsskandal [Stand 24.06.2020].

Gehässigkeit in den Ausführungen des ehemaligen Papstes.[13] Sprache und Argument sind sowohl dem Thema als auch den Opfern nicht angemessen.

Denn wenn Joseph Ratzinger auch nur einmal ins Archiv der von ihm jahrzehntelang geleiteten Glaubenskongregation geschaut hätte, dann hätte er mit einem Blick gesehen, dass sexueller Missbrauch dem klerikalen System inhärent ist und dezidiert keine „Erfindung“ von 1968 darstellt.

3. Der Blick in die Geschichte

Missbrauch in der Kirche hat eine Geschichte, die eng mit der Geschichte der herausgehobenen Sonderstellung der priesterlichen Lebensform und damit auch des Zölibats verbunden ist.[14] Allerdings macht es die begriffliche Unklarheit schwierig, das Phänomen über die Jahrhunderte zu verfolgen.[15] Missbrauch selbst ist ein moderner Begriff, der weder in den historischen Quellen noch in den einschlägigen theologischen Nachschlagewerken vorkommt.[16] Das, worum es geht, wird etwa in den

---

[13] Zur Bewertung vgl. Bruno Hünerfeld, Engelsgleich? Warum Benedikt XVI. mit seinem Zölibats-Artikel Unrecht hat, in: HerKorr 74 (2020) H.3, 49–51; Ludger Schwienhorst-Schönberger, Warum Benedikt XVI. mit seinem Zölibats-Artikel Recht hat: Der verleugnete Tempel, in: HerKorr 74 (2020) H.3, 46–49.

[14] Vgl. Geoffrey Robinson, Macht, Sexualität und die katholische Kirche. Eine notwendige Konfrontation, Oberursel 2010, 21–24, 217–233; Royal Commission, Report, 163–179; Magnus Striet, Sexueller Missbrauch im Raum der Katholischen Kirche. Versuch einer Ursachenforschung, in: Ders./Rita Werden (Hg.), Unheilige Theologie! Analysen angesichts sexueller Gewalt gegen Minderjährige durch Priester (= Katholizismus im Umbruch 9), Freiburg i. Br. – Basel – Wien 2019, 15–40.

[15] Vgl. Pierroberto Scaramella, Sodomia, in: DSI Bd. 3 (2010) 1445–1450, 1446f.

[16] Vgl. etwa das Fehlen des Begriffes in den entsprechenden Bänden des WWKL, in allen drei Auflagen des LThK und in der TRE.

Quellen des 19. Jahrhunderts fast immer mithilfe von Euphemismen verschleiert oder unter der Rubrik „Unzucht mit Minderjährigen“ verhandelt, wobei darunter zumeist die Vergewaltigung von Mädchen durch Priester verstanden wird.[17]

Eine zweite Schwierigkeit für eine historische Aufarbeitung des Themas kommt hinzu: Solange es keine kritische außerkirchliche Öffentlichkeit gab und ein geschlossenes katholisches Milieu vorherrschte, war es für die Opfer nur selten möglich, sich Gehör zu verschaffen und die klerikalen Täter anzuzeigen. Noch in den Sechziger- und Siebziger-Jahren des 20. Jahrhunderts war es für Kinder und Jugendliche schwierig, sich auch nur ihren Eltern anzuvertrauen. Das Recht auf sexuelle Unversehrtheit, etwa auch von Frauen – Stichwort Vergewaltigung in der Ehe – und generelle Kinderrechte mussten politisch, juristisch und im allgemeinen Bewusstsein erst durchgesetzt werden.

Die unantastbare Autorität des Pfarrers in einer geschlossenen katholischen Welt stand einer Aufklärung der Fälle entgegen. Manchmal glaubten sogar Eltern eher dem Pfarrer als dem eigenen Kind. Unter diesen Umständen war es den Opfern kaum möglich, den Täter bei der kirchlichen Obrigkeit oder gar der Staatsanwaltschaft anzuzeigen.[18] Wenn solche Fälle überhaupt publik wurden, versuchten die zuständigen Bischöflichen Ordinariate, sie nicht selten intern zu regeln, um zu verhindern, dass die Täter vor staatliche Gerichte gestellt wurden.

In Mittelalter und Früher Neuzeit galt der sexuelle Missbrauch von männlichen Kindern und Jugendlichen als Todsünde der „Sodomie“. Da unter diesem Begriff lange Zeit jede sexuelle Handlung subsumiert wurde, die als „contra naturam“

---

[17] Vgl. Irmtraud Götz von Olenhusen, Klerus und abweichendes Verhalten. Zur Sozialgeschichte katholischer Priester im 19. Jahrhundert (= KSGW 106), Göttingen 1994, 266–270; Royal Commission, Report, 166.

[18] Vgl. MHG-Studie, 266–272.

angesehen wurde – der Natur entsprach nach Ansicht der katholischen Moraltheologie nur der Beischlaf von Mann und Frau in der Ehe –, wird aus den Quellen nur selten eindeutig klar, worum es sich genau handelte. Hinter Sodomie konnten sich Selbstbefriedigung, Samenergüsse im Schlaf, Geschlechtsverkehr in einer „widernatürlichen" Stellung, Beischlaf mit Tieren, gleichgeschlechtlicher Sex und eben Missbrauch von Minderjährigen verbergen.

In den Quellen der Römischen Inquisition ist bei homosexuellen Handlungen aller Art, die auch Kinder und Jugendliche einschließen, stets nur von „il pessimo" die Rede. Päderastische Handlungen werden nie direkt beim Namen genannt, sondern einfach unter dem Oberbegriff „das Schlimmste, was man sich überhaupt vorstellen kann", eingeordnet. Adriano Prosperi hat herausgearbeitet, dass sich „crimen pessimum" sowohl auf Homosexualität, also gleichgeschlechtliche Sexualität unter erwachsenen Männern, als auch auf sexuelle Handlungen „con bambini e animali", mit Kindern und Tieren, beziehen konnte.[19]

Die Studie von Irmtraud Götz von Olenhusen über abweichendes Verhalten im Klerus der Erzdiözese Freiburg im 19. Jahrhundert zeigt, dass es der bischöflichen Verwaltung gelang, die überwiegende Zahl solcher Fälle unter den Teppich zu kehren. Die betroffenen Priester wurden nach einem Missbrauchsfall meistens mit einem ein paar Wochen dauernden Aufenthalt in einem erzbischöflichen Korrektionshaus bestraft und dann in einer anderen Pfarrei wiedereingesetzt. Korrektionshäuser waren so etwas wie kirchliche Straf- und Besserungsanstalten, die in der Frühen Neuzeit für Kleriker die Rolle staatlicher Gefängnisse übernommen hatten, weil Geistliche bis zur Französischen Revolution nicht vor weltliche Gerichte gestellt werden durften. Im 19. und 20. Jahrhundert wurde die Fiktion eines eigenstän-

---

19 Adriano Prosperi, Sessualità, in: DSI Bd. 3 (2010) 1417–1420, 1420.

digen kirchlichen Strafvollzugs von der Kirche vielfach weiter aufrechterhalten, obwohl dieses klerikale Privileg nicht mehr galt. In der Regel wurde in diesen Häusern versucht, die Neigung zu Verbrechen mit geistlichen Frömmigkeitsübungen wie Exerzitien, Fasten und Beten zu therapieren.[20]

Während sich Vergewaltigungen von Mädchen durch Priester oft innerkirchlich vertuschen ließen, kam Unzucht mit Jungen, in der auch die kirchliche Obrigkeit eine widernatürliche Form von Sexualität, eine Todsünde und ein Verbrechen sah, wenigstens manchmal vor staatliche Gerichte.[21]

Um abweichende Formen priesterlicher Sexualität ging es auch in den „Sittlichkeitsprozessen", die im nationalsozialistischen Deutschland 1936 und 1937 gegen katholische Geistliche angestrengt wurden, wegen „Unzucht" unter Männern, aber auch wegen „Unzucht" mit Zöglingen.[22] Die Nationalsozialisten verfolgten dabei offensichtlich politisch-propagandistische Motive. Sie wollten die öffentliche Meinung gegen die katholische Kirche mobilisieren, indem sie ihr Führungspersonal diskreditierten und versuchten, deren gesellschaftlichen Einfluss zurückzudrängen. Dieser Missbrauch des Missbrauchs dürfte es

---

[20] Vgl. Götz von Olenhusen, Klerus; Karl Hilgenreiner, Demeritenhäuser, in: LThK² Bd. 3 (1931) 199; Für die Diözese Rottenburg: Dominik Burkard, Diözesangeschichte zwischen Schatten und Licht. Das Priesterkorrektionshaus der Diözese Rottenburg (1828–1924) – eine „Anstalt für unsittliche, in der Moralität mehr oder weniger tief gesunkene Geistliche", in: Michael Seewald (Hg.), Ortskirche. Bausteine zu einer künftigen Ekklesiologie. Festschrift für Bischof Gebhard Fürst, Ostfildern 2018, 346–387.

[21] Zitate aus der Vernehmung vom 7. Februar 1870, zit. nach Götz von Olenhusen, Klerus, 269.

[22] Vgl. Hans Günter Hockerts, Die Sittlichkeitsprozesse gegen katholische Ordensangehörige und Priester 1936–1937. Eine Studie zur nationalsozialistischen Herrschaftstechnik und zum Kirchenkampf (= VKZG.B 6), Mainz 1971; Michael Schwartz (Hg.), Homosexuelle im Nationalsozialismus. Neue Forschungsperspektiven zu Lebenssituationen von lesbischen, schwulen, bi-, trans- und intersexuellen Menschen 1933 bis 1945, Bonn 2015.

in der Nachkriegszeit erschwert haben, berechtigte Vorwürfe gegen Priester und Ordensangehörige öffentlich zu erheben.

Die Problematik des Vertuschens, Verharmlosens und Verschweigens zeigt sich exemplarisch an einem Fall aus der Diözese Rottenburg vom Juni 1936. Pfarrer Franz Joannis wurde wegen fünfunddreißigfachen Missbrauchs vor dem Landgericht Ellwangen angeklagt. Die betroffenen Jugendlichen trauten sich aber „bei der überragenden Stellung des katholischen Pfarrers in einer Landgemeinde" nicht, öffentlich darüber zu sprechen, wie es in der Urteilsbegründung heißt. Sie wagten „im Allgemeinen nicht, zuhause etwas zu sagen. Wenn je etwas durchsickerte, so wurde es von den Eltern anscheinend nicht geglaubt." Bischof Joannis Baptista Sproll versuchte Pfarrer Joannis vor staatlicher Verfolgung zu schützen, indem er ihn in die bischöfliche „Irrenanstalt" Rottenmünster einwies, und erklärte: „Schweigen ist vorerst das Beste."[23] Joannis wurde schließlich zu acht Jahren Zuchthaus verurteilt und starb 1941 im Gefängnis Hohenasperg.

Erst durch den mutigen Schritt des Jesuitenpaters Klaus Mertes, der die Missbrauchsfälle am Canisius-Kolleg in Berlin Anfang 2010 öffentlich machte, wurde das Thema sexueller Missbrauch durch katholische Geistliche in Deutschland endgültig zu einem großen Medienthema. Allerdings hatte es weltweit bereits seit Anfang der 1980er-Jahre immer wieder Skandale gegeben. Ich erinnere hier nur an den Fall des Wiener Kardinals Hans Hermann Groer aus dem Jahr 1995.[24] Doch die Bischöfe weltweit begannen nur zögernd, sich mit dem

[23] Strafprozessakten Franz Joannis; Staatsarchiv Ludwigsburg E 356 d V Bü 1288. Für den Hinweis danke ich Herrn Dr. Jürgen Schmiesing.

[24] Vgl. den Überblick mit weiterführender Literatur zu den einzelnen Fällen bei Lüdecke, Missbrauch, 34–36; Norbert Lüdecke/Norbert Bier, Das römisch-katholische Kirchenrecht. Eine Einführung. Unter Mitarbeit von Bernhard Sven Anuth, Stuttgart 2012, 237–254.

Thema auseinanderzusetzen und die bis dato übliche Politik der Verharmlosung und Vertuschung aufzugeben. Die Angst vor einem Imageschaden für die Kirche und einer öffentlichen Diskussion über priesterliche Sexualität dürfte sie daran gehindert haben. „Was um jeden Preis geschützt werden sollte, war das sakramentale Amt, über das aus historisch-politischen Gründen die Identitätskonstruktion des Katholischen betrieben wird.“[25]

Denn über die Gründe nachzudenken, warum weltweit so viele Priester Minderjährige sexuell missbrauchen, und dies nicht selten als Wiederholungstäter, hätte bedeutet, offen über Sexualität, die kirchliche Sexualmoral und auch kirchliche Machtstrukturen zu sprechen.[26] Dazu gehören aber zweifellos auch der Zölibat und die Frage, ob die gesetzlich verpflichtende absolute sexuelle Enthaltsamkeit aller Priester nicht möglicherweise mit dem von dieser Personengruppe begangenen Missbrauch in einem Zusammenhang steht.

Die Arbeitsgemeinschaft deutschsprachiger Moraltheologen hat dazu im April 2010 in einer „Erklärung zur aktuellen Missbrauchsdiskussion“ eine sehr abgewogene Stellungnahme abgegeben: „Als die zuständigen Fachleute [...] sehen [sie] sich besonders von der Behauptung beziehungsweise Vermutung

---

[25] Striet, Missbrauch, 23. Vgl. auch Georg Essen, Das kirchliche Amt zwischen Sakralisierung und Auratisierung. Dogmatische Überlegungen zu unheilvollen Verquickungen, in: Striet/Werden (Hg.), Theologie, 78–105.

[26] Zum Thema Sexualität allgemein und dem Zusammenhang mit dem Zölibat vgl. Anselm Bilgri/Gerd Henghuber, Bei aller Liebe. Warum die katholische Kirche den Zölibat freigeben muss, München [2]2018; Franz Böckle, Geschlechterbeziehung und Liebesfähigkeit, in: Ders./Franz-Xaver Kaufmann/Karl Rahner/Bernhard Welte (Hg.), Christlicher Glaube in moderner Gesellschaft, Bd. 6, Freiburg i. Br. – Basel – Wien [2]1981, 110–153; Klaus P. Fischer, Vom Zeugnis zum Ärgernis? Anmerkungen und Thesen zum Pflichtzölibat, Wiesmoor 2011; Wunibald Müller, Verschwiegene Wunden. Sexuellen Missbrauch in der katholischen Kirche erkennen und verhindern, München 2010, 124–141; A. W. Richard Sipe, Sexualität und Zölibat. Aus dem Amerikanischen von Ingrid Proß-Gill, Paderborn – München – Wien 1992.

eines Zusammenhanges zwischen den Missbrauchsfällen und der traditionellen kirchlichen Lehre über die Sexualität sowie der Lebensform des Zölibats herausgefordert. Auch wenn die Herstellung einer direkten Kausalität leicht zurückgewiesen werden kann, darf nicht übersehen werden, dass indirekte systemische Zusammenhänge sehr wohl bestehen. Insbesondere gilt es, dem Zusammenhang zwischen dem psychisch unreifen Bedürfnis nach Nähe, Bestätigung und sexueller Erfüllung einzelner Personen gegenüber Kindern und Jugendlichen und ermöglichenden, begünstigenden und das Schweigen sichernden Strukturen (Abhängigkeitsverhältnisse, Machtgefälle, Sakralisierung von Personen und Funktionen, Straf- und Belohnungsmonopole, etablierte Denk- und Sprachtopoi über das andere Geschlecht und anderes mehr) selbstkritisch nachzugehen."[27]

Sogar der Codex Iuris Canonici von 1983 stellt einen ausdrücklichen Zusammenhang zwischen Zölibat und Missbrauch her. Aber für den kirchlichen Gesetzgeber ist sexueller Missbrauch nicht in erster Linie ein Verbrechen, das an Kindern und Jugendlichen begangen wird, sondern ein Vergehen gegen den Zölibat.[28] Daher findet sich dieser Straftatbestand auch nicht unter dem Titel 6 „Straftaten gegen Leben und Freiheit des Menschen", sondern unter dem Titel 5 „Straftaten gegen besondere Verpflichtungen" der Kleriker. In Kanon 1395 geht es um den Zölibatsbruch. Paragraf 1 bestraft Geistliche, die in einem eheähnlichen Verhältnis leben, mit der Suspendierung. Und in Paragraf 2 heißt es dann: „Ein Kleriker, der sich auf andere Weise gegen das sechste Gebot des Dekalogs verfehlt hat, soll, jedenfalls wenn er die Straftat mit Gewalt, durch Drohungen, öffentlich oder an einem Minderjährigen unter sechzehn

[27] Erklärung zur aktuellen Missbrauchsdiskussion vom April 2010, in: Imprimatur 43 (2010) 116f., 117.

[28] Vgl. Lüdecke, Missbrauch, 45.

Jahren begangen hat, mit gerechten Strafen belegt werden, gegebenenfalls die Entlassung aus dem Klerikerstand nicht ausgenommen."[29]

Ein kausaler Zusammenhang zwischen der Zölibatsverpflichtung und sexuellem Missbrauch ist statistisch schwer nachzuweisen, nicht zuletzt, weil es an Vergleichsgruppen fehlt, die im Zölibat leben, ohne katholische Priester zu sein. Dennoch taucht das Thema in den einschlägigen Studien prominent auf. Die australische „Royal Commission into Institutional Responses to Child Sexual Abuse" kam 2017 zu dem Ergebnis, dass der Pflichtzölibat (für Kleriker) und das Keuschheitsgelübde (für Ordensangehörige) den sexuellen Missbrauch von Kindern begünstigen, vor allem, wenn weitere Risikofaktoren dazukommen.[30] Zwar habe nur eine Minderheit katholischer Kleriker Kinder sexuell missbraucht, doch es bestehe ein erhöhtes Risiko für sexuellen Missbrauch von Kindern, wenn im Zwangszölibat lebende Männer einen exklusiven Zugang zu Kindern in katholischen Einrichtungen hätten. Denn der Zölibat sei für viele Geistliche mit „emotionaler Isolation, Einsamkeit, Depression und psychischen Erkrankungen" verbunden. Das Zölibatsgesetz könne zu „verschiedenen Formen psychosexueller Dysfunktion" beitragen, die ein anhaltendes Risiko für die Sicherheit von Kindern darstellten. Für viele Kleriker und Ordensleute sei der Zölibat ein unerreichbares Ideal,

---

[29] CIC (1983), Can. 1395. Vgl. auch Stephan Ernst, „Ein Kleriker, der sich auf andere Weise gegen das sechste Gebot des Dekalogs verfehlt." Anmerkungen und Anfragen aus moraltheologischer Sicht, in: Heribert Hallermann/Thomas Meckel/Sabrina Pfannkuche/Matthias Pulte (Hg.), Der Strafanspruch der Kirche in Fällen von sexuellem Missbrauch (= Würzburger Theologie 9), Würzburg 2012, 185–209; Sabrina Pfannkuche, Die Sünde gegen das sechste Gebot – eine Analyse der geltenden Rechtsordnung der katholischen Kirche und der jüngeren Rechtsgeschichte, in: ebd., 242–278.

[30] Vgl. Royal Commission, Report, 46.

das bei ihnen nicht selten zu einem Doppelleben führe und zu einer Kultur der Geheimhaltung und Heuchelei beitrage. Dieser Hang zur Vertuschung habe auch dazu beigetragen, dass kirchliche Vorgesetzte die Schwere der Verbrechen nicht wahrnehmen wollten. Für sie handelte es sich um die Taten von Kollegen, die man schützen müsse.[31] Die im staatlichen Auftrag arbeitende Kommission kam daher zu der eindeutigen Empfehlung, die Australische Bischofskonferenz solle vom Heiligen Stuhl die Abschaffung des Zwangszölibats für Weltgeistliche verlangen.[32]

Fazit: Auch wenn ein kausaler Zusammenhang zwischen sexuellem Missbrauch und Zölibat statistisch schwer zu beweisen ist, lassen zahlreiche Argumente den Zölibat als Risikofaktor erscheinen. Wenn die Bischöfe ihre Ankündigungen ernst nehmen, dass es ihnen wirklich um die Opfer und das ihnen von Geistlichen zugefügte Leid geht, dann sind sie verpflichtet, den Zölibat grundsätzlich auf den Prüfstand zu stellen.[33]

4. Eine Aufhebung des Zölibats ist mit der Tradition der Kirche vereinbar

Wenn die Amazonas-Synode im Februar 2020 die Weihe verheirateter Männer zu Priestern vorgeschlagen hätte, dann hätten sie und Papst Franziskus durchaus auf dem Boden der kirchli-

[31] Ebd. 46f.

[32] Vgl. ebd. 75.

[33] Vgl. Benjamin Leven, „Prävention wirkt." Ein Gespräch mit Hans Zollner, dem Leiter des römischen Kinderschutzzentrums, in: HerKorr 73 (2019) H 2, 17–19; Hans Zollner/Katharina Fuchs/Jörg Fegert, Wirksame Prävention!? Pädagogen und Angehörige von Heilberufen sind wichtige Adressaten von Präventionsmaßnahmen gegen sexuellen Missbrauch, in: Kinder- und Jugendschutz in Wissenschaft und Praxis 58 (2013) H 4, 115–121.

chen Tradition gestanden.[34] Niemand, der die Kirchengeschichte ernst nimmt, hätte ihnen einen grundsätzlichen Paradigmenwechsel oder gar Traditionsbruch vorwerfen können.[35] Wer dies täte, stellte sich selbst gegen die Tradition der Kirche. Denn das Zweite Vatikanische Konzil hat zurecht lehramtlich festgestellt, dass „die vollkommene und ständige Enthaltsamkeit um des Himmelreiches willen [...] nicht vom Wesen des Priestertums selbst gefordert" ist, „wie die Praxis der frühesten Kirche und die Tradition der Ostkirchen zeigen, wo es neben solchen, die aus gnadenhafter Berufung zusammen mit allen Bischöfen das ehelose Leben erwählen, auch hochverdiente Priester im Ehestand gibt". Das konnte das Konzil nur tun, weil die Verbindung von Zölibat und priesterlichem Amt weder eine Vorschrift göttlichen Rechts noch ein Gebot Christi noch eine apostolische Anordnung ist. Die zölibatäre Lebensform wurde daher lediglich als dem Priestertum „angemessen" bezeichnet

---

34 Papst Franziskus griff in seinem nachsynodalen Schreiben „Querida Amazonia" vom 02.02.2020 dieses Votum nicht auf. Die Bischofskonferenzen sollten andere Anstrengungen unternehmen, um auch in entlegenen Teilen der Amazonasregion die Eucharistiefeier häufiger zu ermöglichen. Vgl. http://www.vatican.va/content/francesco/de/apost_exhortations/documents/papa-francesco_esortazione-ap_20200202_querida-amazonia.html [Stand 24.06.2020]. Zur Bewertung vgl. „Der Papst könnte Ausnahmen genehmigen", Interview von Paul Kreiner mit Hubert Wolf, in: Stuttgarter Zeitung vom 28.02.2020; „Was soll jetzt noch passieren?", Interview von Christina Rietz mit Hubert Wolf, in: Christ und Welt vom 20.02.2020.

35 Die Kirchengeschichte kann hierbei ein ungeahntes Potenzial für Reformen aufzeigen. Auszugehen ist von einer neuen Definition des inflationierten Begriffes, insbesondere auch, weil Reform ein Unwort unter Johannes Paul II. war. Mit Julius Kardinal Döpfner lässt sich zurückkehren zur Reform als Strukturprinzip der katholischen Kirche: in diesem Sinne ist Re-formare ein Zurückformen, eine Suche nach alternativen Modellen, die in einer lebendigen Tradition stehen. Wichtig ist hierbei der Entwicklungsgedanke des kirchlichen Lehramts (Beispiel Menschenrechte) und die Tatsache, dass es keinen Einheitskatholizismus gibt (wie das Beispiel der Bußpraxis zeigt). Vgl. dazu Wolf, Krypta, passim.

und ist kein Dogma.[36] Die Geschichte des priesterlichen Zölibats lässt sich als eine Geschichte der Güterabwägung rekonstruieren.

Es gab und gibt in der Geschichte der Kirche jeweils gleichzeitig unterschiedliche Entscheidungen für die Angemessenheit des Junktims Zölibat und priesterliches Amt, die aber die Einheit der Kirche nicht infrage gestellt haben und nicht infrage stellen. Verheiratete und nicht verheiratete katholische Priester konnten und können parallel in der einen Kirche ohne Einschränkungen tätig sein. Dies zeigt sich schon bei den ersten Bestrebungen im Laufe des 4. Jahrhunderts, etwa auf der spanischen Provinzialsynode von Elvira, von höheren Klerikern eine Enthaltsamkeit in der Ehe zu verlangen. Elvira war wohlgemerkt nur eine Kirchenversammlung mit lokaler Zuständigkeit. In anderen Kirchenprovinzen war dies zunächst kein Thema, und selbst als die römische Kirche seit dem frühen Mittelalter verstärkt in diese Richtung tendierte, konnte sie sich in der Mehrzahl der westlichen Kirchenprovinzen mit ihrer Position zunächst nicht durchsetzen.[37] Hier fand das Prinzip der Subsidiarität – ohne dass es den Begriff damals schon gegeben hätte – Anwendung, was sich gerade heute als hilfreich erweisen könnte.

Die östliche katholische Kirche hat sich auf dem Konzil von Konstantinopel 691 ausdrücklich gegen zölibatäre Anmutungen der westlichen Kirche gewehrt. In Kanon 13 heißt es: Obwohl wir die römischen Vorschriften kennen, „so wollen wir doch, dem alten Kanon, der apostolischen Ordnung und Vollkommenheit folgend, die Ehe der Geistlichen als fortbestehend an-

[36] Zweites Vatikanisches Konzil, Dekret „Presbyterorum ordinis“ vom 7. Dezember 1965, in: Das Zweite Vatikanische Konzil. Dokumente und Kommentare. Bd. 3: Konstitutionen, Dekrete und Erklärungen, Darmstadt 2014, Nr. 16.

[37] Vgl. Wolf, Zölibat, 27f.

erkennen, indem wir weder die Verbindung mit ihren Frauen auflösen noch ihnen in den entsprechenden Zeiten den ehelichen Verkehr untersagen"[38].

Die neuere Forschung ist sich weitgehend einig, dass die östliche Tradition die Kontinuität mit den altkirchlichen Vorstellungen eher gewahrt hat als die westliche. Und die Pfarrer der katholischen Ostkirchen sind bis heute selbstverständlich zum größten Teil verheiratet. Die Frage der Kirchengemeinschaft dieser „unierten" Teilkirchen dürfte sich erübrigen. Überdies gibt es seit 1951 immer mehr zum Katholizismus konvertierte evangelische und anglikanische verheiratete Pfarrer, die vor ihrer Priesterweihe vom Papst von der Zölibatsvorschrift dispensiert werden, so dass wir auch in den westlichen Teilkirchen ganz selbstverständlich beide priesterlichen Lebensformen haben, ohne dass die Einheit der Kirche dadurch in irgendeiner Weise gefährdet würde.[39]

Wäre der Zölibat tatsächlich eine apostolische Anordnung, hätte die Kirche das Zeugnis von Schrift und Tradition sicher stets als eindeutige und nicht diskutable Begründung angeführt. Da diese Möglichkeit aber nicht bestand, war sie gezwungen, immer neue Begründungen für das Zölibatsgesetz zu finden und diese auch wieder fallenzulassen, wenn sie nicht mehr überzeugten. Kultische oder asketische Reinheit, ökonomische Motive, pragmatische Gründe des Freiseins für die Kirche sowie charismatische und spirituelle Begründungen wurden von Päpsten und Synoden im Laufe der Geschichte für den Zölibat ins Feld geführt, das Argument der apostolischen Anordnung dagegen bezeichnenderweise nicht. Wer Argumentationen

---

[38] Synode von Konstantinopel (Trullanum II); in: Georg Denzler, Das Papsttum und der Amtszölibat. Bd. 1: Die Zeit bis zur Reformation; Bd. 2: Von der Reformation bis in die Gegenwart (= PuP 5/1, 2), Stuttgart 1973/1976, Bd. 1, 152f. (griechisch), 32f. (deutsch); vgl. auch Wolf, Zölibat, 94f.

[39] Vgl. Wolf, Zölibat, 100–108.

wechseln muss wie andere Hemden oder Soutanen, der hat schlechte Karten.

5. Der Zusammenhang von Männerbund und Zölibat

Neuere kirchensoziologische Studien haben den Zusammenhang zwischen klerikal männerbündischem Kirchensystem, Macht, Missbrauch und Zölibat erneut bestätigt.[40] Vier Aspekte sind dabei von besonderer Bedeutung:

Erstens ermöglicht der Zölibat eine intensive Sozialkontrolle innerhalb der klerikalen Hierarchie selbst. Die Isolierung der Priester durch den Verzicht auf Ehe und Familie macht sie zu Figuren auf dem kirchlichen Schachbrett, die nach Belieben verschoben werden können. Parallel dazu erfolgt eine Solidarisierung innerhalb der Standesgruppe, was über kurz oder lang zu einem elitären klerikalen Bewusstsein führt. Dazu dient vor allem die Ausbildung in einem geschlossenen Priesterseminar, „dem großen Brutplatz der klerikalen Apartheid“[41]: Der Weg zu männerbündischen Strukturen, in denen absolute Loyalität nach innen und Geheimhaltungspflicht nach außen herrschen, in der Kirchensprache die „Arkandisziplin“, ist vorgegeben.

Zweitens begründet der Zölibat die strikte Unterscheidung zwischen dem Herrschaftsstand der Kleriker und dem Gefolg-

[40] Vgl. Michael N. Ebertz, Herrschaft in der Kirche. Hierarchie, Tradition und Charisma im 19. Jahrhundert, in: Karl Gabriel/Franz-Xaver Kaufmann (Hg.), Zur Soziologie des Katholizismus, Mainz 1980, 89–111; Michael N. Ebertz, Kirche im Gegenwind. Zum Umbruch der religiösen Landschaft, Freiburg i. Br. ^{2}1998, 34–82; Franz-Xaver Kaufmann, Kirchenkrise. Wie überlebt das Christentum?, Freiburg i. Br. – Basel – Wien 2011, 128–174; Paul M. Zulehner, Aufruf zum Ungehorsam. Taten, nicht Worte reformieren die Kirche, Ostfildern 2012, 109–118.

[41] David Rice, Kirche ohne Priester. Der Exodus der Geistlichen aus der katholischen Kirche, Gütersloh 1990, 239.

schaftsstand der Laien. Oder, um es mit den Worten des ehemaligen Limburger Domkapitulars und Kirchenrechtlers Werner Böckenförde zu sagen: „In ihrer Rechtsgestalt [...] präsentiert sich die Kirche als ein Ort sakral begründeter Herrschaft, in der christliche Freiheit zu Gehorsam wird.“[42]

Drittens ist der Pflichtzölibat für die typische Sozialstruktur des katholischen Klerus verantwortlich, denn anders als durch das evangelische Pfarrhaus kann sich das Priestertum nicht selber reproduzieren.[43] Es müssen vielmehr immer neue Aspiranten rekrutiert werden. Dadurch war für Priesteramtskandidaten aus einfachen Verhältnissen ein sozialer Aufstieg möglich, was etwa im Deutschland des 19. Jahrhunderts zu einer gewissen „Volksnähe“ der Priester führte.

Viertens dürfte der Pflichtzölibat auch dazu beitragen, das Machtgefälle zwischen Männern und Frauen in der katholischen Kirche zu konsolidieren. Weibliche Führungskräfte „stören“ die Organisation Kirche in systemtheoretischer Perspektive.[44]

Der Kirchen- und Religionssoziologe Franz Xaver Kaufmann hat die Sozialstruktur des Klerus als „pathogene Hierarchie“ bezeichnet. Entgegen der Absichten des Zweiten Vatikanischen Konzils habe die „Hierarchisierung und Zentralisierung“ der katholischen Kirche sogar noch weiter zuge-

---

[42] Werner Böckenförde, Zur gegenwärtigen Lage in der römisch-katholischen Kirche. Kirchenrechtliche Anmerkungen, in: Orientierung 62 (1998) 228–234, 234.

[43] Vgl. exemplarisch zu beiden Institutionen und ihrer Entwicklung Oliver Janz, Das evangelische Pfarrhaus, in: Etienne François/Hagen Schulze (Hg.), Deutsche Erinnerungsorte, Bd. 3, München 2003, 221–238; Wolfgang Beck, Die unerkannte Avantgarde im Pfarrhaus. Zur Wahrnehmung eines abduktiven Lernortes kirchlicher Pastoralgemeinschaft (= Werkstatt Theologie. Praxisorientierte Studien und Diskurse 12), Münster 2008.

[44] Vgl. Andrea Qualbrink, Frauen in kirchlichen Leitungspositionen. Möglichkeiten, Bedingungen und Folgen der Gestaltungsmacht von Frauen in der katholischen Kirche (= PTHe 156), Stuttgart 2019.

nommen. Kaufmann sieht im Festhalten am Zölibatsgesetz einen systemischen Grund für die „merkwürdige *Zurückhaltung*" der katholischen Kirche „*gegenüber zentralen kulturellen Selbstverständlichkeiten wie Rechtsstaatlichkeit und Autonomie der Persönlichkeit*". Die „pathogene Situation" zeige sich vor allem im „Fehlen verlässlicher kirchlicher Verwaltungsverfahren und der gerichtlichen Überprüfbarkeit bischöflicher Entscheidungen". Die größte Schwäche „des Modells strikter Hierarchie" sei „das *Fehlen von Vorkehrungen zum Lernen.* Aus organisationssoziologischer Sicht sind streng hierarchisch aufgebaute Institutionen der wachsenden Komplexität der Weltverhältnisse immer weniger gewachsen"[45]. Nicht umsonst weisen auch neuere Studien zum sexuellen Missbrauch von Klerikern stets auf systemische Zusammenhänge und Ursachen hin.

Der Pflichtzölibat ist ein wichtiger Faktor des klerikal-hierarchischen Systems der katholischen Kirche, doch nicht der einzige. Die Entkoppelung von Priestertum und Ehelosigkeit – historisch gesehen problemlos möglich, weil es in der katholischen Kirche ganz selbstverständlich verheiratete Priester gibt – wäre zwar ein Symbol für die Reformbereitschaft der Hierarchie, aber nicht schon die notwendige Reform selbst.

Wer wirklich eine Reform der katholischen Kirche anstrebt, der muss das klerikale System insgesamt infrage stellen und darf es nicht zur notwendigen und unveränderlichen Gestalt der katholischen Kirche verklären. Die katholische Kirche als absolute klerikale Monarchie ist eine Erfindung des 19. Jahrhunderts, die ihre Plausibilität unter den heutigen Bedingungen immer mehr verliert. Kirchliche Ordnungsvorstellungen des 19. Jahrhunderts, die als ewige Wahrheiten ausgegeben werden, sind eine wesentliche Ursache für die derzeitige Kirchenkrise.[46] Heute geht es da-

---

[45] Kaufmann, Kirchenkrise, 166 und 168f. Hervorhebungen im Original.

[46] Vgl. Hubert Wolf, Die Erfindung des Katholizismus? Vom Nutzen und

rum, transparente und gerechte Strukturen zu schaffen, an denen *alle* Gläubigen beteiligt sind. Dazu gehören einklagbare Grundrechte für alle Christen, eine heutigen Ansprüchen genügende Rechtskultur, eine unabhängige Verwaltungsgerichtsbarkeit, eine zeitgemäße Sexualmoral, die Gleichberechtigung von Frauen, die Auswahl kirchlicher Amtsträger auf allen Ebenen durch die Gläubigen, die Einführung des Prinzips der Subsidiarität ... Die Liste ließe sich beliebig fortsetzen.[47]

Die Reformbedürftigkeit der katholischen Kirche liegt auf der Hand. Ein Blick in die Kirchengeschichte zeigt: Reformen auf dem Boden der kirchlichen Tradition sind möglich. Aber ein Blick in die Kirchengeschichte zeigt auch, dass die Selbsterhaltungskräfte des Systems immer so groß waren, dass wider bessere Einsicht eine Umkehr verhindert wurde. Manchmal hat das Modell des Aussitzens einer Kirchenkrise durch die Hierarchie gut funktioniert. Manchmal ging dieses Aussitzen aber auch nach hinten los. Weil die Päpste die von den Reform-

---

Nachteil des historiographischen Konzepts der „invention of tradition" für die katholische Kirchengeschichtsschreibung, in: Katharina Krips/Stephan Mokry/Klaus Unterburger (Hg.), Aufbruch in der Zeit. Kirchenreform und europäischer Katholizismus (= MKHS.NF 10), Stuttgart 2020, 37–50; Ders., Der Unfehlbare. Pius IX. und die Erfindung des Katholizismus im 19. Jahrhundert. Biographie, München 2020.

[47] Vgl. etwa Hubertus Halbfas, Glaubensverlust. Warum sich das Christentum neu erfinden muss, Ostfildern 2011, 94–100; Peter Huizing, Rechtsschutz und Verwaltungsgerichtsbarkeit im neuen Codex Iuris Canonici, in: ThQ 163 (1983) 211–222; Klaus Lüdicke, Kirchliche Verwaltungsgerichtsbarkeit in Deutschland. Zur Lage 20 Jahre nach dem Beschluß der Gemeinsamen Synode, in: Heinrich J. F. Reinhardt (Hg.), Theologia et jus canonicum. Festgabe für Heribert Heinemann zur Vollendung seines 70. Lebensjahres, Essen 1995, 433–442; Judith Könemann/Thomas Schüller (Hg.), Das Memorandum. Die Positionen im Für und Wider (= Theologie kontrovers), Freiburg i. Br. 2011, 14–18 und passim; Dietmar Mieth, Ehe und Priestertum. Über ihre konstruktive Beziehung, in: ThQ 172 (1992) 25–35; Robinson, Macht, 202–216; Wolf, Krypta, passim; Zulehner, Aufruf.

konzilien des 15. Jahrhunderts beschlossenen Maßnahmen auf die lange Bank schoben und weil sie nach dem Auftreten Luthers die Einberufung eines Reformkonzils drei Jahrzehnte lang torpedierten, bekamen sie im 16. Jahrhundert die Kirchenspaltung. Manchmal reichte es auch aus, führende Reformer, egal ob es Kardinäle, Bischöfe oder Theologen waren, mundtot zu machen. Der Index der verbotenen Bücher und die Lehrzuchtverfahren durch die Inquisition der römischen Glaubenskongregation legen davon beredtes Zeugnis ab. Manchmal war der Druck in dem Kessel katholische Kirche aber auch so hoch, dass man gezwungen war, wenigstens etwas Druck abzulassen, um eine Explosion zu verhindern. So zum Beispiel auf dem Zweiten Vatikanischen Konzil, als sich die Reformkräfte auf dem Feld der Liturgie austoben durften, um das Thema Kirchenverfassung vom Tapet zu bringen. Manchmal genügte auch bloße kirchliche Reformrhetorik, die nichts kostet, aber nichts bewirkt. Und manchmal geht die Hierarchie den Weg der Dogmatisierung, indem sie eine umstrittene Frage zur Glaubenswahrheit erhebt und dadurch versucht, sie ein für alle Mal der Diskussion zu entziehen, wie zum Beispiel bei der Unfehlbarkeit des Papstes oder bei der Unmöglichkeit der Priesterweihe von Frauen. Welchen Weg wird die Kirche wohl diesmal einschlagen?

Homosexualität und Pädosexualität: Eine Unterscheidung

von Ansgar Wucherpfennig SJ

1. Einführung

Die statistischen Zahlen der deutschen Missbrauchs-Studie im vergangenen Jahr belegen deutlich höhere Zahlen von Männern als Betroffene von sexualisierter Gewalt durch Kleriker. 62,8 Prozent der Betroffenen sind männlich, 34,9 Prozent nur weiblich; bei 2,3 Prozent fehlten Angaben zum Geschlecht. Bei den untersuchten Straftaten fielen die Zahlen von betroffenen Männern sogar noch höher aus: Dort lag die Prozentzahl bei 80,2 Prozent. Die große Überzahl männlicher Betroffener unterscheidet sich vom sexuellen Missbrauch an Minderjährigen in außerkirchlichen Kontexten.

Trotz dieser Zahlen warnt die Studie vor einem zu einfachen Rückschluss auf die sexuelle Orientierung der Täter. Weder Homosexualität noch Zölibat seien an sich bereits Ursachen für den sexuellen Missbrauch. Allerdings sieht die Studie eine gefährliche Problemkonstellation in der kirchenoffiziellen Ablehnung von Homosexualität zusammen mit dem Zölibat und männerbündischen Strukturen in der Priesterausbildung: „Das komplexe Zusammenspiel von sexueller Unreife, abgewehrten und verleugneten [...] latenten homosexuellen Neigungen in einer ambivalenten, teilweise auch offen homophoben Umgebung könnte also eine [...] Erklärung für das Überwiegen männlicher Betroffener beim sexuellen Missbrauch durch katholische Kleriker bieten“ (MHG-Studie, S. 11).

Von rechtskatholischen Stimmen wird allerdings oft Homosexualität bei Priestern für den Missbrauch verantwortlich gemacht. Der niederländische Psychiater Gerard van den Aardweg hat in einem Interview der Tagespost vom 9. Mai 2020 diesen Zusammenhang profiliert ins Wort gebracht: „Da Homosexualität und Pädophilie suchtartig sind und weitaus mehr als normale Heterosexualität zu Verführung und Belästigung tendieren, ist die übergroße Mehrzahl der priesterlichen Missbrauchsfälle von Jugendlichen und Kindern homosexueller Natur. Wobei dann noch eine Dunkelziffer dazukommt in Bezug auf den homosexuellen Missbrauch junger erwachsener Seminaristen."[1] Homosexualität hält van den Aardweg für neurotisch und fordert von Priestern eine „normale Männlichkeit".

Auch in den römischen Institutionen des Vatikan ist die Ansicht verbreitet, homosexuelle Priester seien verantwortlich für den sexuellen Missbrauch in der katholischen Kirche. Andrew Sullivan hat deshalb in einem Artikel im New York Magazine im Januar 2019 von einer doppelten Stigmatisierung homosexueller Priester gesprochen. Nach offizieller katholischer Lehre dürfen sie nur Priester sein, wenn sie ihre Homosexualität verleugnen. Gleichzeitig werden sie als homosexuelle Priester – vor allem auch von hierarchischer Seite – maßgeblich für den Missbrauchsskandal verantwortlich gemacht. Sullivan vergleicht die Vorverurteilung homosexueller Priester mit der Suche nach einem Sündenbock für die derzeitige Kirchenkrise: „It is classic scapegoating."[2] Er wendet dann aber ein: „Die sexuelle Missbrauchskrise ganz von der Frage nach schwulen Priestern zu entkoppeln ist aber ebenso eine bewusste Vermei-

---

[1] https://www.die-tagespost.de/kirche-aktuell/Psychiater-Homosexualitaet-und-Paedophilie-sind-suchtartig;art312,198040 [Stand 15.11.2020].

[2] Andrew Sullivan, The Gay Church, in: New York Magazine, Intelligencer, 22.1.2019.

dung einer hässlichen Wahrheit. Pädophilie ist eine separate Kategorie und hat mit der Frage nach sexueller Orientierung nichts zu tun. Aber mancher Missbrauch männlicher Jugendlicher und junger Erwachsener, wie auch der Missbrauch anderer Priester, ist offensichtlich mit Homosexualität verbunden, die auf erschreckende Abwege geraten ist. Dies trifft auf etwa ein Viertel der berichteten Fälle von 15 bis 17-jährigen Opfern zu.“[3] Als Ursache analysiert Sullivan, dass homosexuellen Priestern aufgrund der katholischen Lehrpositionen ein reifes Umgehen mit ihrer Sexualität erschwert wurde. Er schreibt: „Die Höhe der Zahlen Ende des 20. Jahrhunderts war außergewöhnlich – aber im Rückblick, vorhersehbar. „If you do not deal honestly with your sexuality, it will deal with you.“[4]

Angesichts dieser unterschiedlichen Einschätzungen der Missbrauchsursachen im Bereich der sexuellen Orientierung möchte ich aus biblischer, vor allem neutestamentlicher Perspektive einen Blick auf Homosexualität und Pädosexualität werfen. Nicht weil ich meine, dass aus dem Neuen Testament eine unmittelbare Antwort auf die heutigen Fragen zu erhalten ist. Aber das Neue Testament erklärt eine Reihe von Vorprägungen, die die heutige kirchliche Sicht auf Homosexualität und Pädosexualität in der Kirche beeinflussen. Und es eröffnet anderseits die Chance, durch die Begegnung mit der fremden Lebenswelt der Bibel den Dialog voranzubringen, der erforderlich

[3] Übersetzung AW, das Zitat lautet im Original: „At the same time, to decouple the sexual-abuse crisis entirely from the question of gay priests is a willful avoidance of an ugly truth. Pedophilia is a separate category outside the question of sexual orientation. But some abuse of male teens and young adults, as well as abuse of other priests, is clearly related to homosexuality gone horribly astray – and around a quarter of the reported cases involve 15 - to 17-year-old victims. The scale of it in the late 20th century was extraordinary – but, in retrospect, predictable.“

[4] Ebd.

ist, um in der heutigen Situation zu verstehen, was Gottes Wort ist. Keine der biblischen Schriften ist ja an sich bereits Gottes Wort, sondern sie sind dessen Ausdrucksform und bezeugte Gestalt. Die Suche nach Gottes Wort braucht also einen Dialog der heutigen Lebenswelt mit der der Bibel. Dieser Dialog entspricht einer zweifachen Aufgabe, die Jürgen Ebach für die Exegese festgehalten hat: „Aufgabe der Exegese ist es, das Fremde so genau anzuschauen, dass es ein wenig vertrauter wird […] [und] das Vertraute so anzuschauen, dass es ein wenig fremder wird."[5]

2. Sexualisierte Gewalt in biblischen Erzählungen

Sexualisierte Gewalt gibt es selbstverständlich nicht nur in Beziehungen zwischen Erwachsenen und Kindern. Sie lässt sich auch in der Bibel in hierarchisierten Beziehungen ausmachen, wobei für die biblische Welt selbstverständlich auch das Zusammenleben in Ehe und Großfamilie hierarchisiert ist. Die biblischen Erzählungen legen einen Zusammenhang zwischen sexualisierter Gewalt und Homosexualität nicht nahe. Das hält auch Ilse Müllner nach ihrer Lektüre der alttestamentlichen Erzählungen von sexualisierter Gewalt fest. In der Bibel sind vor allem Frauen Betroffene der sexuellen Gewalt von Männern.

Die Erzählung aus Sodom in Gen 19 wird hier oft als Ausnahme genannt. Wenn die Männer aus Sodom die beiden Gäste Lots zu sexuellem Handeln zwingen wollen, sei Homosexualität im Spiel gewesen. Das setzt der Katechismus der Katholischen Kirche auch heute noch voraus (vgl. KKK 2357, Anm. 1). Da-

[5] Zitiert nach: Ilse Müllner, Erzählen gegen das Schweigen. Narrative Darstellungen sexueller Gewalt im Alten Testament, in: M. Jacobs (Hg.), Missbrauchte Nähe. Sexuelle Übergriffe in Kirche und Schule, Freiburg i. Ue. 2011, 55. Ursprünglich: Jürgen Ebach, Schriftstücke. Biblische Miniaturen, Gütersloh 2011, 52.

mit steht die amtliche katholische Lehre in einer langen Deutungstradition. Die Erzählung ist schon in der jüdischen Umwelt des Neuen Testaments als homosexuelle Vergewaltigung gedeutet worden. Das ist aber sicherlich nicht ihr eigentliches Thema: Die Erzählung kreist vielschichtig um das Thema Fremdheit: Lot ist ein Fremder in Sodom. Seine beiden Gäste stehen wiederum als Fremde unter dem Schutz des Gastrechts. Die beiden Töchter Lots verkörpern dagegen als Frauen das Moment des Fremden in einer Männer-dominierten Gesellschaft. Anders als die fremden Gäste genießen die Töchter keinen Rechtsschutz. Lot ist bereit, sie, um seine Gäste zu schützen, den Männern in Sodom auszuliefern: eine erschreckende Geringschätzung von Frauen gegenüber Männern!

Selbst bei der drohenden Vergewaltigung liegt der Fokus nicht auf gleichgeschlechtlicher Sexualität. In Richter 19 findet sich eine sehr ähnliche Erzählung über Gibea im Gebiet des Stammes Benjamin. Opfer der Männer ist dort eine Frau, die Frau eines Leviten. Allerdings wird dort anders als in Sodom die Gewalt nicht abgewendet. Der Levit liefert seine Frau den Männern aus. Eine ganze Nacht lang treiben sie an der Frau ihr brutales Unwesen. Der Levit ist ein Kultdiener in Israel. Mit der Erzählung ist also eine Kritik des Kults und seines Personals verbunden, das Missverhalten des Leviten ist gewissermaßen klerikaler Missbrauch *avant la lettre*.

Auch in den meisten anderen alttestamentlichen Erzählungen sind Frauen betroffen: die gefährdeten Ahnfrauen Sara (Gen 12,10–20; 20,1–18) und Rebekka (Gen 26,1–11), die Jakobtochter Dina (Gen 34), die Davidtochter Tamar (2 Sam 13). Die Gewalt hat in diesen Erzählungen eine vielfältige Gestalt. Sie reicht von der Vertuschung bis dazu, dass die betroffenen Frauen mundtot gemacht werden. Die Vergewaltigung ist der erschreckende sichtbare Gipfel einer Gewaltstruktur, die Männern generell Macht über Frauen gibt. Dazu gehört für eine verbreitete Wertewelt in den biblischen Erzählungen auch, dass Männer gedemütigt werden, wenn andere Männer sie in die erniedrigende Rolle von Frauen zwingen. Ansätze zu einem modernen Verständnis von Gleichberechtigung leuchten in den biblischen Erzählungen nur punktuell auf.

Auch in den beiden Erzählungen in Sodom und in Gibea ist die männliche Vergewaltigung eine Form der Unterwerfung. Sie bedeutete, dass das Opfer nicht nur körperlich verletzt wurde, sondern auch seelisch erniedrigt und seiner Würde beraubt. In beiden Erzählungen sind die Männer auf sexualisierte Gewalt aus, aber sie richtet sich nicht auf ein bestimmtes Geschlecht. Ein Rückschluss auf ihre sexuelle Orientierung legt sich nicht nahe.

Wenn einer oder mehrere Männer einen anderen Mann vergewaltigten, zwangen sie ihn in der Sicht der Bibel allerdings dazu, die niedrigere sexuelle Rolle einer Frau einzunehmen. Ilse Müllner hat deshalb über den Zusammenhang zwischen sexualisierter Gewalt und Homosexualität festgehalten: „Sexuelle Gewalt gegen Männer ist eine eigene Dimension der Gewalttätigkeit. […] (S)ie ist eingewoben in ein Netz von sozialen Differenzen. […] Auch der gegenwärtige Diskurs hat zu fragen, inwieweit die sexuellen Gewalthandlungen, die Männer an anderen Männern (z. B. in Gefängnissen) oder an Jungen verüben, überhaupt etwas mit Homosexualität zu tun haben. Sicherlich geht es nicht um Homosexualität als Lebensform, im Gefängniskontext eher um Demonstrationen männlicher Macht, im Kontext der Pädosexualität häufiger um unreife Sexualität.“[6]

Bei Pädosexualität ist der sexuelle Wunsch eines Erwachsenen gegenüber einem Kind in einer Beziehung gegeben, die immer hierarchisiert ist. In der griechischen Kultur wurde dafür das Wort Päderastie verwendet, zusammengesetzt aus den Bestandteilen παίς für „Kind“ oder „Jugendlicher“ und ἐράω für

6 Ilse Müllner, Erzählen gegen das Schweigen, 82.

„Liebe“[7]. Der Liebhaber wurde im Griechischen ἐράστης genannt; der Geliebte, der im Alter und/oder in sozialer Hierarchie deutlich niedriger stand, ἐρώμενος. Die biblischen Schriften kennen dieses Wortfeld nicht. In griechischer Philosophie war Päderastie dagegen als Beziehung zwischen Lehrer und Schüler akzeptiert. Bezeugt ist sie vor allem für gehobene Gesellschaftsschichten, was nicht bedeutet, dass sie in niedrigeren Gesellschaftsschichten nicht vorkam. Harmodios und Aristogeiton waren ein päderastisches Paar. Sie wurden in Athen als Befreier gefeiert, weil sie 514 v. Chr. gemeinsam den Tyrannen Hipparchos ermordet und die Stadt von seiner Herrschaft befreit haben. Als Heroen erfuhren sie kultische Verehrung. Jeder, der die Agora betrat, ging an ihrer Statue vorbei, und die Mahlzeiten ihrer Nachfahren wurden von der Stadt finanziert. Die Verehrung des Paares zeigt, dass ihre päderastische Beziehung akzeptiert oder zumindest kein Hindernis für ihre gesellschaftliche Verehrung war.

Allerdings wurde Päderastie auch bereits unter Philosophen problematisiert. Eine diskutierte Frage war, bis zu welchem Alter des Jugendlichen sie zulässig war: Häufig wurde angegeben, bis der Bartwuchs einsetzt. Auch die Frage nach der Reziprozität der Beziehung wurde gestellt. In der nachklassischen Zeit blieb Päderastie eine verbreitete Form von Erotik und Sexualität in philosophischer Erziehung und Bildung. Sie erfuhr aber in verschiedenen Kreisen eine schärfere Kritik, wie wir noch sehen werden. Päderastische Praxis und das dazugehörige Affektleben legten weder den ἐράστης noch den ἐρώμενος auf eine bestimmte sexuelle Orientierung fest. Sokrates war bekanntlich gut verheiratet. Plato erzählt aber recht selbstverständlich, dass Sokrates auch von Jungen erotisch angezogen ist (z. B. Plato, Charmides

[7] Vgl. Ansgar Wucherpfennig, Sexualität bei Paulus, Freiburg i. Br. 2020, 127–129.

155d, Symposion 116c–119d). Allerdings nutzt Sokrates die Anziehung, um mit den Jungen in ein philosophisches Gespräch einzutreten. Bei Anderen blieb es dagegen nicht nur bei dem gemeinsamen philosophischen Dialog.

Päderastie würde heute unter den Begriff der Pädosexualität fallen. Unter Pädosexualität lässt sich eine „besondere Form sexueller Beziehungen zwischen Erwachsenen und Kindern“[8] verstehen, die in der wissenschaftlichen Literatur und in der Alltagssprache oft „Pädophilie“ bezeichnet wird. Pädophilie enthält das griechische Wort φιλία, das im Neuen Testament für die Beziehung im Rahmen der frühchristlichen Freundschaftsethik verwendet wird. Eine Beziehung zwischen Erwachsenen und Kindern erfüllt aber nie die vorausgesetzte Gleichheit der Partnerinnen und Partner in einer Freundschaft. Der Ausdruck Pädophilie verschleiert, dass es sich heute „bei der Liebe der Erwachsenen zu Kindern um eine ihr immer unterlegte bewusstseinsfähige und häufig auch bewusste Sexualisierung der Kinder durch die Erwachsenen handelt“[9]. Genau in diesem Punkt unterscheiden sich pädosexuelle Beziehungen aber von homo- oder heterosexuellen Beziehungen. Denn die Sexualisierung geschieht in einer pädosexuellen Beziehung einseitig von dem Erwachsenen her. Sie wird von dem Kind als Gegenüber nicht geteilt. Die Reziprozität, die homo- und heterosexuelle Beziehungen kennen, ist in einer pädosexuellen Beziehung nicht möglich. Das stellt sie auch ohne das Dazukommen von Gewalt unter eine ethische Problematik. Bei vielen sexuellen Aktivitäten in hierarchisierten Beziehungen lässt sich die gleiche ethisch defizitäre Problemlage aufzeigen: In jedem Fall sind

---

[8] Martin Dannecker, Pädosexualität, in: Dirk Bange/Wilhelm Körner (Hg.), Handwörterbuch Sexueller Missbrauch, Göttingen u. a. 2002, 390.

[9] Ebd.

auch da Beidseitigkeit und Einvernehmlichkeit der sexuellen Wünsche nicht oder zumindest nur begrenzt gegeben.

Die Bibel stellt also keinen Zusammenhang zwischen sexualisierter Gewalt in hierarchisierten Beziehungen zu einer bestimmten sexuellen Orientierung her. Aber auch pädosexuelle Beziehungen in der Bildungsschicht der antiken Umwelt der Bibel lassen keinen Rückschluss auf eine homosexuelle Orientierung zu. Ein wichtiges Moment dieser Beziehungen sind allerdings die sozialen Rollen der Geschlechter. Deshalb möchte ich im Folgenden noch einmal neu nach der biblischen Sicht der Homosexualität fragen und mich dabei auf das Neue Testament, genauer gesagt auf Paulus konzentrieren.

3. Homosexualität als angstbesetztes Tabu

In der gesamten Bibel gibt es überhaupt nur fünf Stellen, an denen ausdrücklich in Verboten oder Wertungen zu sexuellen Aktivitäten Stellung bezogen wird, die heute verbreitet unter den Begriff Homosexualität fallen. *Zwei* davon finden sich in Briefen, die heute als authentische Paulusbriefe gesehen werden; im Ersten Korintherbrief (1 Kor 6,9–10) und im Römerbrief (Röm 1,24.26–28); *eine* im Ersten Timotheusbrief (1 Tim 1,9–10), der heute weitgehend als deuteropaulinisch eingeschätzt wird.[10]

Paulus hat seine Sicht gleichgeschlechtlicher sexueller Handlungen als jüdischer Schriftgelehrter aus der Tora gewonnen. In den verbleibenden *zwei* Stellen der Bibel verurteilt die Tora homosexuelle Handlungen. Beide Stellen gehören zum Heiligkeitsgesetz im Buch Leviticus: 18,22 und 20,12. An beiden Stellen wird gesagt, dass ein Mann nicht mit einem Mann wie mit einer Frau schlafen soll. Lev 18,22 steht in einer langen Liste

[10] Wucherpfennig, Sexualität bei Paulus, 93–98.

von sexuellen Verboten, mit denen sich Israel von seinen Nachbarvölkern abgrenzt. In Lev 20,12 wird das Schlafen eines Mannes mit einem Mann mit der Todesstrafe sanktioniert.[11]

Das Verbot bzw. die Todesstrafe werden damit begründet, dass die gleichgeschlechtliche sexuelle Aktivität im hebräischen תועבה genannt wird, was die Bibelübersetzungen gewöhnlich mit „Gräuel“ wiedergeben. In der griechischen Übersetzung der Tora wird es βδέλυγμα genannt. Das meint eine Sache, vor der man großen Abscheu empfinden muss. Die Einleitung und der Schluss der Verbotsliste in Leviticus 18 zieht mit diesem Ausdruck auch die Grenze zwischen Israel als heiligem Gottesvolk und den anderen Völkern, in denen solche Greueltaten üblich seien.

Erhard Gerstenberger hat deshalb gemeint, dass homosexuelle Aktivität mit numinosen Ängsten verbunden gewesen sei, wie bei vielen Tabu-Vorschriften seien Dämonenängste mit im Spiel.[12] Israel grenzt sich in diesen Vorschriften angstvoll von Praktiken ab, von denen es gemeint hat, sie würden seine gottgewollte Ordnung bedrohen.

Die Bibelübersetzungen geben das gleichgeschlechtliche Verhalten gewöhnlich wieder mit: „Du darfst nicht mit einem Mann schlafen, wie man mit einer Frau schläft“ (EÜ). Jerome Walsh hat die Auffassung vertreten, der entsprechende hebräische Ausdruck לא חשכב משכבי אשה würde bedeuten: „Du sollst nicht wie eine Frau mit einem Mann schlafen“[13]. Die Ge-

---

[11] Vgl. zum Folgenden auch Thomas Hieke, Kennt und verurteilt das Alte Testament Homosexualität?, in: Stephan Goertz (Hg.), „Wer bin ich, ihn zu verurteilen?“ Homosexualität und katholische Kirche (= Katholizismus im Umbruch 3), Freiburg i. Br. 2015, 19–52; William Loader, The New Testament on Sexuality, Grand Rapids, MI, 2012, 22–27.

[12] Vgl. Erhard Gerstenberger, Leviticus, Westminster 1996, 273,297.

[13] Vgl. Jerome T. Walsh, Leviticus 18:22 and 20:13: Who is Doing What to Whom?, in: JBL 120 (2001) 205.

ringschätzung gegenüber Männern, die im Familienleben und im Geschlechtsverkehr die niedrigere Rolle der Frau einnahmen, war gesellschaftlich verbreitet. Die soziale Überlegenheit des Mannes würde durch das Verbot der Tora nach Walsh rechtlich untermauert.

Meistens werden die Stellen aber so verstanden, dass sie sich darauf beziehen, dass ein Mann nicht mit einem anderen Mann schlafen soll wie mit einer Frau. Das heißt, dass er nicht die aktive männliche Rolle im Geschlechtsverkehr mit einem anderen Mann einnehmen soll. Ein Mann soll einen anderen Mann, einen Volksgenossen, nicht durch eine dominante Rolle beim Geschlechtsverkehr demütigen. Eine solche Demütigung ist bei gleichgeschlechtlichem sexuellen Handeln offenbar immer vorausgesetzt. Die Tora bestraft dafür nicht nur den aktiven Teil der Beziehung, sondern auch den, der sich passiv dieser Demütigung hingibt. Nach Lev 20,13 werden beide Männer mit dem Tod bestraft.

Die Vorschriften der Tora wurden auch von Jüdinnen und Juden in der Umwelt des ersten Christentums eher auf bestimmte als problematisch empfundene soziale Geschlechter-Rollen bezogen, als auf ein „System sexueller Orientierungen, die sich über die Objektwahl definieren lassen“[14]. Dies wird sich gleich noch genauer zeigen.

4. Paulus und Deutero-Paulus über „Männer-Beischläfer"

Unter dem Einfluss der Tora im Buch Leviticus nennt Paulus homosexuell Aktive in 1 Kor 6,9 mit dem griechischen Wort ἀρσενοκοίτης, was wörtlich übersetzt „Männer-Beischläfer“

---

[14] Daniel Boyarin, Are There Any Jews in 'The History of Sexuality'?, in: Journal of the History of Sexuality 5 (1995), 335: „a system of sexual orientations defined by object choice“.

heißt.[15] Dieses Wort ist vor Paulus nicht belegt, und nach Paulus vor allem in Literatur unter christlichem Einfluss. Es ist Paulus sprachlicher Kreativität zuzutrauen, dass er es selbst als Neologismus aus der griechischen Übersetzung der Tora gebildet hat.[16] Denn beide Teile des zusammengesetzten neuen Wortes ἄρσην für „männlich" und κοίτη für „Bett" oder auch „Ehebett" kommen in der griechischen Übersetzung von Lev 18,22 und 20,13 vor. Boswell hat dagegen gemeint, das Wort für „männlich" würde hier eher für das Subjekt der Handlung stehen, als für das Objekt. Es würde also nicht homosexuell Aktive meinen, die mit Männern schlafen, sondern Männer, die Sex als Prostituierte käuflich anbieten.[17] Auch wenn das sprachlich nicht ganz auszuschließen ist, scheint mir der Rückbezug auf die Tora für den Schriftgelehrten Paulus wahrscheinlicher. Dem entspricht auch der Zusammenhang. Das Wort steht in einem sogenannten „Lasterkatalog", oder genauer gesagt, einer Merkliste von Verstößen gegen die Tora, von denen sich die Messiasgläubigen in Korinth mit ihrem neuen Leben abgewandt haben.

Die neue Einheitsübersetzung hat ἀρσενοκοῖται an dieser Stelle mit „Knabenschänder" wiedergegeben. Es ist möglich, dass die gleichgeschlechtliche Aktivität noch von weiteren ethisch problematischen Verhaltensweisen begleitet war: Ausbeutung, Prostitution, Vergewaltigung und sicher auch pädosexuelle Aktivität kommen dabei infrage. Aber das Wort selbst gibt dies an sich noch nicht her.

Es steht unmittelbar nach μαλακοί, das wörtlich übersetzt „Weichlinge" bedeutet, vergleichbar dem englischen *softy*. Auf

[15] Vgl. zum Folgenden: Wucherpfennig, Sexualität bei Paulus, 96–99.

[16] Vgl. Loader, New Testament on Sexuality, 329.

[17] Vgl. John Boswell, Christianity, Social Tolerance, and Homosexuality: Gay People in Western Europe from the Beginning of the Christian Era to the Fourteenth Century, Chicago, IL, 1980, 342–344.

Männer bezogen hat es in Paulus Sprachwelt pejorative Bedeutung, weil Männer stark und streng zu sein hatten. Es kann daher auch allgemein moralische Verweichlichung meinen. Die neue Einheitsübersetzung hat μαλακοί mit „Lustknaben“ übersetzt. Damit stellt sie das Wortpaar „Lustknaben“ und „Knabenschänder“ in einen Zusammenhang von gleichgeschlechtlichem Verkehr, bei der der eine Partner aktiv penetrierend, der andere hingegen passiv penetriert ist. Diese enge Bedeutung scheint mir hier aber noch nicht sicher.

Der Weichling bringt vielmehr die soziale Geschlechterhierarchie durcheinander, weil er Verhaltensweisen an den Tag legt, die den gesellschaftlichen Erwartungsmustern gegenüber Männern widersprechen. Das Griechische kannte für diesen Typus von Mann mit Kinäde – griechisch κίναιδος – noch ein anderes Wort. Es bezeichnet effeminierte und verweichlichte Männer. Heute wären damit etwa Männer gemeint, die stricken oder Frauenkleider tragen. Für Paulus gehörten vermutlich Männer dazu, die Frauenfrisuren und lange Haare trugen. In 1 Kor 11 leitet Paulus die Haartracht von Frauen und Männern von einem Naturbegriff her, den er allgemein sehr unscharf verwendet. Klaus Wengst hat deshalb pointiert kommentiert: „Ob das Haar kurz oder lang getragen wird, ist keine Frage der ‚Natur‘, sondern allemal der Anwendung der Schere“[18]. Auch auf den Naturbegriff komme ich noch zurück. In 1 Kor 6 muss bei der Bezeichnung μαλακοί nicht unbedingt auch homosexuelle Aktivität mitgemeint sein. Daher scheint mir das Wortpaar mit: „Weichlinge und Männerbeischläfer“ besser und näher am griechischen Text wiedergegeben.

Der unbekannte Verfasser des Ersten Timotheusbrief greift das Wort „Männerbeischläfer“ in 1 Tim 1,9–10 auf. Auch dort

[18] Klaus Wengst, Paulus und die Homosexualität. Überlegungen zu Römer 1,26f., in: ZevEth 31 (1987), 75.

steht es in einem Lasterkatalog. Er ist ebenfalls als Merkliste von Verstößen gegen Gottes Tora angelegt, dazu orientiert er sich nahe am Dekalog. An dieser Stelle ist wahrscheinlicher, dass andere ethisch problematische Verhaltensweisen mitgemeint sind, die die homosexuelle Aktivität begleiten. „Männerbeischläfer" bildet hier zusammen mit dem griechischen Wort für „Sklavenhändler" – ἀνδραποδισταῖς – ein Wortpaar. Sklavenhandel führte verbreitet auch in Prostitution, was für Männer oft männliche Prostitution bedeutet hat, für jugendliche Sklaven etwa den pädosexuellen Bedürfnissen ihrer Herren zu Diensten zu sein.

Beide Stellen in Briefen von Paulus oder aus seiner Schule lassen kaum die Gründe für die Stellungnahmen über homosexuelle Aktivität erkennen. Paulus bedient sich vielmehr stereotyper Werturteile, die er aus der Tora und seiner gesellschaftlichen jüdisch-hellenistischen Umwelt übernommen hat.

5. Paulus zur Homosexualität im Römerbrief

Anders wird die Situation im Römerbrief eingeschätzt. Dort geht Paulus am ausführlichsten auf homosexuelle Aktivität ein. Nach der Einleitung des Briefes schildert er im ersten Kapitel des Römerbriefs aus jüdischer Sicht die gesellschaftliche Dekadenz nichtjüdischer Kultur in Rom. Als ersten körperlich-greifbaren Beweis, dass die Angehörigen der Völker sich der Erkenntnis des wahren Gottes verschlossen haben, präsentiert er dabei sexuellen Verkehr gegen die Natur.[19]

---

[19] Vgl. ausführlicher zum Folgenden: Wucherpfennig, Sexualität bei Paulus, 106–127.

> „Denn obwohl sie Gott kannten, haben sie Gott nicht als Gott geehrt oder gedankt, sie wurden unsinnig in ihren Gedanken, und ihr uneinsichtiges Herz wurde finster. Sie behaupteten, weise zu sein, zeigten aber ihren Unverstand. Sie tauschten die Herrlichkeit des unvergänglichen Gottes in ein Standbild ein, das die Gestalt eines verderblichen Menschen hatte oder sogar die von Vögeln, vierfüßigen oder kriechenden Tieren. Deshalb überließ Gott sie der Gier ihrer Herzen zur Unreinheit. So tun sie einander an, dass sie ihre Körper mit Verachtung behandeln. (…) Deswegen überließ Gott sie ehrlosen Leidenschaften. Frauen unter ihnen tauschten nämlich den naturgemäßen Gebrauch gegen einen widernatürlichen ein. Ebenso gaben auch Männer den naturgemäßen Gebrauch von Frauen auf und entbrannten in ihrer Lust füreinander. Männer haben mit Männern Schmach getrieben, und den erforderlichen Lohn für ihren Irrtum haben sie selbst zu tragen.“ (Röm 1,21–27)

Paulus verwendet an dieser Stelle dreimal den griechischen Ausdruck für „Natur“ φύσις, bzw. das Adjektiv φυσικός. Zweimal spricht er vom „natürlichen Verkehr“ – der φυσικὴ χρῆσις – und einmal von „widernatürlich“ – παρὰ φύσιν. Deshalb ist diese Stelle das entscheidende Schriftargument für die katholische Tradition, dass Homosexualität als sexuelle Orientierung gegen die natürliche Ordnung Gottes sei. Es ist auch die einzige Stelle in der Bibel, die sich für diese Sicht ins Feld führen ließe.

Paulus bezieht sich in dem gesamten Abschnitt weniger auf die Tora. Das Wort „Männerbeischläfer“, das er wohl aus den Verboten der Tora gewonnen hat, verwendet er hier nicht. Möglicherweise steht allerdings der erste Schöpfungsbericht in der Tora für Paulus im Hintergrund. Wenn Paulus von Frauen und Männern – wörtlich eigentlich „weiblichen“ und „männlichen“ – schreibt, benutzt er die gleichen Worte wie Genesis 1,27 – allerdings in umgekehrter Reihenfolge. Die Tora spricht dort von der Ebenbildlichkeit des Menschen als Mann und als Frau. Auch die Fruchtbarkeit, von der in der Tora gleich der folgende Vers spricht, scheint für Paulus hier keine Rolle zu spielen. Eine biologistische Sicht, die die Erzeugung von Nachkommen als den natürlichen Sinn des Geschlechtsverkehrs sah, kannte auch die antike Philosophie seit Plato. Die *procreatio filiorum* galt für die katholische Tradition bis zum Zweiten Vatikanischen Konzil daher als wesentlicher Ehezweck. Paulus zeigt sich an der Erzeugung von Nachwuchs aber auch an anderen Stellen nicht interessiert.[20] Ebenso lässt sich nicht erkennen, dass er gleichgeschlechtlichen Sex ablehnen würde, weil er nur aus Gründen der Lust gesucht würde.[21] Paulus lässt auch anderswo nicht erkennen, dass Lust und Vergnügen beim Sex an sich für ihn ein Problem wären. Daher lässt sich mit William Loader für die hier vorausgesetzten Anspielungen auf die Natur schließen: „More probable is an allusion to what is natural for men and women in terms of active and passive roles in intercourse."[22] Allerdings ist damit nach meiner Ansicht mehr gemeint als nur die aktive und die passive Rolle bei sexueller Aktivität. Im Hintergrund des Abschnitts steht vielmehr eine Auseinandersetzung mit der herrschenden Popularphilosophie in Rom: der Stoa. Die Stoa war die verbreitete Philosophie in der römischen Bildungsschicht. Stoiker versahen den Dienst als römische Beamte und Richter. Seneca war der philosophische Lehrer und das politische *brain* in den Regierungsgeschäften des Kaisers Nero. Zwischen stoischen Lehrern und ihren Schülern gab es pädosexuelle oder zumindest hierarchisierte sexuelle Beziehungen, und diese kritisiert Paulus in seinen Aussagen über homosexuelle Beziehungen.

[20] Auch aus 1 Kor 7,14 lässt sich dies nicht schließen.
[21] Vgl. die positive Sicht in 1 Kor 7,4 und 7.
[22] Loader, New Testament on Sexuality, 313.

6. Die Karikatur eines stoischen Weisen

Nach Diana Swancutt setzt Paulus in dem gesamten Abschnitt den literarischen Topos eines heuchlerischen stoischen Weisen voraus. Die Enthüllung des unsichtbaren Gottes durch seine Schöpfung (1,19), Begehren und Leidenschaften (1,24), das Natürliche und Geziemende und das Ehrbare und Verachtenswerte (1,26–27), das sind Topoi der stoischen Philosophie. Sie kommen sonst bei Paulus kaum, hier aber in großer Konzentration vor. Auch das Leben „nach der Natur" war ein Ideal der stoischen Philosophen, das sich bei Seneca gewissermaßen *passim* findet: *Nempe propositum nostrum est secundum naturam vivere* – „es ist wirklich unser Vorsatz, nach der Natur zu leben".

Paulus hat diese stoischen Topoi übernommen, um sich in Röm 1,18–2,16 mit den Vorstellungen stoischer Weiser auseinanderzusetzen. Der stoische Gelehrte vertritt hohe elitäre Ideale von Selbstdisziplin und behauptet, der Mensch müsse seine sexuellen Leidenschaften kontrollieren und sich von Geschlechtsverkehr enthalten außer zur Zeugung von Nachkommen. Aber gleichzeitig wird er von römischen Satirikern ins Lächerliche gezogen. Ein schönes Beispiel bietet Horaz: „Der weise Mann wird nur von Jupiter überboten. Es geht ihm immer gut, er ist anerkannt, freundlich, der freie König über alle Könige. Und er ist vor allem richtig im Kopf. Er ist immer gut aufgelegt, es sei denn eine Erkältung bringt ihn ins Bett." (Ep. 1.1.106– 108).[23]

Die stoischen Gelehrten vertraten eine naturgegebene kosmische Hierarchie, die sich in Staat, Familie und menschlichen Beziehungen als göttliche Ordnung wiederspiegelt. Zu dieser

[23] Diana M. Swancutt, „The Disease of Effemination": The Charge of Effeminacy and the Verdict of God (Romans 1:18–2:16), in: Stephen D. Moore/Janice C. Anderson (Hg.), New Testament Masculinities, (= SBL Semeia-Studies 45), Atlanta, GA, 2003, 194; Wucherpfennig, Sexualität bei Paulus, 122.

Ordnung gehörte die selbstverständliche Vormacht des Mannes gegenüber der Frau. Die kosmische Vernunft, der νοῦς, der alles durchwaltet, Universum, Staat, Familie und das Beziehungsleben, war für sie männlich konnotiert. Körperliche und politische Stärke, Vernunft, Geistesfähigkeit (auch spirituelle), Überlegenheit, Aktivität, Trockenheit und Penetrieren galten der Stoa daher als Eigenschaften von Männern; Frauen verkörperten die gegenteiligen negativen Eigenschaften: körperliche und politische Schwäche, Unvernunft und Emotionalität, fleischliche Lust, Unterlegenheit, Passivität, Feuchtigkeit und Penetriert-Werden.[24] Wenn der niederländische Psychiater van den Aardgeld von Priestern fordert, dass sie normale Männer seien, ist er offenbar nicht allzu weit von solchen Vorstellungen von Männlichkeit entfernt.

Eine verbreitete Kritik war, dass die stoischen Weisen gegen ihre eigenen Ideale von ihren Schülern sexuelle Vorteile gewinnen, und das auch in gleichgeschlechtlichen sexuellen Beziehungen. Damit trugen sie – so die Kritiker – zur Verweiblichung und Dekadenz ihrer Schüler bei. Martial schildert etwa einen Juristen mit dem Namen Maternus. Er zeigt seine heuchlerische Mannhaftigkeit, läuft ordentlich gekleidet herum und kritisiert das offensichtlich schwule Auftreten Anderer. Gleichzeitig liebt er Frauenfarben und schaut körperlich gut gebauten jungen Athleten lange nach. Ein anderes Beispiel ist Athenaeus: Er klagt die Stoiker an, dass sie die Natur durch Travestie verkehren und von ihren jugendlichen ἐρώμενοι verlangen, dass sie ihre Körper rasieren bis hin zum außerordentlich hohen Alter von 28 Jahren. Sie verlangen gegen die Natur – παρὰ φύσιν – von ihren Schülern, dass sie sich auftakeln, Parfum anlegen und zarte Kleider tragen, dass sie ihre Brust und ihr Hinterteil rasieren.

---

[24] Ebd. 174.

7. Die verkehrte soziale Ordnung der Geschlechter

Auf eine solche Geschlechterhierarchie nimmt Paulus in Röm 1,26–27 Bezug. Deshalb schreibt er zuerst von Frauen und gibt ihnen die aktive Verantwortung für das Durcheinander der naturgegebenen Ordnung: „Frauen unter ihnen tauschten nämlich den naturgemäßen Gebrauch gegen einen widernatürlichen ein.“ Dann erst schreibt er von den Männern, dass sie diese Ordnung passiv haben fahren lassen: „Ebenso gaben auch Männer den naturgemäßen Gebrauch von Frauen auf.“ Damit ist die stoische Ordnung auf den Kopf gestellt. Auffälligerweise lässt Paulus bei den Frauen aus, wer die Partnerinnen oder Partner ihrer sexuellen Aktivitäten sind. Dies kann in dem sorgfältig formulierten Abschnitt nur bewusst sein: Paulus ist nicht an der Identität ihres sexuellen Gegenübers interessiert, sondern an der Umkehrung der sozialen Geschlechterrollen. Die auf den Kopf gestellte Ordnung der Geschlechter ist auch sprachlich mit παρὰ φύσιν gemeint. Die herrenlos gewordene Ordnung bewirkt einen Exzess der Leidenschaften, den die Verse 24–27 beschreiben. In 1,24 schreibt Paulus allgemein von der „Gier ihrer Herzen“; in 1,26 von „ehrlosen Leidenschaften“ bei den Frauen und von den Männern in 1,27, dass sie ohne Kontrolle „in ihrer Lust“ aneinander „entbrannten“.

Die Verkehrung von Geschlechterrollen ist nach Swancutt auch gemeint, wenn es heißt: „Männer haben mit Männern Schmach getrieben“. Die neue Einheitsübersetzung gibt hier wieder: „Männer treiben mit Männern Unzucht“. Dies entspricht aber nicht dem griechischen Ausdruck: τὴν ἀσχημοσύνην κατεργαζόμενοι. Das griechische Wort ἀσχημοσύνη meint nicht „Unzucht“, sondern „Schmach“ oder „Ungehörlichkeit“. Gemeint ist, dass die stoischen Lehrer ihre Schüler durch homosexuelle Aktivität demütigten. Ihre Schüler würden dadurch beschämt und ihre Körper dadurch verweiblicht. Am Ende der

Aussagen drückt dies den Tiefpunkt der moralischen Erniedrigung aus.

8. Eine ethische Abrechnung mit der *Romanitas*

Dies führt dann – wie Paulus weiter schreibt – schließlich zu einem urteilslosen, nutzlos gewordenen νοῦς (1,28: εἰς ἀδόκιμον νοῦν). Auch hier greift Paulus einen zentralen Begriff stoischer Philosophie auf. Aus einer wertlosen Vernunft entspringen dann alle möglichen weiteren ethischen Ungerechtigkeiten. Erst in Röm 2,1 spricht Paulus dann einen solchen selbstgerecht urteilenden Stoiker direkt an und deckt seine Heuchelei auf:

> „Deshalb hast du keine Entschuldigung, Mensch, wer auch immer du bist, wenn du urteilst. Mit deinem Urteil über den Anderen verurteilst du dich selbst. Denn du tust doch genau dasselbe, auch wenn du es verurteilst."

Paulus überführt hier die gesellschaftlich herrschende Philosophie mit der Karikatur eines selbstgerechten stoischen Weisen. Dies tut er, um gegen die strenge Selbstgerechtigkeit der stoischen Beamten und Richter die rettende Kraft seines Evangeliums von Gott als einem gerechten und barmherzigen Richter zu verkünden. Diana Swancutt schreibt: „An eine Stadt also, in der viele Stoiker ihren Dienst als Beamte leisteten und Seneca und Nero die Ideologie von einem Quinquennium als goldenes Zeitalter eines stoischen Herrschers geschaffen haben, schreibt Paulus einen Brief, der mit der Abrechnung mit einem stoischen römischen Richter beginnt, der sich selbst und die Massen „wie ein Mädchen" beherrsche. Röm 1,18–2,16 ist daher eine beißende Denunziation der *Romanitas*."[25]

[25] Swancutt, Disease of Effemination, 232: „Thus, into a city in which many

9. Konsequenzen

All das bedeutet nicht, dass Paulus gleichgeschlechtliche sexuelle Aktivität akzeptieren würde. Könnte man ihn fragen, würde er wahrscheinlich auf die Tora verweisen. Allerdings sind Pauli Aussagen auch tendenzkritisch zu lesen. Luise Schottroff hat dazu bereits 1994 angeregt:

> „Weibliche Menschen müssen sich einem natürlichen Benutztwerden durch männliche Menschen (Röm 1,26.27) unterwerfen. Dabei entbrennen und begehren die Männer die Frauen (so implizit Röm 1,27). Die natürliche Biologie schreibt also Aktivität für Männer und Passivität für Frauen fest. Frauen, die sich diesem Benutztwerden durch Männer entziehen und einen ‚widernatürlichen' Gebrauch von ihrem Körper machen, sind den Leidenschaften hingegeben, die Unehre bringen, sagt Paulus. Weiblichkeit wird hier über Heterosexualität aus der Perspektive eines patriarchalen Geschlechterdualismus definiert."[26]

Die Rekonstruktion von Diana Swancutt lässt den sozialgeschichtlichen Kontext für eine kritische Pauluslektüre noch genauer erkennen: Im Römerbrief schreibt Paulus von pädosexuellen oder hierarchisierten sexuellen Beziehungen, die er gleichgeschlechtlich versteht. In diesen Beziehungen sieht er einen Selbstwiderspruch zwischen stoischer Lehre und Lebenspraxis. Er sieht darin sicher auch die Tora verletzt. Eine homo-

---

Stoics served as magistrates and Seneca and Nero crafted the ideology of the quinquennium as the golden age of a Stoic ruler, Paul sent a letter inaugurated by a censure of a Stoicized Roman judge for governing himself an the masses 'like a girl.' Romans 1:18–2:16 is therefore a biting denunciation of *Romanitas*" (Übersetzung oben AW).

[26] Luise Schottroff, Lydias ungeduldige Schwestern. Feministische Sozialgeschichte des frühen Christentums, Gütersloh 1994, 64.

sexuelle Orientierung macht Paulus aber auch an dieser Stelle nicht dafür verantwortlich.

Um Pauli Aussagen zu verstehen, ist heute zu berücksichtigen, dass er mit der Bibel allgemein Homosexualität und Heterosexualität als ein binäres System sexueller Orientierung noch nicht kennt. Die gesamte antike Umwelt der Bibel kannte allenfalls in Ansätzen ein Konzept von Sexualität, mit dem die Humanwissenschaften heute das konstitutive Angezogensein von einem bestimmten Geschlecht beschreiben. Die Bibel und ihre Umwelt wussten aber wohl darum, dass Männer wie Frauen in ihrem sexuellen Verhalten soziale Rollen zum Ausdruck brachten, die ihnen gesellschaftlich vorgegeben sind.

Zu einem tendenzkritischen Verständnis von Paulus' Aussagen gehört auch, dass der Naturbegriff nicht mehr auf der Basis von Röm 1,26–27 für ein lehramtliches Urteil über Homosexualität herangezogen werden darf. Der Katechismus der Katholischen Kirche verweist dazu in den Fußnoten auf Paulus und hält fest, dass „die homosexuellen Handlungen in sich nicht in Ordnung sind (vgl. CDF, Erkl. *Persona humana* 8). Sie verstoßen gegen das natürliche Gesetz" (KKK 1357). Ein Fortschritt gegenüber Paulus ist, dass der Katechismus Homosexualität als sexuelle Orientierung anerkennt, die Menschen persönlich prägt. Anders als Paulus unterscheidet der Katechismus zwischen Homosexualität als persönlicher Orientierung und homosexuellen Handlungen. Diese Unterscheidung wird vielfach zurecht als unzureichend empfunden. Sie bedeutet aber immerhin für viele einen ersten Schritt, ihre negativen Vorurteile über Homosexualität zu hinterfragen.

Wenn der Katechismus von dem „natürlichen Gesetz" spricht, legt dies eine andere Stelle aus dem Römerbrief noch näher. Der Katechismus führt sie aber in den Fußnoten zu seinen Aussagen über Homosexualität nicht an. Gegen Ende des

Abschnittes in 1,18–2,16, in dem Paulus sich mit den selbstgerechten stoischen Philosophen auseinandersetzt, spricht er noch einmal vom Gesetz. Dort schreibt er:

> „Wenn die Völker (also Nichtjuden), die das Gesetz nicht haben, naturgemäß dem Gesetz entsprechend handeln, dann sind diese, die das Gesetz nicht haben sich selbst Gesetz. Sie zeigen das Werk des Gesetzes eingeschrieben in ihre Herzen. Es bezeugt ihr Gewissen, durch ihre Gedanken, die einander anklagen und verteidigen." (Röm 2,14–15)

Wenn alle Völker ethisch verantwortungsbewusst nach Tora und Gesetz handeln, sieht Paulus Gottes Verheißung vom erneuerten Bund im Propheten Jeremia (31,33) erfüllt: Gott hat das Gesetz dieses Bundes den Herzen der Menschen eingeschrieben. Offensichtlich möchte Paulus auch seine Leserinnen und Leser unter dem Einfluss der Stoa zu diesem Verständnis von Gesetz führen, denn auch die Stoiker kannten die Vorstellung, dass sie sich selbst ein lebendiges Gesetz κατὰ φύσιν sein können. Dieses Verständnis von einem natürlichen Gesetz kann zu einer erneuerten moralischen Sicht sexueller Orientierungen führen. Eine homosexuelle Orientierung entspricht dann zwar nicht einem wörtlichen biblischen Verständnis menschlicher Natur, aber sie gehört eben zur Natur derjenigen Menschen, die erfahren, dass gleichgeschlechtliche Liebe in ihr Herz eingeschrieben ist. Menschen erfahren aber nicht nur eine sexuelle Orientierung als ins Herz geschrieben, sondern auch Wertvorstellungen von einem verantwortungsbewussten Umgang damit: Gewaltlosigkeit, Einvernehmlichkeit, Gegenseitigkeit, Gleichheit, Verbindlichkeit, (in einem weiten Sinne) Fruchtbarkeit und soziale Gerechtigkeit. Diese Wertvorstellungen verpflichten Menschen, gleich ob sie sich hetero- oder homosexuell verstehen. Pädosexuelle Handlungen hingegen verletzen diese Werte grundsätzlich, weil Pädosexualität keine einvernehmlichen und gleichen Beziehungen zustande bringt.

10. Schluss

Für eine Neuformulierung ihrer Sexualmoral braucht die katholische Kirche mehr als das Zeugnis der Bibel; sie braucht die Erkenntnisse der theologischen Tradition. Aber auch die Erkenntnisse der modernen Humanwissenschaften und die Erfahrungen der Gläubigen sind ein *locus theologicus* für eine Erneuerung der Sexualmoral. Die Missbrauchskrise macht sie dringend erforderlich, denn die amtliche Ablehnung von Homosexualität durch die katholische Kirche entspricht nach meinem Verständnis nicht dem Wort Gottes.

Andrew Sullivan hatte in seinem Artikel im New York-Magazine von einem problematischen Umgang einiger Priester mit den Vorgaben von Zölibat und homophober Sexualmoral berichtet. Ein Teil katholischer Priester hat eine zynische Art gefunden, den priesterlichen Zölibat zu leben. Sullivan lässt einen Vertreter dieses Typs des zynischen Zölibatären zu Wort kommen: „Noch bevor wir Teenager wurden, haben wir bemerkt, dass die ganze Sache (gemeint ist ihre Sexualität) etwas Abscheuliches ist. Und so haben wir nach der Lehre der Kirche gegriffen und uns für die Kirche entschieden, indem wir sagten: Fülle mich mit dem, was du sagst, und ich werde zu dir werden. Ich will eine Person nach der Lehre der Kirche werden. In anderen Worten: Ich habe aufgegeben, ich zu sein. Und ich habe das Gefühl, deshalb triffst du so viele dieser Typen, die erschreckend grau und unpersönlich sind. An einem gewissen Punkt in ihrem Leben haben sie zugestimmt, nicht sie selbst zu sein.“[27]

---

[27] Andrew Sullivan, The Gay Church, in: New York Magazine (21.1.2019), on-

Wenn Priester dieses zynischen Typs des Zölibatären in kirchliche Verantwortungspositionen gelangen, werden sie alles tun, um die Tabus der katholischen Sexualmoral aufrecht zu erhalten, und gleichzeitig nicht zu ihrem Verhalten stehen, oder allenfalls noch unter dem Siegel der Beichte. Sie werden sich ihre eigenen Neigungen und ihre Verstöße bis hin zu Verbrechen gegen die katholische Sexualmoral nicht eingestehen. Es dürfte dieser Typ eines zynischen Zölibatären sein, der in besonderer Weise eine Risikogruppe für pädosexuelle Gewalt darstellt. Wenn die katholische Kirche ihre lehramtlichen Aussagen zur Homosexualität erneuert, kann sie beträchtlich dazu beitragen, diese Risikogruppe kleiner werden zu lassen. Auch die biblischen Quellen ermöglichen ihr dazu einen Neustart in der Sexualmoral.

---

line: https://nymag.com/intelligencer/2019/01/gay-priests-catholic-church.html [Stand 15.11.2020] (Übersetzung oben AW). Das Zitat lautet im Original: „Before we're even teenagers, we realize that this whole thing is an abomination," said a priest I'll call Father John. „And so we reach out to the teaching of the church and effectively say, 'Fill me with what you are saying and I will become you. I will become a magisterial personality.' " By magisterial, he meant embodying the Magisterium, the formal teaching of the church. „In other words, 'I've given up being me.' And I have a feeling that's why you meet so many of these guys who are really frighteningly gray and impersonal. At some stage, they've agreed in their lives not to be themselves."

Räume des Machtmissbrauchs
Die Heiligkeit von Institutionen und pädagogischer Personenkult – die Causa Odenwaldschule

von Damian Miller

„Reformpädagogik" steht in Lehrbüchern sowie in Selbstdarstellungen für eine Erziehung, die Kindern ausschließlich Gutes tut und sie gegen Einschränkungen und Anmaßungen von Gesellschaft und Kultur verteidigt. Die vergangenen Jahre offenbarten, was jahrzehntelang bekannt war, aber öffentlich nie wahrgenommen werden sollte, wollte und durfte. Mit einer wohlklingenden sprachlichen Ummantelung wurde von sexualisierter Gewalt an Kinder und Jugendlichen abgelenkt oder mit dem „Pädagogischen Eros" legitimiert. Die Causa Odenwaldschule offenbart, wie ein intransparentes Gemenge von sexualisierter Gewalt, Sadismus, Machtmissbrauch, Prominenz, Intrigen und behördlicher Protektion über Jahrzehnte hinweg Kinder und Jugendliche in Verzweiflung, Lebensuntüchtigkeit und Suizid trieb. Was bei katholischen Institutionen als Folge des Zölibates kritisiert wird, wucherte unter der ehernen rhetorischen Tarnkappe einer liberalen, „kindorientierten" und progressiven „Reformpädagogik".

1. Prolog – was kaum jemand wissen will

Josef Haslinger fragt sich in „Mein Fall"[1], weshalb er der Klasnic-Kommission, der „unabhängigen Opferschutzanwaltschaft", seine Geschichte erzählen sollte, denn die Übergriffe erscheinen

[1] Josef Haslinger, Mein Fall, Frankfurt a. M. 2020, 42.

ihm nach und nach wie eine „durchaus übliche Männerbeschäftigung“, und konstatiert: „Es hat meine Maßstäbe verschoben“. Biographisch hatte Haslinger als Elfjähriger für die Gewalterlebnisse weder Vorbilder noch Erfahrungen, wie er mit ihnen umgehen kann.[2] Wie sollte er als Kind Gewalt zur Sprache bringen, wenn ihm der Wortschatz dazu fehlte?[3] Der Bub Haslinger verfügte in seiner bisherigen Biographie weder über außersprachliche noch über sprachliche Referenzen, anhand derer er das Erfahrene berichten konnte. Das erklärt weitgehend die Ambivalenz seines Berichts und wie sich Ereignisse neu gruppieren, je länger er sich als Erwachsener mit ihnen beschäftigt.[4] Eindeutigkeiten verweigern sich grundsätzlich in menschlichen Biographien.[5]

Der Historiker Jörg Baberowski schreibt in seiner Publikation „Räume der Gewalt“[6]:

> „Gewalt verändert alles, und wer ihr ausgesetzt ist, wird ein Anderer sein. Das Erleben der Gewalt ist wie eine Reise in eine neue Welt, in der andere Regeln gelten und andere Menschen leben. In ihr verschieben sich die Maßstäbe für Normalität; was man für selbstverständlich halten konnte, erscheint im Licht der Gewalt seltsam fremd, und Außergewöhnliches wird zum Alltäglichen. Man betritt einen Gewaltraum und erfährt, dass nichts mehr ist, wie es war.“

Sämtliche Berichte von Betroffenen weisen vergleichbare Muster auf: Personen mit institutionell begründeter Macht füllen durch Machtmissbrauch die Räume und verschieben Koordinaten sowie Maßstäbe des gewohnten Lebens und ersticken über

---

2 Ebd. 47.
3 Ebd. 128.
4 Ebd. 71.
5 Ebd. 61.
6 Jörg Baberowski, Räume der Gewalt, Frankfurt a. M. 2018, 17.

Jahre die Sprache[7], es sei denn, die Erfahrungen drängen nach Jahren der Verdrängung vom Un- über das Vorbewusste ins Bewusste.[8] Es geht um Erinnerungen an Gewalt und deren Akzeptanz durch Autoritäten in Institutionen, die sich in willentlich geduldeten „Schlägertagen"[9] entlädt. Jeder Gewalt- und Missbrauchsakt hat Mitwissende, die schweigen.[10] Jedes Schweigen ist die Geling-Garantie für Täterinnen sowie Täter und bedeutet eine Botschaft im Sinne von Bonifatius VIII „Qui tacet consentire videtur, ubi loqui debuit atque potuit" an alle Subjekte und Objekte der Gewalt, sei das sexualisierte Gewalt, Mobbing oder andere Sadismen. Auf Seiten der Opfer ist es der schamgetriebene „Schweigepanzer"[11], auf Seiten des Täterschutzes eine mafiöse „Omertà", ein Ehrenkodex zum Schutze der Organisation und ihrer Akteure. Dieses Schweigen bezeichnet Heitmeyer als den „institutionellen Schweigepanzer"[12]. Gewalt verschiebt Maßstäbe und Koordinaten eines Lebens. Bemühungen, irgendwie zu überleben, münden in adaptive Akzeptanz und fortwährendes Schweigen aus Scham[13], das viel später aufbricht – wenn überhaupt. Die wohlklingende Rede von „das Kind steht im

---

[7] Wolfgang Treitler, Sehr gut, Novelle, Perchtoldsdorf 2018, 19.

[8] Ebd. 27.

[9] Ebd. 45.

[10] Damian Miller, Jeder Missbrauch hat Mitwisser, online: https://www.fr.de/wissen/jeder-missbrauch-mitwisser-11068933.html [Stand 04.10.2020].

[11] Rainer Stadler, Der Schweigepanzer im Kloster Ettal, in: Sabine Andresen/Wilhelm Heitmeyer (Hg.), Zerstörerische Vorgänge. Missachtung und sexuelle Gewalt gegen Kinder und Jugendliche in Institutionen, Weinheim – Basel 2012, 71–81 .

[12] Wilhelm Heitmeyer, Sozialer Tod. Sexuelle Gewalt in Institutionen: Mechanismen und System, in: Sabine Andresen/Wilhelm Heitmeyer (Hg.), Zerstörerische Vorgänge. Missachtung und sexuelle Gewalt gegen Kinder und Jugendliche in Institutionen, Weinheim – Basel 2012, 29.

[13] Veronika Magyar-Haas, Beschämende Vorgänge. Verhältnisse von Scham, Macht und Normierung in Kontexten der Sozialpädagogik und Sozialen Arbeit. In: Sabine Andresen/Wilhelm Heitmeyer (Hg.), Zerstörerische Vorgänge. Miss-

Zentrum" eignet sich als rhetorische Variable für erzieherische Beliebigkeit. Die pathetische Anrufung „ethischer Werte" in konfessionellen Institutionen, die Aufforderung zu „Haltungen" oder des „Sokratischen Eides" sensu Hartmut von Hentig[14] sowie die Stilisierung der „Lehrerpersönlichkeit"[15] bleiben präventiv belanglos, wenn eine transparente öffentliche Kontrolle fehlt. Kontrolle meint nicht eine Zahlenhuberei, sondern Transparenz sowie die Begründungs- und Rechenschaftspflicht der institutionellen Akteure gegenüber den Educanden, Aufsichtsgremien, die ihrerseits der Öffentlichkeit sowie den Eltern verpflichtet sind.

Ausgehend von der Causa Odenwaldschule, der reformpädagogischen Vorzeigeinstitution, werden spezifische Merkmale ideologiebedingter aktiver Ignoranz hinsichtlich sexualisierter Gewalt an Kindern und Jugendlichen rekonstruiert. Die Odenwaldschule verkörperte musterhaft eine Doppelmoral, die gemeinhin der katholischen Kirche, ihren Institutionen sowie Akteuren eigen zu sein scheinen: Auf der Oberflächenstruktur die Musterschule mit der gediegenen Rhetorik und in der Tiefenstruktur in vielen Teilen das Gegenteil derselben. Die Missstände lassen sich als Fraktale auf der Makro-, Meso- und Mikroebene des Bildungskonstrukts nachzeichnen: Ein ideologischer Überbau, der die Existenz eines Landerziehungsheims legitimiert und als zwingend ausweist, sowie eine Institutionsinszenierung, die die Lebensgemeinschaftsschule als alternativloses Modell einer kindorientierten Organisation erscheinen lässt.

achtung und sexuelle Gewalt gegen Kinder und Jugendliche in Institutionen, Weinheim – Basel 2012, 195-214.

[14] Hartmut von Hentig, Der Sokratische Eid der Pädagogen, in: Ders., Die Schule neu denken, Weinheim – Basel, 1993, 258f.

[15] Gertrud Bäumer, Das neue Lebensgefühl und seine Einwirkung auf das deutsche Bildungsgut, in: Georg Ried (Hg.), Die moderne Kultur und das Bildungsgut der deutschen Schule, Leipzig 1927, 30–39.

2. Landerziehungsheime, Odenwaldschule – eine totale Institution für die totale Erziehung

Die Odenwaldschule wurde 1910 als Landerziehungsheim von Paul Geheeb und seiner Frau Edith geb. Cassirer gegründet und sollte eine idealtypische Verwirklichung reformpädagogischer Ideale sein. Die Landerziehungsheime – abgeschieden von den schädlichen Einflüssen der Zivilisation – hätten die Aufgabe, als „pädagogische Provinz" den institutionellen Rahmen einer totalen Erziehung zu bilden, weil hier „die Erziehung am vollständigsten gelingt"[16]. Paul Geheeb nobilitierte die Landerziehungsheime als Gegenwelt zur Dekadenz der Gesellschaft, der Kultur und der elterlichen Erziehung.[17] Er legitimierte die pädagogischen Konzepte aus einer radikalen Kritik an der Staatsschule[18], die er als Buch- oder Drillschule diskreditierte. In einem neu erschaffenen Soziotop würden die Kinder werden, die sie sind. „Werde, der du bist", lautete seine Beschwörungsformel in Anlehnung an die „zweite Pythische Ode" von Pindar.[19] Die totale Erziehung in der Lebensgemeinschaftsschule sollte die jungen Menschen zur Selbstverwirklichung führen. Landerziehungsheime verfolgten die „Bildung eines höheren Menschentums" und zielten auf die „Totalität" des jungen Menschen.[20] Als Vorbild dienten die Aristokratenzir-

---

[16] Damian Miller, „Werde, der Du bist". Zum Eigenleben pädagogischer Beschwörungsformeln, in: Hans-Ulrich Grunder (Hg.), Mythen – Irrtümer – Unwahrheiten. Essays über das „Valsche" in der Pädagogik, Bad Heilbrunn 2017, 100–112.

[17] Paul Geheeb, Die Odenwaldschule. Geistige Grundlagen, in: Edith Cassirer/Wolfgang Edelstein/Walter Schäfer (Hg.), Erziehung zur Humanität, Heidelberg 1924, 154–165.

[18] Ebd. 156.

[19] Miller, „Werde, der Du bist".

[20] Herman Nohl, Die pädagogische Bewegung in Deutschland, Frankfurt a. M. 1933 (1988), 3f.

kel der antiken Polis. In der Odenwaldschule war das Internat nach dem „Familienprinzip“ mit einem Familienoberhaupt organisiert. Das Eintrittsalter der Kinder bewegte sich zwischen 7 bis 18 Jahren. Der Begriff „Familie“ suggerierte die Bedeutung von Geborgenheit, Vertrauen und Kontinuität der Beziehungen. In den Interviewstudien von Keupp et al.[21] berichten ehemalige Schülerinnen und Schüler von Gewalt durch Erzieherinnen, Erzieher sowie Mitschülerinnen und -schüler. „Härtetests“ wurden mit Wissen der Erwachsenen als Initiationsriten vollstreckt, es habe eine Art „Terrorregime“ geherrscht sowie eine mit Gewalt eingeforderte Norm zur Nacktheit in der Gemeinschaftsdusche. In den „Familien“ mussten die Kinder die Nasszellen mit den Erwachsenen teilen.

Der Bau von Klostermauern, die Internate zu intransparenten und abgeschlossenen Systemen werden lassen, ist nicht notwendig, um die Insassen an der Flucht vor sexuellen Übergriffen, Sadismen und Gewalt zu hindern. Die Organisationsform der Landerziehungsheime als abgeschiedene Gemeinschaften begünstigt die Mechanismen des Machtmissbrauchs. Maeder bezeichnet dies als die „Riskanz der Organisationswahl“[22]. Aus organisationspsychologischer Sicht erfüllen Klosterschulen, Internate und Landerziehungsheime durch verhinderte Transparenz in die Tiefenstrukturen und alltägliche Prozesse die Kriterien „totaler Institutionen“ sensu Erving Goffman.[23] In totalen Institutionen werden die Grenzen zwischen Arbeit, Schlaf, Schule und Freizeit aufgelöst. Es entsteht

[21] Heiner Keupp u. a., Die Odenwaldschule als Leuchtturm der Reformpädagogik und als Ort sexualisierter Gewalt, Wiesbaden 2019, 154–165.

[22] Christoph Maeder, Die Riskanz der Organisationswahl in der Reformpädagogik, in: Damian Miller/Jürgen Oelkers (Hg.), Reformpädagogik nach der Odenwaldschule – Wie weiter? Weinheim – Basel 2014, 122–137.

[23] Erving Goffman, Asyle. Über die soziale Situation psychiatrischer Patienten und anderer Insassen, Frankfurt a. M. 1973.

ein „Unterleben" entlang der Hinterbühnen in Küchen, Bädern, Duschen, Schlafräumen, Kellerräumen usw. Das Personal kontrolliert und limitiert die Außenbeziehungen. Selbst wenn die reformpädagogische Rhetorik das Gegenteil behauptet, die Machtasymmetrie zwischen Personal und Insassen war in den Landerziehungsheimen eklatant.[24] Rhetorisch wurde eine „Familie" im konventionell-bürgerlichen Sinne kommuniziert, in realiter war es bei den „Auserwählten"[25] der erzwungene Doublebind von maximaler Intimität und Verfügungsgewalt. In der Odenwaldschule erwies sich die Differenz zwischen Vorderbühnen wie splendide Schulanlässe, prominente Fürsprecher, sowie den Hinterbühnen mit sexualisierter Gewalt als immens. Es braucht keine Mauern, um Gehorsam und Gefolgschaft zu generieren. Lewis Coser unterbreitet in „Greedy Institutions"[26] ein Konzept, wie in sozialen Gefügen Abhängigkeit und Unterwürfigkeit geschaffen und die Untergebenen durch eine parahöfische Günstlingswirtschaft[27] und klandestine bis explizite Privilegierung in Loyalitätszwang sowie soziale Isolierung manövriert werden. In der Odenwaldschule lässt sich diese Strategie, die insbesondere durch Gerold Becker bis zum Exzess betrieben wurde, auf den Ebenen der Institution nachzeichnen. Auf der Ebene der Mitarbeitenden schuf sich Becker Abhängigkeiten durch die Verpflichtung unqualifizierter Mitarbeitender.[28] Der Zwang zur Unterwerfung von Schülern zum Zwecke sexueller

---

[24] Maeder, Die Riskanz der Organisationswahl, 129f.

[25] Meike Fries, Die Auserwählten. Das System Odenwaldschule (2014), online: https://www.zeit.de/kultur/film/2014-09/odenwaldschule-film-die-auserwaehlten-roehl-huckele [Stand 10.09.2020].

[26] Lewis A. Coser, Greedy Institutions, Patterns of Undivided Commitment, New York 1974

[27] Jens Brachmann, Tatort Odenwaldschule. Das Tätersystem und die diskursive Praxis der Aufarbeitung von Vorkommnissen sexualisierter Gewalt, Bad Heilbrunn 2019, 181.

[28] Ebd. 208ff; Keupp u. a., Die Odenwaldschule, 212ff.

Ausbeutung praktizierte der Lehrer Jürg Jegge an einer öffentlichen Schule im Kanton Zürich.[29] Jegge lotste die ihm gefallenden Schüler trickreich in seine Sonderklasse. Er argumentierte mit gefälligen sprachlichen Versatzstücken aus Reformpädagogik und Psychoanalyse zur Verschleierung seiner sexuellen Ausbeutung.[30]

In England gründete Cecil Reddie 1889 das Landerziehungsheim Abbotsholme in der Nähe von Derbyshire, welches zum Synonym der Neuen Erziehung geworden sei.[31] In Deutschland ging Hermann Lietz mit Ilsenburg (1898), Haubinda (1901) und Bieberstein (1904) als Initiator der Landerziehungsheime in die Geschichtsschreibung ein. 1903 wurde in Haubinda der „Judenkrach" losgetreten, was zum Ausscheiden des Lehrers Theodor Lessings und dem Abgang des Großteils der jüdischen Schüler führte.[32] In den Landerziehungsheimen wurde die Gemeinschaft über das Individuum gestellt, die „Individualpädagogik" sei nach Wyneken in dieser Form überwunden.[33] Nach Gustav Wyneken ist seine Gründung, die Freie Schule Wickersdorf, als geistiger Orden zu verstehen.[34] Wyneken war ein glühender Vertreter des Pädagogischen Eros. Er wurde 1921 wegen Sittlichkeitsverbrechen an Kindern zu einer Gefängnisstrafe und zur Übernahme der Gerichtskosten ver-

---

[29] Markus Zangger, Jürg Jegges dunkle Seite. Die Übergriffe des Musterpädagogen, Gockhausen 2017.

[30] Damian Miller, Zur Sprache von *Dummheit ist lernbar* in Damian Miller/ Jürgen Oelkers (Hg.), Ist Dummheit lernbar? Re-Lektüren eines pädagogischen Bestsellers, Basel 2018, 99–124.

[31] Hermann Röhrs, Reformpädagogik. Ursprung und Verlauf unter internationalem Aspekt, Weinheim ^{5}1998, 133.

[32] Ralf Koerrenz, Herrmann Lietz. Einführung mit zentralen Texten, Paderborn – München – Wien – Zürich 2011, 21.

[33] Jürgen Oelkers, Reformpädagogik. Eine kritische Dogmengeschichte, Weinheim – München ^{4}2005, 246.

[34] Röhrs, Die Reformpädagogik, 158ff.

urteilt. Das Thüringische Justizministerium in Weimar verfügte am 22.04.1923 mit einem „Gnadenerweis", dass ihm die Gesamtstrafe erlassen wurde. Von einem bedingten Strafaufschub wurde abgesehen.[35] Der Fall Wyneken zeigt ein spezifisches Muster, wie in der Causa Odenwaldschule, dass die Täter einer umfassenden Protektion einflussreicher Fürsprecherinnen und Fürsprecher sicher sein konnten.[36] Prominenz schützte die Odenwaldschule durch Schweigen, die Täter erfreuten sich der Schirmherrschaft durch die deutsche Oberschicht.[37] Die Opfer finden keine Erwähnung, ihre Leiden werden „privatisiert", sie leiden an Suchterkrankungen, Borderline, Selbstverletzungen, begehen Suizidversuche und Selbsttötungen[38], sie werden mit psychiatrischen Diagnosen stigmatisiert[39] und erleiden einen „sozialen Tod". Die Maßstäbe eines hinreichend normalen sozialen Lebens sind gewaltsam verschoben: „Sozialer Tod wird als Chiffre für den dauerhaften Verlust des Vertrauens in die Normgeltung zur Sicherung von Gleichwertigkeit und der psychischen wie physischen Unversehrtheit verstanden."[40]

---

[35] Jürgen Oelkers, Eros und Herrschaft. Die dunklen Seiten der Reformpädagogik. Weinheim – Basel 2011, 245ff.

[36] Ders., Pädagogik, Elite, Missbrauch. Die „Karriere" des Gerold Becker, Weinheim – Basel 2016.

[37] Jana Simon/Stefan Willeke, Das Schweigen der Männer (2010), online: https://www.zeit.de/2010/13/DOS-Missbrauch-Schweigen-Odenwald-Internat [Stand 12.10.2020].

[38] Claudia Burgsmüller/Brigitte Tilmann, Abschlussbericht über die bisherigen Mitteilungen über sexuelle Ausbeutung von Schülern und Schülerinnen an der Odenwaldschule im Zeitraum 1960–2010, Wiesbaden – Darmstadt 2010.

[39] Jens Brachmann, Tatort Odenwaldschule. Das Tätersystem und die diskursive Praxis der Aufarbeitung von Vorkommnissen sexualisierter Gewalt, Bad Heilbrunn 2019, 71.

[40] Wilhelm Heitmeyer, Sozialer Tod. Sexuelle Gewalt in Institutionen: Mechanismen und System, in: Sabine Andresen/Wilhelm Heitmeyer (Hg.), Zerstörerische Vorgänge. Missachtung und sexuelle Gewalt gegen Kinder und Jugendliche in Institutionen, Weinheim – Basel 2012, 22.

3. Zur Causa Odenwaldschule

Die Odenwaldschule wurde als „Leuchtturm der Reformpädagogik" geadelt und entpuppte sich als Ort sexualisierter Gewalt.[41] 1963 wurde sie als UNESCO Projektschule geehrt – nach 2010 wurde ihr der Titel weder öffentlich noch offiziell begründet aberkannt. Die Vorbereitungen zu den Festivitäten anlässlich des 100-jährigen Jubiläums 2010[42] wurden durch den Opferverein Glasbrechen und durch das Buch „Wie laut soll ich denn noch schreien?"[43] gestört. Die beiden Juristinnen Claudia Burgsmüller und Brigitte Tilmann rechneten in einem ersten Bericht (2010) mit ca. 132 Opfern. Gemäß den beiden Studien[44] ist mit bis zu 900 Opfern zu rechnen. Weshalb die Odenwaldschule zum „Eliteinternat" und zum „Leuchtturm der Reformpädagogik" erkoren wurde, lässt sich vor allem aufgrund von Selbst-Fremdzuschreibungen erklären. Sie war aber in der ehemaligen BRD bei Weitem nicht die einzige Schule, die reformerische Wege beschritt. Eine Studie der „Hochschule für Internationale Pädagogische Forschung" in Frankfurt am Main (HIPF, heute DIPF) unter der Leitung von Herbert Chiout veröffentlichte 1955 eine Publikation, die von 314 „Versuchsschulen" in der BRD berichtet; die Odenwaldschule war eine davon.[45] Die Nobilitierung der Odenwaldschule in der Öffentlichkeit erfolgte nicht durch exzellente Leistungen,

---

41 Keupp u. a., Die Odenwaldschule.

42 Margarita Kaufmann, „Die Wahrheit ist den Menschen zumutbar", in: Margarita Kaufmann/Alexander Priebe (Hg.), 100 Jahre Odenwaldschule. Der wechselvolle Weg einer Reformschule, Berlin 2010, 345–348.

43 Jürgen Dehmers, Wie laut soll ich denn noch schreien? Die Odenwaldschule und der sexuelle Missbrauch, Reinbek, 2011.

44 Brachmann, Tatort Odenwaldschule; Keupp u. a., Die Odenwaldschule.

45 Herbert Chiout, Schulversuche in der Bundesrepublik Deutschland, Dortmund 1955, 78ff.

sondern durch Zuschreibungen, Publizistik sowie Geschichtsschreibung.[46]

Es war nicht das Jahr 2010, in welchem die sexualisierte Gewalt an der Odenwaldschule öffentlich wurde. Am 17.11.1999 publizierte die Frankfurter Rundschau Jörg Schindlers Artikel „Der Lack ist ab". Da war von „inflationärem Umfang" sexuellen Missbrauchs zu lesen. Am 12.11.1997 beschwerte sich ein ehemaliger Schüler bei Gerold Becker, dem Schulleiter und einem der Haupttäter, über die sexualisierte Gewalt. Im Juni 1998 erfolgte eine weitere Klage an die Schulleitung. Die Briefe sowie der Zeitungsartikel wurden kollektiv aktiv ignoriert. Der Artikel von Schindler sollte bis 2010 der einzige bleiben. Es soll ein Einvernehmen unter Journalisten bestanden haben, die Reformpädagogik sowie deren Exponenten sowie die Odenwaldschule zu schützen. Ein wesentlicher Grund bestand darin, dass Hartmut von Hentig – der Lebenspartner von Gerold Becker – und die damalige Mitherausgeberin von DIE ZEIT, Marion Gräfin Dönhoff, freundschaftlich verbunden waren.[47] Die Masterarbeit von Linda Karakas aus dem Jahr 2013, „Sexueller Missbrauch in den Medien – Verarbeitung, Darstellung, Folgen", bestätigt diese Einschätzung und zeigt, dass der „Schweigepanzer" weit über die institutionellen Grenzen der Odenwaldschule reichte und reicht. Die Arbeit zeigt, wie sehr die Akteure der Odenwaldschule, selbst als sich 2011 ihr Niedergang abzeichnete, versuchten, jegliche Aufarbeitung zu sabotieren.[48] Dasselbe Muster rekapitulierten sie bei weiteren Studien zur Aufklärung.[49]

---

[46] Jürgen Oelkers, Probleme mit der Geschichtsschreibung der deutschen Reformpädagogik, 2010, online: https://www.ife.uzh.ch/dam/jcr:00000000-4a53-efca-ffff-ffffa6e08337/BadBolldef.pdf [Stand 16.10.2020].

[47] Brachmann, Tatort Odenwaldschule, 347.

[48] Hans Dieter Erlenbach, Presse soll Missbrauch gedeckt haben. Odenwaldschule – Studentin schreibt ihre Masterarbeit über die Bedeutung von Medien

4. Reformpädagogik – eine Skizze

„Reformpädagogik" dient als Label für disparat-gedankliche Konzepte, Absichtserklärungen sowie programmatischen Selbst- und Fremdbeschreibungen im Feld von Pädagogik, Erziehung, Schule und Bildung. Die Personen, die der Reformpädagogik zugerechnet werden, rekrutieren sich hinsichtlich politischer Orientierung vom kommunistisch-sozialistischen Rand, wie Anton Semjonowitsch Makarenko (1950), Siegfried Bernfeld[50], bis hin zu bekennenden Anhängern des italienischen Faschismus wie Maria Montessori[51] oder des deutschen Nationalsozialismus wie Spranger, Nohl, Weniger und Petersen.[52] Weltanschaulich reicht das Feld von Ellen Keys eugenischer Argumentation in „Das Jahrhundert des Kindes"[53] bis zu Rudolf Steiners Anthroposophie.

Ein gemeinsames Merkmal der heterogenen Ansätze bildet die Opposition gegen staatliche Schulen sowie gegen bisherige Erziehungsmaximen. Die Kritik an der Schule war, dass sie das eigentliche Subjekt vernachlässige: Das Kind. Sein natürliches Lernbedürfnis und das Lernen würden missachtet. Die Schule müsse sich dem Kinde unterwerfen und nicht umgekehrt. Die Formel „Pädagogik vom Kinde aus" bedeutet weit mehr als ein schulpädagogisches Prinzip, sondern eine Bündelung von Wün-

---

bei der Aufklärung, 2013, online: http://www.echo-online.de/region/suedhessen/Presse-soll Missbrauch-gedeckt-haben;art24719,4099468 [Stand 26.07.2013].

49 Heiner Keupp u. a., Die Odenwaldschule, 8ff.

50 Ulrich Herrmann (Hg.), Siegfried Bernfeld. Sozialistische Pädagogik und Schulkritik. Band 8. Gießen 2016.

51 Hélène Leenders, Der Fall Montessori. Die Geschichte einer reformpädagogischen Erziehungskonzeption im italienischen Faschismus, Bad Heilbrunn 2001.

52 Benjamin Ortmeyer, Mythos und Pathos statt Logos und Ethos, Weinheim 2009.

53 Ellen Key, Das Jahrhundert des Kindes, Königstein 1978.

schen und Hoffnungen auf ein rettendes Heilsgeschehen.[54] In Rekurs auf Emerson entfaltet Maria Montessori ihren Christus-Mythos: „Die Kindheit ist der ewige Messias, der immer wieder in die Arme der gefallenen Menschen zurückkehrt."[55] Für die Erziehung fordert Ellen Key die Unterwerfung der Erwachsenen: „Bevor nicht Vater und Mutter ihre Stirne vor der Hoheit des Kindes in den Staub beugen; bevor sie nicht einsehen, dass das Wort Kind nur ein anderer Ausdruck für den Begriff Majestät ist."[56]

Ein weiteres Merkmal bildet eine eklektische Kultur- und Zivilisationskritik in Anlehnung an Rousseau, Nietzsche, de Lagarde, Langbehn und andere.[57] Ellen Key wird gemeinhin als Inaugurationsfigur der „Pädagogik vom Kinde aus" gehandelt. „Selbst wie das Kind zu werden, ist die erste Voraussetzung, um Kinder zu erziehen [...] Das Kind nicht in Frieden zu lassen, das ist das größte Verbrechen der gegenwärtigen Erziehung gegen das Kind."[58] In „Das Jahrhundert des Kindes" vertritt sie einen populations-eugenischen Standpunkt, wenn sie fordert, einen „höheren Typus Mensch" hervorzubringen, denn bei der Veredelung der menschlichen Rassen würde noch immer der Zufall herrschen.[59] Dabei sieht sie auch die Tötung von „psychisch und physisch unheilbarkranken und missgestalteten Kindern"[60] vor, wenn sie zur Qual ihrer selbst und ihrer Umgebung werden.

In Überblickswerken und Lehrbüchern wird die Eröffnungsrede von Kaiser Wilhelm II zur Schulkonferenz von 1890

54 Oelkers, Reformpädagogik, 113ff.
55 Maria Montessori, Kinder sind anders, Stuttgart 1952, 303.
56 Key, Das Jahrhundert des Kindes, 79.
57 Röhrs, Reformpädagogik, 25ff.
58 Key, Das Jahrhundert des Kindes, 50.
59 Ebd. 6.
60 Ebd. 17.

in Berlin als Ausgangspunkt der deutschsprachigen Reformpädagogik interpretiert. Diese Deutung will einen Nullpunkt der progressiven Pädagogik glauben machen, den es nicht gibt, denn es gab vor dieser Form der Reformpädagogik vielfältige Reflexionen über Pädagogik, also eine „Reformpädagogik vor der Reformpädagogik“[61]. Die Schlagworte der Reformpädagogik wurden als Schibboleths zur Verschleierung von Macht- und Kindesmisshandlung genutzt und von der Öffentlichkeit sowie einer sog. kritischen Community der Pädagogik vorbehaltlos geglaubt.

Bei der Lektüre prominenter Klassiker der Reformpädagogik konkretisiert sich die Hybris, einen neuen Menschen erschaffen zu können. Die Bewegung führe nach Herman Nohl zu einer neuen Ganzheit des geistigen Lebens, „die schließlich in einem neuen Verhältnis zum metaphysischen Grunde unseres Daseins wurzelt“[62]. Die Jugend begründe ein „neues Menschentum“[63]. Die Bewegung befreie die Pädagogik aus der einseitigen Schulform und führe zu einer Öffnung der engen bürgerlichen Welt und in eine neue „metaphysische Unendlichkeit“[64]. Indem der Jugendverein „Träger aller Bestrebungen eines höheren freien geistigen Lebens wird, entsteht in ihm jene eigentümliche Macht […] die schließlich auf ein totales Gemeinschaftsleben zielt und die Seele eines jungen Menschen […] vollständig in Anspruch nehmen und formen kann.“[65] Die Bewegung sei keine Teilerneuerung: „Auch hier also handelt es sich nicht um eine einzelne Reformbestrebung innerhalb des alten Systems, sondern um eine Totalwendung“[66], die auf einen

[61] Oelkers, Reformpädagogik, 27ff.
[62] Nohl, Die pädagogische Bewegung, 16.
[63] Ebd.
[64] Ebd. 19.
[65] Ebd. 24.
[66] Ebd. 26.

neuen Menschen abzielt. Die Gemeinschaft verstehe sich als „Organismus der neuen Menschheit“[67]. „Es gibt kaum etwas Interessanteres in der Geschichte, als solcher Herausbildung eines neuen Menschentypus zuzusehen.“[68]

Es ist nicht die Sprache allein[69], die die Dünnwandigkeit oder offene Sympathie zum Nationalsozialismus einiger Vertreter der Reformpädagogik offenlegt, sondern ebenso programmatische Merkmale wie Antirationalismus, Antisemitismus, Mythenbildung sowie radikale Zivilisations- und Kulturkritik[70] und überdies die totale Inanspruchnahme des Objektes Kind durch die totale Definitionsmacht der Pädagogik. Diese Übergriffigkeit konkretisiert sich institutionell in den Konzepten von Landerziehungsheimen sowie in den Fällen sexualisierter Gewalt.

Diese Skizze zur Reformpädagogik unterstellt nicht, dass solche Konzepte ursächlich zur sexualisierten Gewalt führen, sondern sie zeigt, dass ihre Sprache und Denkmuster sich eignen, die sexuelle Ausbeutung ideologisch zu kaschieren oder in Form des „Pädagogischen Eros“ zu legitimieren.[71] Des Weiteren verdeutlicht die Skizze die blinden Flecken der Rezeptions- und Programmliteratur sowie die Historiographie zur Reformpädagogik.[72] Der Absolutheitsanspruch widerspiegelt sich in der Be-

---

[67] Ebd.

[68] Ebd. 53.

[69] Damian Miller, Pädagogische Reformen, Sprache und Demokratie, in: Ders.,/Jürgen Oelkers (Hg.), Reformpädagogik nach der Odenwaldschule, Weinheim 2014, 239–260.

[70] Hubertus Kunert, Deutsche Reformpädagogik und Faschismus, Hannover u. a. 1973.

[71] Gustav Wyneken, Eros. Sechzehntes bis siebzehntes Tausend. Lauenburg/Elbe 1924.

[72] Jürgen Oelkers, Probleme mit der Geschichtsschreibung der deutschen Reformpädagogik, 2010, online: https://www.ife.uzh.ch/dam/jcr:00000000-4a53-efca-ffff-ffffa6e08337/BadBolldef.pdf [Stand 16.10.2020].

wertung der Reformpädagogik durch Röhrs, der schreibt, „dass die Reformpädagogik eine der reichsten pädagogischen Epochen verkörpert, die über die Schule hinausgehend ein erstes Mal die Erziehungswirklichkeit insgesamt für die Pädagogik erschlossen hat."[73] Dieselbe Lesart pflegt Schulze, wenn er in seinen Thesen zur Reformpädagogik in Anspruch nimmt, die „Reformpädagogik richtig" zu verstehen.[74] Die Inanspruchnahme der Interpretationshoheit des „richtigen Verstehens" gehört zum Inventar und den absoluten Geltungsansprüchen von weltanschaulichen Sinnanbietern.

5. Pädagogischer Personenkult und Landerziehungsheime im Speziellen

Der pädagogische Optimismus, der mit dem Aufklärungsdenken des 18. Jahrhunderts anhob, verführte zu einer Euphorie, die in der Folge verschiedene Machbarkeitsphantasien ins Kraut schießen ließ. Immanuel Kants Einleitung in „Über Pädagogik" von 1803: „Der Mensch kann nur Mensch werden durch Erziehung. Er ist nichts, als was die Erziehung aus ihm macht"[75], widerspiegelt idealtypisch diese Euphorie. Kants Einleitung kann aus pädagogischer Sicht als eine Schlussfolgerung des Theodizee-Diskurses des 18. Jahrhunderts gelesen werden. Jede Form göttlicher Prädestination wird delegitimiert, wenn die Allmacht eines Gottes oder seine Existenz selbst bezweifelt werden. In der Folge mussten alle Probleme des menschlichen

---

[73] Röhrs, Reformpädagogik, 20.

[74] Theodor Schulze, Thesen zur deutschen Reformpädagogik, in: Zeitschrift für Pädagogik 57 (2011) 760–779, 765.

[75] Immanuel Kant, Über Pädagogik, in: Ders., Werke in zehn Bänden. Herausgegeben von Wilhelm Weischedel. Band 10: Schriften zur Anthropologie, Geschichtsphilosophie, Politik und Pädagogik 2, Darmstadt 1983, 697–761, 697.

Lebens auf der Erde selbst gelöst werden. Die Aufgaben zur Herausbildung charakterlicher Vorzüglich- und Tugendhaftigkeit wurde Gegenstand der Pädagogik. Gesellschaftliche Probleme werden „pädagogisiert“[76], bis hin zur Aspiration, ein neues „Menschentum“ zu erschaffen.[77] Gesellschaftlich wurde das Von-Gottesgnadentum delegitimiert, und die „déclaration des droits de l'homme et du citoyen“ von 1789 sah vor, alle Menschen gleich an Rechten und Würde zu denken. Die Anzahl publizierter Erziehungsratgeber vervielfachte sich im 19. Jahrhundert.[78]

Im Falle der Landerziehungsheime zeichnete sich in ihrer ersten Generation ab, dass protestantische Theologen mit gescheiterten Berufsbiographien einen hoffnungsgeladenen Wirkungsort zu finden glaubten.[79] Gerold Becker, ehemaliger Schulleiter der Odenwaldschule und Exponent sexualisierter Gewalt, erfüllt dieses Kriterium.[80] In seinen Lebenserinnerungen von 2009 würdigte Hartmut von Hentig den Landerziehungsheimgründer Hermann Lietz als einen „Schulvater“, Paul Geheeb wird zum „Schulheiligen“ der Landerziehungsheime geweiht und Gustav Wyneken sowie Kurt Hahn werden als „Schulcharismatiker“[81] ausgezeichnet. Paul Geheeb ließ sich in der

---

[76] Daniel Tröhler, Sputnik, die Pädagogisierung des Kalten Krieges und PISA, in: Klaus Zierer/Joachim Kahlert/Mette Burchardt (Hg.), Die pädagogische Mitte. Plädoyers für Vernunft und Augenmaß in der Bildung, Bad Heilbrunn 2016, 97–108.

[77] Nohl, Die pädagogische Bewegung, 16.

[78] Nicole Keller, Pädagogische Ratgeber in Buchform – Leserschaft eines Erziehungsmediums, Bern 2008.

[79] Oelkers Jürgen, Was bleibt von der Reformpädagogik? (2010), online: https://www.faz.net/aktuell/feuilleton/debatten/landerziehungsheime-was-bleibt-von-der-reformpaedagogik-1954571.html [Stand 22.10.2020].

[80] Jürgen Oelkers, Pädagogik, Elite, Missbrauch. Die „Karriere“ des Gerold Becker, Weinheim – Basel 2016.

[81] Ders., Landerziehungsheime und Reformpädagogik, in: Damian Miller/Jür-

Odenwaldschule nicht nur von seiner Frau Edith „Paulus" nennen. Röhrs würdigt ihn: „Geheeb könnte man als das pädagogische Pendant zu Albert Schweitzer betrachten – als einen Genius erzieherischer Liebe."[82] Der Artikel „Vom Leben lernen, Hartmut von Hentig liest in Stuttgart den Erziehern die Leviten" wurde dieselbe Überhöhung dem „epochalen Pädagogen" Hartmut von Hentig zuteil, als zu lesen war: „Am Ende erhoben sich die 400 Zuhörer samt Minister von den Stühlen, um einem Mann zu huldigten", und weiter: „Und so war es fast wie eine reinigende pädagogischen Messe, als Hartmut von Hentig in Stuttgart über ‚Das Ethos der Erziehung' sprach".[83] Wenige Wochen nach diesem Artikel sah sich Schultz nach einem Besuch bei von Hentig „verstört" veranlasst, „Zeugnistage" zu veröffentlichen. Von Hentig pries seinen Lebenspartner in den höchsten Tönen und mutmaßte zum wiederholten Male, Schüler hätten Becker verführt.[84] Gerold Becker soll „genialisch intelligent, stupend großzügig, friedfertig und besinnungslos hilfsbereit" gewesen sein.[85] Über die Leiden der Opfer seines Lebenspartners schreibt er, „dass die späte Scham über den eigenen Anteil an der Liebesbeziehung, gar über eine Einwilligung in sie, der wichtigste Auslöser einer Traumatisierung ist."[86] Mit Rückgriff auf Ivan Illich urteilt von Hentig, „dass der Mensch seine Menschenwürde – das was ihn vor allen anderen Kreaturen auszeichnet – verliert,

---

gen Oelkers (Hg.), Reformpädagogik nach der Odenwaldschule – Wie weiter? Weinheim – Basel 2014, 179–204, 198.

82 Röhrs, Reformpädagogik, 165.

83 Tanjev Schultz, Vom Leben lernen. Hartmut von Hentig liest in Stuttgart den Erziehern die Leviten, in: Süddeutsche Zeitung Nr. 24, 30. 01.2010, 16.

84 Ders., Zeugnistage, in: Süddeutsche Zeitung Nr. 59, 12.03.2010, 3.

85 Hartmut von Hentig, Noch immer Mein Leben. Erinnerungen und Kommentare aus den Jahren 2005 bis 2015, Berlin 2016, 452.

86 Ebd. 599.

wenn er die Verantwortung für sich abgibt oder sie ihm abgesprochen wird. Das macht ihn zum Animal."[87]

6. Die „Heiligkeit" der Institution

Jens Brachmann fragt in seiner Studie „Tatort Odenwaldschule": „In dubio pro institutione?"[88] Auf Anhieb ist man geneigt, der Frage und dem Fragezeichen zuzustimmen, wären da nicht die Berichte von Opfern und Studien. Selbst ein Ausrufezeichen stimmte nicht. Es müsste lauten: „In omni causa pro institutione!" Es betrifft nicht allein die Odenwaldschule und die Landerziehungsheime, sondern katholische oder protestantische Internate, säkulare Heime, Tätergruppen, Männer wie Frauen. Die Erfahrungen zeigen: Institutionen sind „heilig" bzw. „unberührbar"[89]. Übergriffige Pfarrer, Ordensbrüder und Lehrer werden durch die Oberen in andere Pfarreien, Schulen und Internate versetzt und offerieren dadurch den Tätern neue Fangründe für „Frischfleisch"[90] oder „Süßschaften"[91].

Der Schweigepanzer von Oberen, Täterinnen und Tätern, Opfern und Mitwissenden überwintert die Gewalttaten in der

87 Ebd.

88 Jens Brachmann, Tatort Odenwaldschule, Das Tätersystem und die diskursive Praxis der Aufarbeitung von Vorkommnissen sexualisierter Gewalt, Bad Heilbrunn, 2019, 339.

89 Sabine Andresen/Wilhelm Heitmeyer (Hg.), Zerstörerische Vorgänge, Weinheim 2012.

90 Marcel Gyr, Interview mit Jürg Jegge. „Ja, ich hatte sexuellen Kontakt mit meinem Schüler", 2017, online: https://www.nzz.ch/schweiz/missbrauchs-vorwuerfe-an-juerg-jegge-ja-ich-hatte-sexuellen-kontakt-mit-meinem-schueler-ld.777640 [Stand 02.05.2018].

91 Julia Encke, Das Ende des geheimen Deutschlands (2018), online: http://www.faz.net/aktuell/feuilleton/missbrauch-im-namen-stefan-georges-15586303.html [Stand 20.05.2018].

Verjährungsfrist und gibt sie dem Verdikt des „false memory syndroms“ frei.[92] Die Berichte von Opfern sexualisierter Gewalt, weisen gemeinsame Muster auf, die sich einer Fraktale gleich durch alle Berichte ausbreitet: Das Schweigen der Opfer aus Scham und das Schweigen der Mitwissenden zum eigenen Schutze, der Institution sowie der Täter.[93] Alle Leitbilder und programmatischen Selbstdarstellungen über „das Kind steht im Zentrum“, „Pädagogik vom Kinde aus“ usw. werden zu Makulatur. Die Opfer kämpfen gegen ein Schweigekartell[94], das durch das „Niederschweigen“[95] die Täter vor Gerichtsverfahren schützt.[96] Auch das ist eine Verschiebung von Maßstäben und Koordinaten sensu Baberowski.[97]

7. Epilog – was zu bedenken bleibt

Dieser Beitrag beschäftigt sich mit düsteren Kapiteln von Erziehungswirklichkeiten, sie verletzen das Proprium der Pädagogik. Es geht um Kapitel, die vor 20–40 Jahren geschrieben wurden, aber erst in den letzten Jahren zur Sprache kamen. Im vorliegenden Beitrag galt das Interesse der reformpädagogischen Rhe-

---

92 Hartmut von Hentig, Noch immer Mein Leben, 607.

93 Damian Miller/Jürgen Oelkers, Reformpädagogik nach der Odenwaldschule, in: Dies. (Hg.), Reformpädagogik nach der Odenwaldschule – Wie weiter? Weinheim – Basel 2014, 7–30, 20f.

94 Jana Simon/Stefan Willeke, Das Schweigen der Männer, online: https://www.zeit.de/2010/13/DOS-Missbrauch-Schweigen-Odenwald-Internat [Stand 12.10.2020].

95 Damian Miller/Jürgen Oelkers, Reformpädagogik nach der Odenwaldschule, 11.

96 Brigitte Tilmann, Odenwaldschule, Jürg Jegge und andere – haben wir seit 2010 etwas gelernt? in: Damian Miller/Jürgen Oelkers (Hg.), Ist Dummheit lernbar? Re-Lektüren eines pädagogischen Bestsellers, Basel 2018, 250–265, 260f.

97 Jörg Baberowski, Räume der Gewalt, Frankfurt a. M. 2018, 17.

torik, den Landerziehungsheimen, insbesondere der Odenwaldschule und ihrer internen und externen Akteure.

Es scheint unerheblich, ob sich die sexuellen Gewalterfahrungen in einem konfessionellen oder säkularen Kontext ereignen. Die Erfahrungen tiefster Demütigung und Ausgeliefertheit verrücken die Maßstäbe des Selbstverständnisses sowie die Sicht auf die Mitwelt. Sucht man nach gemeinsamen Merkmalen der Erfahrungen der Betroffenen von Machtmissbrauch, so lassen sich mindestens vier Charakteristiken verdichten: 1) Es gibt ein „Oben und Unten", 2) eine Verfügungsgewalt der „Oberen" und eine Ausweglosigkeit der „Unteren"; 3) die Täter werden durch interne und externe Stützsysteme geschützt, die sie u. a. durch einen Schweigepanzer vor öffentlicher Transparenz, Begründungs- und Rechenschaft bewahren; 4) sexualisierte Gewalt – wird gewertet als Kollateralschaden guter Absichten und nachgesagter guter Taten.

Ad 1) Die Erziehungswirklichkeit wird durch die Täter in Funktion der „Oberen" als ein Feld von „oben" und „unten" ausgenutzt. In säkularen Bereichen sind es die charismatischen (Führer-)Persönlichkeiten, im konfessionellen, insbesondere in katholischen Institutionen, sind es Menschen, die „höher" an Würde sind. Die Täter genießen qua ihres Amtes Vertrauensvor- und -überschüsse. Das sind die Spezifika von totalen sowie gierigen Institutionen.

Ad 2) Das erzieherische Verhältnis ist durch Asymmetrien und Antinomien konstituiert. Die Asymmetrien hinsichtlich von Weisungsbefugnisse sind in formellen und informellen erzieherischen Kontexten kulturell vorgesehen, von der Öffentlichkeit und von den Betroffenen akzeptiert sowie erwartet. Schülerinnen, Schüler und Eltern erwarten, dass Lehrpersonen in Institutionen unterrichten und in Übereinstimmung mit kulturellen Normen erziehen wie: Ehrlichkeit, Gewaltlosigkeit, Friedfertigkeit, Fairness, Toleranz usw. Diese Erwartung korrespondiert mit der institutionell verbürgten Sorgfaltspflicht und den Merkmalen der Zivilisation.[98] Die staatliche Schulpflicht, der sich Kinder bei Strafandrohung nicht entziehen können, erfordert die Sorgfaltspflicht um ein Mehrfaches.

Ad 3) In allen Berichten sexualisierter Gewalt zeigt sich, dass sich die Täter auf das Schweigen interner und externer Akteure und Instanzen verlassen. Das können formelle kirchliche Hierarchien beider Konfessionen sowie Instanzen von privaten oder öffentlichen Institutionen sein. Schweigen schützt, akzeptiert und befördert Machtmissbrauch, Mobbing und andere Sadismen. Die Reputation und Stabilität einer Institution und ihrer Akteure steht über der Würde und der Unversehrtheit der Schutzbefohlenen.

Ad 4) Im Zuge der Aufarbeitung sexualisierter Gewalt lässt sich in öffentlichen sowie privaten Institutionen feststellen, dass Gewalt, sexuelle Ausbeutung und Machtmissbrauch als Kollateralschäden eines ansonsten guten Menschen, einer guten Institution oder guten Idee bewertet werden.[99] Dahinter steht eine tunlichst verschwiegene Rechnung: Wie viele erbrachte oder nachgesagte gute Taten rechtfertigen, ein Kind sexuell auszubeuten? Diese Rechnung lässt sich beliebig skalieren. Diese Denkweise insinuiert eine buchhalterische Bilanz – ohne alle aktiven und passiven Positionen zu kennen. In laizistisch-pädagogischen sowie religiösen Kontexten scheint diese Berechnung unter Nutzung eines Schweigepanzers hohe Akzeptanz zu genießen.

Wir beschäftigen uns heute mit Übergriffen vor 30 und mehr Jahren, ungeklärt bleibt, was in 30 und mehr Jahren von den heutigen, in Vierfarbendruck proklamierten Präventionskonzepten und deren Wirkung zu berichten sein wird.

---

98 Norbert Elias, Über den Prozess der Zivilisation. Zweiter Band, Amsterdam 1997, 323ff.

99 Miller/Oelkers, Reformpädagogik nach der Odenwaldschule, 9f.

Männer als Täter?
Über den Zusammenhang von Männlichkeit und Gewalt

von Erich Lehner

Die österreichische „Gerichtliche Kriminalstatistik 2019“[1] dokumentiert, dass Verurteilungen für Vergehen, in denen es um Gewalt geht, in erster Linie Männer treffen. So wurden bei insgesamt 8474 Verurteilungen zu Delikten gegen Leib und Leben in 90,5 % der Fälle Männer verurteilt. Bei Mord wurden in 89,5 % der Fälle Männer verurteilt und bei schwerer Körperverletzung waren sie in 92,7 % der Fälle die Täter, bei 1322 Verurteilungen in Delikten gegen die sexuelle Integrität und Selbstbestimmung 96,9 %. Im Falle der Vergewaltigung waren die Täter 100 % männlich. Ebenso beim Delikt des schweren sexuellen Missbrauchs von Unmündigen ist die Täterschaft in 96 % der vom Gericht abgehandelten Fälle männlich.

Bei diesen Angaben handelt es sich um sogenannten Hellfelddaten, die all jene Gewalttaten umfassen, die von einer staatlichen Behörde oder öffentlichen Institution bereits erfasst und bearbeitet worden sind. Es ist allerdings davon auszugehen, dass Hellfelddaten eher die Spitze eines Eisbergs darstellen und der Großteil gewalttätiger Handlungen von Behörden oder Institutionen nicht erfasst wird. Sie verbleiben im Dunkelfeld. Um dieses Dunkelfeld zu beforschen, werden Gewaltprävalenzstudien durchgeführt. In ihnen werden repräsentative Stich-

---

[1] Statistik Austria, Gerichtliche Kriminalstatistik 2019, Verurteilungsstatistik – sämtliche Delikte: http://www.statistik.at/web_de/statistiken/menschen_und_gesellschaft/soziales/kriminalitaet/index.html [Stand 05.10.2020].

proben der Bevölkerung zu ihrem Gewalterleben bzw. -handeln befragt.

2011 wurde in Österreich eine erste Prävalenzstudie[2] zu Gewalterfahrung von Frauen und Männern durchgeführt, die klare geschlechtsspezifische Unterschiede im Gewalterleben der Geschlechter bestätigte. „Einerseits erfahren Frauen deutlich häufiger Gewalt als Männer – und zwar in allen Formen. Die einzige Ausnahme stellt die körperliche Gewalt dar, in der Männer etwas häufiger Übergriffe schildern.“[3] Frauen erleben öfter eine Kombination von unterschiedlichen Gewaltformen. Unterschiede zeigen sich in den Lebensbereichen, in denen Gewalt erlebt wird. „Männer erfahren z. B. körperliche Gewalt primär an öffentlichen Orten, Frauen (ebenso wie sexuelle Gewalt) dagegen in der eigenen Wohnung oder in der Wohnung anderer, wobei die Täter(innen) dem sozialen Nahraum zuzuordnen sind (Familie und Partnerschaft).“[4]

In dieser Studie wurden einerseits nach Gewalterfahrungen aus der Kindheit und dem Erwachsenenalter und andererseits nach Gewalterfahrungen aus den letzten 3 Jahren gefragt. Für diesen Zeitraum wurde auch nach Täter(inne)n gefragt. Psychische Gewalt erleben Frauen am meisten von ihrem Ex-Partner, hochgerechnet auf 1000 Personen berichten 138 Frauen davon. Männer erleben psychische Gewalt am häufigsten durch männliche bekannte Personen (99 auf 1000 Personen).[5] Körperliche Gewalt erfahren Frauen in erster Linie vom Ex-Partner (42 auf 1000), vom derzeitigen Partner (31 auf 1000) und von einer männlichen unbekannten Person (28 auf 1000). Männer erleben körperliche Gewalt in erster Linie von einer männlichen

[2] Olaf Kapella u. a., Gewalt in der Familie und im nahen sozialen Umfeld. Österreichische Prävalenzstudie zur Gewalt an Frauen und Männern. Wien 2011.

[3] Ebd. 30.

[4] Ebd.

[5] Ebd. 137.

unbekannten Person (69 auf 1000), von einer männlichen bekannten Person, die nicht zur Familie, zum Freundes- oder Bekanntenkreis gehört (32 auf 1000), und von einem Freund/Bekannten (24 auf 1000).[6] Sexuelle Gewalt erfahren Frauen vor allem vonseiten einer männlichen bekannten Person, die nicht zur Familie, zum Freundes- und Bekanntenkreis gehört (29 auf 1000), durch eine männliche unbekannte Person (25 auf 1000) und durch einen Freund/Bekannten (23 auf 1000). Männer erleben sexuelle Gewalt durch eine Freundin/Bekannte (10 auf 1000), durch eine weibliche unbekannte Person (9 auf 1000) und durch eine weibliche bekannte Person (7 auf 1000). [7]

Viel diskutiert ist die Frage, wie sich Gewalt in heterosexuellen Paarbeziehungen darstellt. Eine Gleichverteilung von Gewalthandlungen auf beide Geschlechter findet sich dort, wo nur nach Gewalterfahrungen gefragt wird. Beide Geschlechter geben an, in Konflikten der Partnerschaft gleich häufig körperliche und/oder psychische Gewalt zu erfahren bzw. anzuwenden. Dieses Bild wandelt sich, sobald „Formen, Schweregrade, Kontexte und Folgen von Gewalt, die Männer und Frauen in Paarbeziehungen erleben“[8], mitbedacht werden. Je schwerer, häufiger und folgenreicher die Gewalthandlung ist, desto häufiger geht sie von Männern aus. Ausgeglichener kann sich die Geschlechterverteilung bei leichteren Formen der Gewalt zeigen. Michael P. Johnson[9] hat sich auf Basis quantitativer und qualitativer Daten im angloamerikanischen Raum das Gewalthandeln in Paarbeziehungen differenzierter angesehen. Jenen Teil des Gewalthandelns, in

[6] Ebd. 139.
[7] Ebd. 144.
[8] Monika Schröttle, Kritische Anmerkungen zur These der Gendersymmetrie bei Gewalt in Paarbeziehungen, in: Gender. Zeitschrift für Geschlecht, Kultur und Gesellschaft 2 (2010) 133–151, 135.
[9] Michael P. Johnson, Conflict and Control. Gender Symmetry and Asymmetry in Domestic violence. in: Violence Against Women 12 (2006) 1003–1018.

dem Frauen und Männer wechselseitig involviert sind, nennt er „situational couple violence“[10], das Gloor/Meier mit „Gewalt als spontanes Konfliktverhalten“[11] bezeichnen. Davon unterscheidet Johnson schwere Gewalthandlungen, die auch die Kontrolle des(der) Partner(in) beabsichtigen, als „intimate partner terrorism“[12], nach Gloor/Meier „systematisches Kontroll- und Gewaltverhalten“[13]. Diese Gewalt geht zum Großteil von Männern aus. Ein Muster der Gewalthandlung in Paarbeziehungen, das eher Frauen zuzuordnen ist, nennt Johnson „violent resistance“. Hier wehrt sich eine Frau nach langer Gewalterfahrung. Schließlich führt er ein seltenes Muster an, in dem Gewalt und Kontrolle gegenseitig stattfinden, „mutual violent control“[14].

Zusammenfassend lässt sich sagen „Männer begehen nicht nur die meisten schweren Gewalttaten, sie sind auch in stärkerem Ausmaß als Frauen Opfer von körperlicher Gewalt, die meistens durch andere Männer ausgeübt wird. Anders bei sexueller Gewalt: hier werden vorwiegend Frauen Opfer von Gewalt, die hauptsächlich von Männern ausgeübt wird.“[15] Damit ist zunächst nicht ausgesagt, dass Frauen nicht gewalttätig sind. Gewalt als soziale Ressource steht allen Geschlechtern zur Verfügung und wird auch von allen Geschlechtern, also auch von Frauen, angewandt. Weiters ist damit auch nicht ausgesagt, dass alle Männer gewalttätig werden. „Die meisten Männer sind nicht gewalttätig – aber die meisten Gewalttäter sind Män-

---

[10] Ebd. 1010.

[11] Daniela Gloor/Hanna Meier, Gewaltbetroffene Männer. Wissenschaftliche und gesellschaftlich-politische Einblicke in eine Debatte, in: Praxis des Familienrechts 4 (2003) 526–547, 535.

[12] Johnson, Conflict and Control, 1009f.

[13] Gloor/Meier, Gewaltbetroffene Männer, 536.

[14] Johnson, Conflict and Control, 1010.

[15] Nadja Bergmann/Christian Scambor/Elli Scambor, Bewegung im Geschlechterverhältnis? Zur Rolle der Männer in Österreich im europäischen Vergleich, Wien 2014, 141.

ner."[16] Auffällig bleibt, dass Gewalt überproportional häufig im Zusammenhang mit Männlichkeit steht.

Die Frage nach Gründen für diese Überproportionalität, steht doch Gewalt als Machtressource beiden Geschlechtern zur Verfügung, führt zur Genderforschung, die eine differenzierte Analyse ermöglicht. Dazu ist zunächst das Verhältnis von sex und gender in der Spannung von biologischer Verfasstheit und sozialer Konstruktion zu klären. Seit Judith Butler[17] wird nicht nur Gender, sondern auch Sex als eine soziale Konstruktion betrachtet, die aber nicht unabhängig von körperlichem Ausdruck zu denken ist. Anne Fausto-Sterling spricht in diesem Zusammenhang von „embodiment"[18]. „It seems uncontroversial to posit that our desires, behaviors, and choices emanate from our bodies and that our bodies are, of course, expressions of biological processes". Gleichzeitig betont sie, „that nurture/culture directs, shapes, and limits these processes"[19]. Nach Sigrid Schmitz sind „Sex und Gender [...] untrennbar mit einander verwoben, bedingen und beeinflussen sich gegenseitig und unterliegen beständig wechselseitigen Veränderungsprozessen. [...] Es gibt nur ein gegenseitiges Wechselspiel, aber keine Ursache-Wirkungs-Beziehung, weder von *Sex* auf *Gender* noch von *Gender* auf *Sex*."[20] Raewyn W. Connell bezeichnet deshalb Gender als „body-reflexive practi-

---

[16] Ebd. 143.

[17] Judith Butler, Das Unbehagen der Geschlechter, Frankfurt a. M. 1991.

[18] Anne Fausto-Sterling, Gender/Sex, Sexual Orientation, and Identity Are in the Body: How Did They Get There?, in: The Journal of Sex Research, 56 (2019) 529–555, 533.

[19] Ebd. 530.

[20] Sigrid Schmitz, Geschlechtergrenzen. Geschlechtsentwicklung, Intersex und Transsex im Spannungsfeld zwischen biologischer Determination und kultureller Konstruktion, in: Smilla Ebelling/Sigrid Schmitz (Hg.), Geschlechterforschung und Naturwissenschaften. Einführung in ein komplexes Wechselspiel, Wiesbaden 2006, 33–56, 54.

ces"[21] und Männlichkeit als „configuration of gender practice"[22]. „Masculinities", so Connell weiter, „are neither programmed in our genes, nor fixed by social structure, prior to social interaction. They come into existence as people act."[23] Dies führt Tedd W. Reeser dazu, zu betonen, dass „Männer nicht aufgrund genetischer Disposition oder einer Veranlagung im Blut männlich [agieren], sondern größtenteils weil ihre gendered acts Handlungen zitieren oder evozieren, die bereits andere vollführt haben – Handlungen, die im Augenblick Autorität, Bedeutung und Stabilität versprechen."[24]

Raewyn Connell versucht mit ihrem Konzept der „hegemonialen Männlichkeit" unterschiedliche Formen männlichen Geschlechtshandelns zu fassen. „Hegemoniale Männlichkeit kann man als jene Konfiguration geschlechtsbezogener Praxis definieren, welche die momentan akzeptierte Antwort auf das Legitimitätsproblem des Patriarchats verkörpert und die Dominanz der Männer sowie die Unterordnung der Frauen gewährleistet (oder gewährleisten soll)."[25] Damit wird die Dominanz über Frauen als bestimmendes Element von Männlichkeit identifiziert. Connell benennt dazu auch Formen von Männlichkeit, die von der hegemonialen dominiert werden. Sie identifiziert eine Form als „untergeordnete Männlichkeit" – beispielsweise die von homosexuellen Männlichkeiten. Davon unterscheidet sie die Formen von „marginalisierter Männlichkeit"– beispielsweise ethnische Männlichkeiten oder jene von sozial schwachen

---

[21] Raewyn W. Connell, The Men and the Boys, Berkeley CA 2000, 27.

[22] Dies., Masculinities, Oxford 1995, 77.

[23] Dies., The Men and the Boys, 12.

[24] Todd W. Reeser, Englischsprachige Männlichkeitsforschung, in: Stefan Horlacher/Bettina Jansen/Wieland Schwanebeck (Hg.), Männlichkeit. Ein interdisziplinares Handbuch, Stuttgart 2015, 26–42, 36.

[25] Raewyn W. Connell, Der gemachte Mann. Konstruktion und Krise von Männlichkeit, Wiesbaden ^{4}2015, 130; vgl. 129–135.

Männern. Schließlich beschreibt Connell noch eine „komplizenhafte Männlichkeit". Diese erfüllt zwar nicht die Standards hegemonialer Männlichkeit, profitiert aber von ihr durch die „patriarchale Dividende" und stützt sie. Dies ist dann der Fall, wenn eine männliche Karriere dadurch zustande kommt, weil weibliche Mitbewerberinnen aufgrund der Möglichkeit, Kinder zu bekommen, von Vorgesetzten nicht berücksichtigt werden. Diese Form der Männlichkeit wird von einem Großteil der Männer verkörpert. Mit Michael Meuser lässt sich mit Blick auf diese unterschiedlichen Formen festhalten: „Männlichkeit wird konstruiert und reproduziert in einer Abgrenzung sowohl gegenüber Frauen als auch gegenüber anderen Männern."[26] Die soziale Konstruktion von Männlichkeit gründet so in einer „doppelten Distinktions- und Dominanzlogik"[27].

Männlichkeitsideale bleiben nicht äußerlich. Sie werden in die Persönlichkeit übernommen, sie werden verkörpert oder – um mit Pierre Bourdieu zu sprechen – sie werden habitualisiert[28]. Der vorzügliche Ort dieser Habitualisierung ist die Gruppe der Männer. „Konstruiert und vollendet wird der männliche Habitus in Verbindung mit dem den Männern vorbehaltenen Raum, in dem sich, unter Männern, die ernsten Spiele des Wettbewerbs abspielen."[29] In diesen Spielen wird die männliche Libido als „libido dominandi" konstituiert, „als Wunsch, die anderen Männer zu dominieren, und sekundär, als Instrument des symbolischen

---

[26] Michael Meuser, „Doing Masculinity". Zur Geschlechtslogik männlichen Gewalthandelns, in: Regina-Maria Dackweiler/Reinhild Schäfer (Hg.), Gewalt-Verhältnisse. Feministische Perspektiven auf Geschlecht und Gewalt (= Politik der Geschlechterverhältnisse 19), Frankfurt a. M. 2002, 53–80, 64.

[27] Ebd. 64.

[28] Pierre Bourdieu, Die männliche Herrschaft, Frankfurt a. M. 2005,92.

[29] Ders., Die männliche Herrschaft, in: Irene Dölling/Beate Krais (Hg.), Ein alltägliches Spiel. Geschlechterkonstruktion in der sozialen Praxis, Frankfurt a. M. 1997, 153–217; 203.

Kampfes, die Frauen"[30]. In modernen Gesellschaften werden diese Wettbewerbe „in all den Handlungsfeldern gespielt, welche die Geschlechterordnung der bürgerlichen Gesellschaft als Domänen männlichen Gestaltungswillens vorgesehen hat: in der Ökonomie, der Politik, der Wissenschaft, den religiösen Institutionen, im Militär, aber auch in semi- und nicht-öffentlichen Handlungsfeldern, in denen Männer unter sich sind: in Vereinen, Clubs, Freundeskreisen"[31]. Paul Scheiblhofer sieht in diesen Handlungsfeldern „männerbündische Strukturen", die „Orte der Bündelung von Macht, Ressourcen sowie der Nähe und Intimität sind"[32]. Neben dieser persönlichen sowie strategischen Vergemeinschaftung von Männern produzieren diese männerbündischen Strukturen aber auch „Ausschlüsse, vergeschlechtlichte Hierarchisierungen und Abwertungen, wodurch der Boden für Gewalt aufbereitet wird"[33].

In den Spielen des Wettbewerbs, die sich in männerbündischen Strukturen ereignen, lässt sich „Wettbewerb als generatives Prinzip des männlichen Habitus begreifen"[34]. Gewalt kann dann eine Ressource darstellen, um in diesem Wettbewerb zu bestehen. Gewalt unter Männern muss nicht immer nur auf Unterwerfung und Erniedrigung des anderen abzielen. Sie kann – so paradox dies erscheint – als Mittel der Anerkennung

---

[30] Ebd. 215.

[31] Michael Meuser, Ernste Spiele. Zur Konstruktion von Männlichkeit im Wettbewerb der Männer, in: Nina Baur/Jens Luedtke (Hg.), Die soziale Konstruktion von Männlichkeit. Hegemoniale und marginalisierte Männlichkeiten in Deutschland, Opladen – Farmington Hills 2008, 33–44, 33.

[32] Paul Scheiblhofer, Seilschaft – Begehren – Gewalt. Zur patriarchalen Organisation von Männerbund und Homosozialität. Paul Scheiblhofer im Gespräch mit Susanne Hochreiter und Silvia Stoller, in: Susanne Hochreiter/Silvia Stoller (Hg.), Mann – Männer – Männlichkeiten. Interdisziplinäre Beiträge aus den Masculinity Studies, Wien 2018, 64–76, 65.

[33] Ebd. 65f.

[34] Meuser, Doing Masculinity, 67, vgl. ebd. 65–68.

fungieren. Voraussetzung dafür ist, dass diese Gewalt reziprok erfolgt, d. h., dass beide Seiten gleichermaßen gewaltförmig interagieren. Meuser verweist hier auf die historischen Untersuchungen zur Institution des Duells bzw. auf die Beleidigungs-, Fecht-, und Trinkrituale studentischer Verbindungen bis hin zum Mensur-Schlagen. Über (ritualisierte) Gewalt wird wechselseitige Anerkennung hergestellt. Gewinnen steht hier nicht immer im Vordergrund, vielmehr geht es um Standhalten und darum, sich dadurch als Mann zu erweisen. In dieser Form gewalttätiger Auseinandersetzung sind auch Kämpfe von Hooligans, die sich nach der Auseinandersetzung verbrüdern, zu sehen. Aber auch die gewalttätigen Auseinandersetzungen von männlichen Jugendlichen in der „gewaltintensiven" Altersphase der Adoleszenz und frühen Jugend haben hier ihren Ort. Wenn die Reziprozität fehlt, wird die Gewalt zu einem einseitigen Handeln eines Täters gegenüber einem Opfer. Gewalt fungiert dann als Mittel der Ausgrenzung, das die Degradierung und die Verletzung der personalen Integrität des Opfers zur Folge hat. Ein Beispiel dafür ist die Vergewaltigung von Mitgefangenen in Haftanstalten, die eindeutig auf die Unterwerfung des Penetrierten abzielt. Einseitig ausgeführte homosoziale Gewalt gleicht somit der heterosozialen Gewalt gegen Frauen, die ebenfalls die Degradierung des Opfers beabsichtigt. Sowohl Gewalt unter Männern (homosoziale Gewalt) und Gewalt gegenüber Frauen (heterosoziale Gewalt) als auch Gewalt in reziproken wie in einseitigen Gewaltverhältnissen folgen der doppelten „Distinktions- und Dominanzlogik", die die Basis der sozialen Konstruktion von Männlichkeit darstellt. Gewalt ist so gesehen nicht nur ein „Ordnungsproblem", in dem Sinn, als es Leiden und Beschädigung von Menschen zur Folge hat. Gewalt ist „auch […] eine Tätigkeit, mit der Ordnung hergestellt wird"[35].

---

[35] Ebd. 72.

Die ordnende Wirkung wird deutlich sichtbar in wiederkehrenden Berichten über Gewaltrituale in Männer-Institutionen. Exemplarisch sollen hier drei Beispiele angeführt werden. In der Novelle „Sehr gut" von Wolfgang Treitler berichtet der Ich-Erzähler von seinen Erfahrungen als Erstklässler in einem katholischen Knabeninternat: „In unregelmäßigen Abständen brachen über uns, die Jüngeren, sogenannte Schlägertage herein. Ein Teil der kräftigeren älteren Internatsschüler machte sich organisiert über uns her, wohl zu Zeiten, da der Erzieher nicht zu gegen war. [...] Über uns aber brachen Hände, Fäuste und Füße herein, deren Absicht rasch klar war. Wir hatten nichts getan, es ging nicht um Vergeltung. Es ging einfach um den Ausbruch losgelassener Gewalt, die sich an den Jüngeren verwirklichen und fühlen wollte."[36]

Als Nicola Werdenigg im November 2017 die weit verbreitete sexuelle Gewalt im österreichischen Skisport, die während ihrer aktiven Zeit von Trainern, Betreuern, Kollegen und Serviceleuten ausgeübt wurde, publik machte, wurde man auch auf den Brauch des „Pastern" innerhalb der männlichen Skifahrer aufmerksam. Dieses Ritual wurde auch im Profifußball ausgeübt. Der Ex-Bundesliga-Profi Peter Hackmair beschreibt es in einem Profil-Interview sehr detailliert: „Es passierte meistens im Trainingslager und lief eigentlich immer nach dem gleichen Schema ab: Ein junger Spieler, der gerade einen Profi-Vertrag unterschrieben hatte, wurde geschnappt, auf der Massagebank festgebunden und mit Badeschlapfen oder Ähnlichem geschlagen – oft, bis er geblutet hat. Dann wurde der Anus mit einer scharfen Traumasalbe eingerieben. Dazu kamen weitere Demütigungen, und zum Abschluss wurde der Kopf rasiert."[37] Ähnliche Berichte

[36] Wolfgang Treitler, Sehr gut. Novelle, Perchtoldsdorf 54f.

[37] Profil vom 09.12.2017, https://www.profil.at/oesterreich/peter-hackmair-pastern-fussball-8557919 [Stand 08.11.2020].

fanden sich auch im Spiegel im Zuge der Aufdeckung über Vorgänge in der deutschen Bundeswehr, in denen es um „Erniedrigungen von Rekruten, Gewaltritualen unter Mannschaftssoldaten bis hin zur sexuellen Nötigung“[38] ging.

Diese Gewaltrituale geben Zeugnis davon, dass dem Agieren in der männlichen Gruppe eine ordnende Funktion auf mehreren Ebenen zukommt. Einerseits dienen sie dazu, den Machtanspruch und die Vorherrschaft einer Gruppe, die sich diese durch Alter oder Rang herausnimmt, zu festigen. Eingebunden in Institutionen, die sich strukturell stark an Über- und Unterordnungslogiken ausrichten, können diese Praktiken oftmals und lange unbemerkt und unbestraft ausgeübt werden. Repressive Strukturen und demütigende Praktiken von Vorgesetzten, Lehrpersonen etc. können zusätzlich der Legitimierung des Gewaltverhaltens dienen. Von daher mag es nicht verwundern, dass sich insbesondere in elitären schulischen und anderen gesellschaftlichen Institutionen, wie Polizei, Heer, Spitzensport etc. solche Rituale besonders stark ausgeprägt haben und hartnäckig halten. Ein weiteres Wesensmerkmal ist, dass es sich dabei um geschlossene Institutionen handelt, die sich durch ihren elitären Charakter von anderen gesellschaftlichen Gruppierungen als unterschieden und höherwertig betrachten. Dies verhindert oftmals, dass Opfer die Übergriffe öffentlich machen können.

Zum Abschluss sei noch einmal ein besonderer Blick auf das Feld der sexualisierten Gewalt gegen Kinder geworfen. Gerade in diesem Kontext kommt mit der sexuell devianten Partnerwahl sehr schnell Psychopathologie ins Spiel. Dabei wird ein ganz wesentlicher Faktor übergangen, nämlich die Tatsache, dass auch in diesem Feld ein überproportional großer Teil der

---

[38] Spiegel 27.01.2017 https://www.spiegel.de/politik/deutschland/bundeswehr-sex-rituale-bei-der-kampfretter-ausbildung-a-1132072.html [Stand 08.11.2020].

Täterschaft männlich ist. Nach Anne Cossins und Malorie Plummer[39] können psychopathologische Ansätze nicht erklären, warum eher Männer als Frauen psychische Defizite haben, die sie zu sexualisierter Gewalt gegen Kinder führen. Sie schlagen vor, den Fokus von der sexuellen Partnerwahl (Kind oder Erwachsener) abzuwenden und sich den Charakteristiken des männlichen Sexualverhaltens zuzuwenden. Sexualisierte Gewalt gegen Kinder steht dann in Beziehung zu normativen männlichen Geschlechtspraktiken, in denen Machtbeziehungen eine wesentliche Rolle spielen.[40] „Like violence, some sexual practices are a way of aggregating power to an individual, however fleeting or illusory, by enabling the displacement of feelings of powerlessness through sexual acts with a partner who can be dominated or controlled. […] This suggests that the least socially powerful men and adolescents will use exploitative sexual practices to experience power, when other material resources for accomplishing masculinity are closed to them."[41]

Es gibt viele Gründe, die Gewalt provozieren können. Sie reichen von persönlichen Verletzungen bis hin zu besonders frustrierenden sozialen Umständen. Dennoch bewirken diese Umstände nicht automatisch bei allen Personen gewalttätiges Handeln. Es sind auffällig viele Männer, die sie mit Gewalt zu bewältigen versuchen. Konkretes Gewalthandeln ist das Ergebnis einer individuellen Entwicklung innerhalb eines sozialen Prozesses. Einer Gewalthandlung geht die Gewaltakzeptanz, die sich auch zu einer Gewaltbereitschaft steigern kann, voraus. In gewissen Situationen und bei gewissen Personen kann diese Gewaltbereitschaft in eine Gewalthandlung münden. Gewalt-

---

39 Annie Cossins/Malorie Plummer, Masculinity and Sexual Abuse: Explaining the Transition from Victim to Offender, in: Men and Masculinities 21 (2018) 163–188, 167.

40 Ebd. 169.

41 Ebd. 174.

handeln geschieht am ehesten dort, wo eine Person das Gefühl hat, dass sie diese Situation durch Gewalt mit Gewinn für sich abschließen kann.[42] Gerhart Schmidtchen spricht deshalb von einer „subjektiven Gewalt-Doktrin“[43]. Diese subjektive Gewalt-Doktrin ist ein kognitiv-geistiges Produkt, eine Art persönlicher „Glaube, dass Gewalt für die Selbstbehauptung nützlich und vertretbar sei“[44]. Die ernsten Spiele des Wettbewerbs unter Männern erweisen sich als jener Raum, in dem eine „subjektive Gewalt-Doktrin“ entwickelt werden kann. Gestützt wird dies zusätzlich durch Institutionen, die sich an Werten und Handlungsmustern orientieren, die traditioneller Weise mit Männlichkeit verbunden werden, wie Stärke, Konkurrenz, Gehorsam, Verleugnung von Verletzlichkeit, Über- und Unterordnung, starre Regeln, Bestrafung bei Übertretung etc. Die latente Atmosphäre institutioneller Gewalt dient der Rechtfertigung des Gewalthandelns Einzelner wie in Gruppen. Diesen Teufelskreis zu verlassen gelingt nur, wenn alternative Lesarten angeboten werden, die gleichzeitig das Handeln Einzelner als auch institutionell gestützte direkte oder indirekte Ermutigung mit Blick auf die darin wirksamen Männlichkeitsmuster dekonstruieren.

---

[42] Bernd Stickelmann, Zur Einführung: Gegen – Gewalt – Jugendarbeit? Grundlagen einer sozialpädagogischen Reflexion, in: Ders. (Hg.), Schlagen oder Zuhören. Jugendarbeit mit gewaltorientierten Jugendlichen, Weinheim 1996, 15.

[43] Gerhard Schmidtchen, Wie weit ist der Weg nach Deutschland? Sozialpsychologie der Jugend in der postsozialistischen Welt, Leverkusen ^{2}1997, 15.

[44] Ebd. 288.

II:
Herausforderungen an die Katholische Kirche

Aufarbeitung von Missbrauch und die Unterscheidung der Geister

von Klaus Mertes SJ

Rückblickend auf beinahe zehn Jahre in verantwortlicher Position im Zusammenhang mit der Aufarbeitung von sexualisierter Gewalt und Machtmissbrauch in „meiner" Institution (Schule, Orden, Kirche) habe ich die Bedeutung der „Unterscheidung der Geister" besser verstehen gelernt. Sie enthält ein Konzept für einen Alltag, in dem es manchmal stündlich um komplexe Entscheidungen geht, bedeutsam sowohl für die entscheidende Person selbst als auch für die durch die Entscheidungen betroffenen Personen. Ignatius von Loyola, auf dessen „Geistliche Übungen" ich mich dabei beziehe, greift für seine Unterscheidungsregeln die paulinische Formulierung auf, dass der Versucher sich gerne als „Engel des Lichtes" tarnt. „Versuchungen" sind sozusagen Vorschläge, Ratschläge, Ideen, die in komplexen Entscheidungssituationen unter dem „Anschein des Guten" hervortreten. Das Problem ist, dass der „Anschein" des Guten im Moment des Anscheinens nicht ohne weiteres als Anschein durchschaut wird – zumal man ja nicht im Umkehrschluss davon ausgehen kann und darf, dass gut gemeinte Ratschläge, zu denen eine wohlwollende Person rät, deswegen schon eine „Versuchung unter dem Anschein des Guten" sind, weil sie gut gemeint sind.

Eine Schicht tiefer liegt eine Erfahrung, die aus komplexen, überfordernden Entscheidungssituationen wohl vertraut ist: Gerade in dem Moment, in dem die Komplexität überfordert, kommt der gut gemeinte Ratschlag, den man so gerne übernehmen würde, zumal die Person, die rät, es wirklich gut meint. So verhält es sich – Schlüsselszene für die Unterscheidung der Geister im Evangelium – bei Caesarea-Philippi, als Petrus in einer komplexen Entscheidungssituation Jesus dringend zurät, sich nicht den Risiken eines Auftretens in Jerusalems auszusetzen. Ich vergleiche diese Szene mit einer Erfahrung, die ich im Frühjahr 2010 in Berlin machte. Eine wohlmeinende Dame schrieb mich an: „Sie werden jetzt auf kath.net und anderen Blogs als ‚Homo-Pater' beschimpft. Das müssen Sie richtig stellen." Der Rat war gut gemeint, doch er enthielt eine Versuchung. Denn wie hätte es in den Ohren von meinen homosexuellen Brüdern und Schwestern geklungen, wenn ich aus Selbstschutzgründen in die Medien hineingerufen hätte: „Lüge! Ich bin nicht schwul!" Ist es denn schlimm, schwul oder lesbisch zu sein? Muss man dann entsprechende Aussagen Dritter richtig stellen? Ich wies den wohlgemeinten Ratschlag zurück: „Erstens mache ich keine öffentlichen Aussagen über meine sexuelle Orientierung. Zweitens bin ich dankbar dafür, selbst am eigenen Leibe erleben zu können, wie sich Homophobie für homosexuelle Menschen in der Kirche konkret anfühlt. Das ist eine Schmach, die Ehre ist."

Der Hinweis darauf, dass Schmach (von Menschen) Ehre (Gottes) sein kann, stammt ebenfalls aus dem Vokabular der „Unterscheidung der Geister". So wie ein wohlmeinender Ratschlag völlig unabhängig von der ratenden Person und ihren guten Intentionen eine Falle des „bösen Geistes" sein kann, kann eine Verleumdungskampagne von übelwollenden, hasserfüllten Personen völlig unabhängig von ihren niederträchtigen Intentionen eine Botschaft des guten Geistes Gottes enthalten. Man muss sie nur erkennen können, und dazu bedarf es eben der „Unterscheidung".

Aufarbeitung von Missbrauch führt in emotional hoch aufgeladene und komplexe Entscheidungssituationen. Sie können überwältigen, zumal dann, wenn kein Raum für die Reflexion da ist, in der „unterschieden“ werden könnte. Ignatius nennt, was wir heute mit dem Wort „Reflexion“ umschreiben, „Kosten und Verschmecken der Dinge von innen her“. Es schwingt beim „Verkosten“ (sapere = sapientia) die religiöse Dimension mit, insofern nicht nur Gott, sondern auch der Versucher in allen „Dingen“ wirken kann[1]. Es geht um die Auseinandersetzung mit etwas grundlegend Bösem, das nicht auf rein empirische Ursachen zurückgeführt werden kann. Für die Aufarbeitung von Missbrauch im „klerikalen System“ (MHG-Studien) scheint es mir geradezu geschuldet zu sein, diese religiöse Dimension in ihrer eigenen Bedeutung festzuhalten. Bei aller Wertschätzung von Fachleuten und säkularer Expertise geht es ja im Missbrauch geistlicher Macht immer auch darum, den „Geist“ oder auch den „Gott“, dessen Name missbraucht wird, wieder zu finden und sich seinem Wirken anzuschließen. Es bedarf seiner (wahrgenommenen oder nicht-wahrgenommenen) Nähe, um gerade die als „Engel des Lichts“ verkleideten Strategien von Tätern und Verhinderern von Aufklärung zu entlarven und zu entwaffnen.

1. Täter und Verantwortliche: zwei Aspekte

Sexueller Missbrauch hat zwei Aspekte, die auch bei der Aufarbeitung zu berücksichtigen sind, in ihrem Unterschied wie in ihrem Zusammenwirken: Zum einen die Missbrauchstat selbst, zum anderen das Versagen der Institution, in welcher der Missbrauch stattfindet oder stattfand oder der der Täter angehörte und die ihn prägte. Die Institution gab oder gibt den Schutzbedürftigen den Schutz nicht, auf den diese einen Anspruch

[1] Außer im „Trost ohne Ursache“, der nach Ignatius nur von Gott kommen kann – aber das ist ein anderes Thema.

haben. Sie reagiert mit Unverständnis für die Versuche der Opfer zu sprechen, Taubheit, Angst um das Ansehen der Institution, in einigen Fällen sogar mit aktiver Vertuschung bis hin zu bewusster Strafvereitelung. Dabei ist es ja gerade Sinn und Zweck von Institutionen, zumal von solchen, die explizit für Schutzbefohlene da sind, Schwächere vor Stärkeren zu schützen. Die Betroffenen berichten, dass der zweite Aspekt des Missbrauchs, nämlich das Versagen der Institution, sie mindestens genauso sehr schmerzt wie der erste Aspekt, die Tat selbst. Deswegen sollte im Blick auf systemische Zusammenhänge[2] der Blick nicht nur auf die Täter gerichtet werden, sondern auch auf die Institutionen und ihre verantwortlichen Repräsentanten. Auch ihr Versagen wird durch systemische Kontexte begünstigt, die die Institutionen prägen und deren Ausdruck sie sind.

Für die Unterscheidung der Geister ist dabei folgendes zu beachten: Es ist nicht möglich, bei der Analyse begünstigender systemischer Zusammenhänge die unterschiedlichen Faktoren

---

[2] Zum Begriff „systemische Zusammenhänge“: Die MHG-Studie stellt fest, „dass es sich beim Missbrauch Minderjähriger durch Kleriker nicht nur um das Fehlverhalten Einzelner handelt, sondern dass das Augenmerk auch auf die für die katholische Kirche spezifischen Risiko- und Strukturmerkmale zu richten ist, die sexuellen Missbrauch Minderjähriger begünstigen oder dessen Prävention erschweren.“ Einige Absätze weiter formuliert sie: „Der sexuelle Missbrauch Minderjähriger durch katholische Kleriker darf nicht nur als individuelle Problematik einzelner Beschuldigter wahrgenommen werden, die man frühzeitig erkennen oder rechtzeitig aus Risikokonstellationen entfernen muss, sondern er muss auch als eine spezifische institutionelle Problematik der katholischen Kirche verstanden werden.“ (MHG Forschungsprojekt. Sexueller Missbrauch an Minderjährigen durch katholische Priester, Diakone und männliche Ordensangehörige im Bereich der Deutschen Bischofskonferenz, Mannheim – Heidelberg – Gießen 2018,15f). In der öffentlichen Debatte werden die institutionelle Problematik oder auch die Risiko- und Strukturmerkmale oft als „systemische“ Zusammenhänge bezeichnet. Die MHG-Studie bedient sich auch dieses Wortfeldes, wenn sie vom „klerikalen System“ oder vom „hierarchisch-autoritären System“ spricht, das besonders anfällig sei für Vertuschung.

fein säuberlich auf den einen oder den anderen Aspekt zu beziehen. Täter und Verantwortliche müssen zwar unterschieden werden, und doch lassen sich die Bedingungsmöglichkeiten ihres Handelns oder Unterlassens nicht völlig voneinander trennen, zumal beides, das Handeln und das Unterlassen, in der Wirkung beim Opfer wieder zusammenkommt. Das Verhalten von Tätern und von Institutions-Verantwortlichen spielt nämlich systemisch zusammen, auch ohne dass eine Absprache vorliegt, und zwar wegen der gemeinsam internalisierten Werte und Sichtweisen. Gerade das macht den „systemischen" Charakter des Zusammenspiels aus, sowie den Unterschied zur Mafia. Dort wirken die Beteiligten bewusst zusammen, um Verbrechen zu begehen.[3] Systemisch bedingtes Zusammenspiel hat in diesem Sinne einen tragischen Aspekt. Das ist auch daran zu erkennen, dass es Verantwortlichen so schwer fällt, nachträglich ihre Verantwortung zu erkennen und anzuerkennen.

Die MHG-Studie beschreibt das Zusammenspiel am Beispiel des Klerikalismus. Unter Klerikalismus versteht sie eine Haltung, die nicht-geweihte Personen zu dominieren trachtet. Die theologische Begründung der Priesterweihe dient dann ideologisch instrumentalisiert als Legitimation von Dominanzansprüchen und -verhalten. Bei Kirchenverantwortlichen kann Klerikalismus dazu führen, den Täter mehr als Bedrohung des Ansehens des klerikalen Systems zu sehen denn als Bedrohung der Schutzbefohlenen. Opfer erfahren dann zusätzlich zur Tat der Täter, dass ihre Meldung wegen der gefühlten Bedrohlichkeit von den Kirchenverantwortlichen zurückgewiesen wird.

---

[3] Deswegen vermeide ich den Begriff des „Täterinstitution". Im juristischen Sprachspiel mag er seinen präzisen Sinn haben, umgangssprachlich aber löst er falsche Assoziationen aus, wenn er auf Schulen, Krankenhäuser, Sportvereine oder Kirchen angewandt. Letztere sind keine Institutionen, die zu dem Zweck gegründet wurden, Verbrechen zu begehen. Wäre es so, könnte man gar nicht von „Macht-Missbrauch" sprechen.

Oder: Die Aufklärung bleibt bestenfalls in den Kinderschuhen stecken und führt zu Versetzungs- und Sanktionierungspraktiken, die mehr dem Schutz der Institution dienen als den Anliegen der Opfer oder gar einer angemessenen Sanktionierung der Täter.

Wenn die Taten der Täter dann doch öffentlich werden, wie es nach 2010 in Deutschland geschah, bricht das Muster an anderen Stellen durch. Ein Betroffener berichtet, wie ein Bischof nach Kenntnisnahme eines Missbrauchs durch einen Kleriker in Tränen ausbrach und rief: „Was tut dieser Priester mir an!" Im Schmerz definiert der Bischof sich und die Kirche als Opfer. Das mag als erste Reaktion nachvollziehbar sein, weil auch narzisstischer Schmerz ein Schmerz ist, wird aber systemisch falsch, wenn der Schmerz sich zum beherrschenden Opfergefühl in der Institution verfestigt. Das eigentliche Leid der Betroffenen wird so nebensächlich. Auch lautstarke Solidarisierung von System-Repräsentanten mit Opfern wird so zu einer getarnten Form von Selbstmitleid. Man kann Opfern auch mit Empathie begegnen, ohne aus der verantwortlichen Position auszusteigen, die systemisch gesehen zur Täterseite gehört. Deswegen hat es im Übrigen auch wenig mit Empathie mit den Opfern zu tun, wenn Kirchenverantwortliche maximale Verurteilungssprache gegen Täter im Munde führen.

Das Zusammenspiel im „klerikalen System" (MHG-Studie) geht über das Zusammenspiel zwischen Tätern und Verantwortlichen hinaus. Klerikalismus ist nicht nur ein Problem der Kleriker. Betroffene berichten, wie sie als Kinder versuchten, bei ihren Eltern vorzusprechen. Sie hörten: „Ein Priester tut so etwas nicht! So spricht man nicht über einen Priester!" Der Missbrauch fordert nicht nur Kleriker heraus, theologische Legitimationsfiguren von priesterlicher Vollmacht und überhaupt die Sprache über das Leitungsamt in der Kirche einer kritischen Überprüfung zu unterziehen.

2. Direkte und indirekte Ursachen

Das Zusammenspiel der beiden Aspekte funktioniert auch in der Aufarbeitungsphase dann, wenn es nicht durchschaut wird. Das hängt wiederum zusammen mit einer mangelnden Klärung des Unterschieds zwischen direkten und indirekten, systemischen Ursachen von Missbrauch und Vertuschung. Spezifische Risiko- und Strukturmerkmale, wie sie die MHG-Studie benennt,[4] sind keine direkten Ursachen für Missbrauch. Oft ist in oberflächlich geführten Debatten vorausgesetzt, es bräuchten nur einige Veränderungen an den kirchlichen Strukturen vorgenommen zu werden, und die Zahl der Missbräuche würde sofort sinken. Das muss aber nicht so sein. Begünstigende systemische Faktoren sind eben keine direkten Ursachen. Vielmehr ist hier zu unterscheiden. Um es am Beispiel der Familie deutlich zu machen: Man kann aus der Tatsache, dass besondere physische Nähe als begünstigender systemischer Faktor zu Familie dazugehört, nicht schließen, dass es weniger Missbrauch in Familien gibt, wenn die physische Nähe zwischen Eltern und Kindern verboten würde – wie es ja aus anderen Gründen in Erziehungsdiktaturen geschah und geschieht. Und selbst wenn es dann weniger Missbrauch in Familien gäbe – weil es weniger Familien gäbe –, wäre noch lange nicht gesagt, dass der Missbrauch dann nicht andernorts stattfinden, also quasi verlagert würde. Sexueller Missbrauch findet eben immer in Systemen statt, gerade in solchen, in denen Vertrauensbeziehungen in Kombination mit Machtasymmetrien grundlegend sind. Das verändert sich auch nicht zum angeblich „Besseren", wenn faktisch existierende, ebenso unvermeidliche wie sinnvolle Machtgefälle (wie Eltern – Kind, Heim – Jugendliche, Arzt – Patient, Lehrer – Schüler, Seelsorger – Seele, Präsident –

---

[4] Klerikalismus, Sexualmoral, Abwertung von Homosexualität, Zölibat, etc.

Praktikantin, Regisseur – Schauspielerin) hinter egalitärer Rhetorik versteckt werden. Das haben die Missbräuche an reformpädagogischen Institutionen oder auch im Kinderladen-Milieu der 68er gezeigt. Hinter der egalitären Rhetorik versteckten sich die weiter existierenden, unvermeidlichen Machtverhältnisse.

Es gibt eben keinen Missbrauch ohne System, in dem er stattfindet. Und es gibt kein System, bei dem sich kein einziges Merkmal nachträglich als begünstigend für den Missbrauch und dessen Vertuschung erweisen würde. Eine Beschreibung spezifischer Risiko- und Strukturmerkmale dient also zunächst „nur" der erhöhten Wachsamkeit. Die Bemühungen in der katholischen Kirche um eine „Kultur der Achtsamkeit" führen dann allerdings auch zu strukturellen Veränderungen, die für einen Kulturwandel im Sinne einer größeren Achtsamkeit förderlich sind: Fort- und Weiterbildung kirchlichen Personals, Präventionsordnung, neue Richtlinien, Entwicklung des Beschwerdemanagement, Kooperation mit externen Partnern. In das Mark der monarchisch-hierarchischen Struktur führen schließlich die Forderungen nach einer innerkirchlichen unabhängigen Verwaltungsgerichtsbarkeit. Sie werden in dem Maße laut, wie sich in den letzten Jahren gezeigt hat, dass Selbstaufklärung von Machtmissbrauch in monarchischen Systemen nicht funktioniert, oder vorsichtiger gesagt: An Grenzen kommt, die in der Rückwirkung die positiven Ansätze und Arbeiten an der Basis immer wieder neu diskreditiert.

Aber es geht um noch mehr. Nehmen wir als Beispiel die männerbündische Struktur des Klerus. Zu den begünstigenden Faktoren von Missbrauch gehört ganz allgemein ein elitäres Selbstverständnis, das sich einer besonders verantwortungsvollen Aufgabe verdankt. Beamte waren ursprünglich als Eliten gedacht, ebenso wie das Militär oder wie andere Gruppen mit herausragenden, mehr als gewöhnlichen Einsatz fordernden Aufgaben für die Gesellschaft. Eliten sind tendenziell attraktiv für den narzisstisch-soziopathischen Typ.[5] Sie haben mehr zu verlieren, wenn ihr Image beschädigt wird. Der Klerus bildet innerhalb der Kirche eine ebensolche Elite. Zu ihr sind nur (zölibatär lebende) Männer zugelassen. Damit ist der Klerus im qualifizierten Sinn des Wortes eine „männerbündisch" aufgestellte Elite, und nicht bloß eine homosoziale Gruppe, die auf Grund gegenseitiger Sympathie oder anderer zufälliger Faktoren zustande kommt. Den hervorgehobenen Status verdankt dieser Bund einer nach kirchlichem Verständnis höchst anspruchs- und verantwortungsvollen Aufgabe.

Elitäre Gruppen und Milieus verbindet ein besonders anspruchsvoller Loyalitäts-Kodex. Im männerbündischen Fall ist er zusätzlich sehr männlich geprägt.[6] Wenn Mitglieder aus den eigenen Reihen beschuldigt werden, schließen sich die Reihen fest um das beschuldigte Mitglied. Die beschuldigende Person wird beschuldigt und bekämpft. Der Verräter in den eigenen Reihen, der dem Opfer zur Seite springt, wird ausgestoßen. Und: Sollte sich die Beschuldigung doch als wahr erweisen, so gilt die primäre Fürsorge den Tätern, nicht den Opfern. Alle diese Muster finden wir in den Berichten über den Umgang mit Beschuldigungen gegenüber Klerikern und auch mit überführten Tätern wieder.

Doch folgt aus alledem zwangsläufig, dass das Weihe-Amt aus Präventionsgründen für Frauen geöffnet werden muss? Hier setzt die Frage nach der Unterscheidung der Geister ein: Wäre die männerbündische Struktur also doch eine direkte Ursache für Missbrauch und Vertuschung? Ich sehe diese Zwangsläufigkeit nicht, selbst wenn positive Effekte denkbar sind. Vor allem

[5] Das ist der Typ, „der seine Macht nicht nur beim sexuellen Missbrauch von Kindern und Jugendlichen , sondern auch in anderen Kontexten in inadäquater Weise ausübt [...] Die Machtfülle, die einem geweihten Priester qua Amt zur Verfügung steht, bietet diesem Typ viele Handlungsfelder." (MHG-Studie, 12)

[6] Vgl. Klaus Theweleit, „Männerphantasien", Frankfurt 1984.

aber: Es gibt andere Gründe, die Zulassung von Frauen zum Priesteramt zu befürworten. Sie sind dem Präventionsanliegen vorgelagert: Die gleiche Würde von Mann und Frau „in Christus“ (Gal 3,28), die Offenheit Jesu für Frauen und Männer in seinem Jüngerkreis, und anderes mehr. Eine präventionsfixierte Sicht (unter dem „Anschein des Guten“) auf die Frage nach der Frauenordination verdeckt diese tieferen, nicht an (positiven) Zwecken orientierten Gründe. Es mag wahrscheinlich sein, dass die Öffnung des Männerbundes positive Effekte auf die Gewalt-Prävention hat. Aber es ist dem Anliegen der Prävention letztlich mehr gedient, wenn sich die Kollateraleffekte einer tiefer gehenden Veränderung verdanken, die nicht bloß von Verhinderungslogik geprägt ist.

Unterscheidung zwischen direkten Ursachen und systemischen Faktoren ist auch angebracht, um die Formel vom „Missbrauch des Missbrauchs“ besser verstehen zu können. Wenn systemische Kontexte mit direkten Ursachen verwechselt werden, ist die Flanke tatsächlich offen für den Missbrauch des Missbrauchs. Schutz wird nicht verbessert, wenn direkte Ursache-Wirkungs-Verhältnisse behauptet werden, die nicht bestehen. Daraus folgt allerdings nicht, dass systemisch begünstigende Faktoren nicht so gewichtig sein können, dass ein positiver Kollateraleffekt für die Prävention mit gutem Recht vermutet werden kann, falls aus anderen guten Gründen strukturelle Veränderungen beschlossen werden. Hier kann dann die Formel vom „Missbrauch des Missbrauchs“ als Totschlagargument missbraucht werden, um die notwendige Debatte abzuwürgen und Entscheidungen zu blockieren. Es hängt eben auch hier wieder von der Unterscheidung der Geister ab.

3. Ablenkungen und Hinweise

Zur geistlichen Logik der Unterscheidung der Geister gehört, dass der „böse Geist“ etwas Gutes instrumentalisiert, um sein schlechtes Ziel zu erreichen. Deswegen ist es wichtig, bei der Zurückweisung der Versuchung nicht das Gute schlecht zu machen, sondern nur die Instrumentalisierung des Guten schlecht zu nennen. Sonst landet man in einer Weltsicht, die in verführerischer Klarheit Gut und Böse so gegeneinander stellt, dass sie gerade so wieder zum Einfallstor für die Herrschaft des Bösen unter dem Anschein des Guten wird. Man kann, in der Sprache der Exerzitien gesprochen, dem „bösen Feind der menschlichen Seele“ wegen eines Angebotes falscher Klarheit und Sicherheit auf den Leim gehen. Es ist im Prozess der Unterscheidung von großer Bedeutung, dass das instrumentalisierte Anliegen, die verdrehte richtige Einsicht in der Logik der Versuchung durchschaut und als Hinweis genutzt wird. Man kann es auch so sagen: Bei aller List und Tücke agiert der „böse Feind“ plump. Jede Versuchung enthält einen Wink mit dem Zaunlattenpfahl. Der Mann, der laut ruft: „Haltet den Dieb!“ ist selbst der Dieb und macht gerade dadurch auf sich aufmerksam, dass er so überlaut von sich weg auf andere verweist.

Als das Ausmaß sexuellen Missbrauchs durch Kleriker in den USA in den 90er Jahren sichtbar wurde, reagierte die Kirchenleitung zunächst mit zwei Aussagen, die bis heute in katholischen Kreisen zu vernehmen sind. Erstens: Wenn sich alle an die kirchliche Sexualmoral halten würden, gäbe es keinen Missbrauch. Zweitens: Wenn es keine homosexuellen Kleriker gäbe, gäbe es weniger Missbrauch. Beide Aussagen sind Teil des Problems, nicht der Lösung. Sie lenken auf erhellende Weise ab, denn sie richten den Blick auf zwei systemrelevante Themenbereiche: Kirchliche Sexualmoral im Allgemeinen und das Verhältnis zur Homosexualität im Besonderen. Das ermöglicht Klärungen.

Sexueller Missbrauch ist kein Verstoß gegen die kirchliche Sexualmoral beziehungsweise gegen das Sechste Gebot. Vielmehr geht es um sexualisierte Gewaltakte in einer nahen Beziehung, in der ein Machtgefälle besteht – also um Machtmissbrauch. Im Falle des sexuellen Missbrauchs durch Kleriker kommt das geistliche, religiöse Element hinzu. Es passt deswegen viel eher, von einem Verstoß gegen das Zweite Gebot zu sprechen: „Du sollst den Namen des Herrn, Deines Gottes nicht missbrauchen" (Ex 20,7), um Nähe zu Schutzbefohlenen für deine Zwecke herzustellen und sie zu dominieren.

Die Fixierung auf den sexuellen Aspekt des Machtmissbrauchs ist symptomatisch für eine Kultur in der katholischen Kirche, die auf Sexualität, besser: auf Genitalität fixiert ist. Sie führte dazu, dass Kirchenverantwortliche sexuellen Missbrauch durch Kleriker als Bruch des Zölibates beurteilten und entsprechend unangemessen reagierten: Ermahnungen, Therapien, anschließend Versetzungen. Täter verstanden und verstehen manchmal bis heute nicht, was sie bei Opfern anrichteten. Gerade auch hier wird eine Verantwortung der Institution auch gegenüber den Tätern sichtbar, genauer: eine Mitverantwortung für das Täter-Werden von Tätern. Tabus verstärken die Fixierung auf Sexualität/Genitalität, ohne dass diese als solche erkannt wird – und führen dazu, dass sexuelle Dynamiken abgespalten werden und quasi autonom agieren.

Sexuelle Enthaltsamkeit kann die Fixierung fördern, zumal dann, wenn die persönliche Sexualität nicht integriert ist. Das zeigt ein ausladendes, von Klerikern verfasstes Schrifttum über alle möglichen Detailfragen gelebter Sexualität. Ein Betroffener berichtet von einer Exhorte, die er im Rahmen katholischer Schulpädagogik als pubertierender Junge erhielt: „An einigen Tagen wurden Jungen und Mädchen getrennt und es gab *Sexualunterricht* – damals wohl anders benannt. Dieser bestand weitgehend aus der Einschärfung zum 6. Gebot. Einer der beiden Patres machte uns sehr eindringlich klar, wie wir uns bei auftauchenden *Versuchungen* zu verhalten hätten, wenn wir keine schwere Sünde begehen wollten. Da ich noch nicht wusste, was genau er da meinte und gut katholisch erzogen war, passte ich gut auf, denn natürlich wollte ich in Zukunft keine schwere Sünde begehen. Die Sünde wurde uns beschrieben als *Unkeuschheit in Gedanken, Worten und Werken.* Der Bereich dieser Versuchungen wurde uns so negativ und sündhaft dargestellt, dass sich die Angst vor diesen Sünden tief bei mir eingeprägt hat. An konkrete *Hilfestellungen* des Paters erinnere ich mich noch heute. *Nehmt eure Hände sofort aus den Hosentaschen, wenn ihr dort etwas spürt. Schaut sofort weg und geht schnell vorbei, wenn ein Filmplakat mit einer sündigen Frau euch in Versuchung führen will. Wenn ihr unkeusche Gedanken zu einem Mädchen oder einer Frau habt, denkt sofort an etwas anderes*! … Uns wurde am Ende empfohlen, darüber nachzudenken, ob wir Priester werden wollten."[7] So werden Jugendliche auf eine Sexualmoral geeicht, die von den allermeisten Katholiken nicht gelebt wird, nicht gelebt werden kann, und die sie in ein Doppelleben hineinzieht, das von außen als „typisch katholisch" angesehen wird. Wir befinden uns nicht nur in den 60er Jahren, wenn es um diese Themen geht. Auch heute gibt es genug „Sexualkundeunterricht" in der Tradition der hier geschilderten Erlebnisse.

Karrieren im Klerus hängen – seit Johannes Paul II. explizit – von der Bereitschaft ab, die Grundlagen einer Sexualmoral proaktiv zu predigen und zu vertreten, die systemisch hinter solchen Exhorten steht. Je mehr jedenfalls über Sexualität im Allgemeinen gesprochen oder je hermetischer zugleich über sie (in der ersten Person Singular) fixiert geschwiegen wird, umso weniger wird das eigentliche Thema des sexuellen Missbrauchs

[7] Der persönliche Bericht, hier anonymisiert, liegt mir vor.

als das erkannt, was es ist: Machtmissbrauch; und umso mehr redet man im klerikalen System am Problem vorbei, wenn es dann doch an die Aufarbeitung gehen muss. Wo nicht über Macht reflektiert wird, bleiben die Bedingungen für Täter günstig, und auch das Versagen von Kirchenverantwortlichen im Umgang mit Tätern ist vorprogrammiert. Und gerade der Machgestus, mit dem behauptet wird, eine Erneuerung der kirchlichen Sexualmoral sei unmöglich, ist dabei verräterisch.

Besonders spezifisch-klerikal – und symptomatisch – ist die Fixierung auf Homosexualität, wie sie gerade auch in der homophoben Aufarbeitungsstrategie deutlich und auf die Tagesordnung gesetzt wird: „Entfernt die Schwulen aus dem Klerus!" Die MHG-Studie stellt fest, dass es ein „deutliches Überwiegen männlicher von sexuellem Missbrauch betroffener Kinder und Jugendlicher durch Kleriker der katholischen Kirche"[8] gibt. Umstritten sind allerdings die Deutungen dieses Befundes. Mit Blick auf den Klerus lassen sich m. E. jedenfalls folgende Aussagen machen: Die Maßgabe der Kirche, dass Männer mit „tief verwurzelten homosexuellen Neigungen" nicht zur Priesterweihe zugelassen sind, verhindert keineswegs, dass homosexuelle Männer zu Priestern geweiht werden. Zugleich ist ein innerklerikales Tabu aufgerichtet: Um nicht zurückgewiesen zu werden, verschweigen homosexuelle Männer ihre Orientierung vor der Weihe (wenn sie sich zu diesem Zeitpunkt bereits der Orientierung bewusst sind). Nach der Weihe sprechen sie nicht über ihre Orientierung, um sich nicht disziplinarisch zu gefährden. Das fördert Schweigen über Sexualität im gesamten Klerus, bei homo- wie heterosexuellen Klerikern, nicht ein Schweigen über Sexualmoral im Allgemeinen, wohl aber über das eigene Verhältnis zur eigenen Sexualität im Besonderen – keine guten Bedingungen für die persönliche psychosexuelle Reifung im

[8] MHG-Studie, 11.

Klerus, ein Risikofaktor besonders bei dem regressiv-unreifen Täter-Typus.[9]

Besonders hier kommt der Zölibat ins Spiel. Er ist ebenso wenig wie die anderen systemischen Faktoren eine direkte Ursache von Missbrauch.[10] Risikofaktor ist er allerdings unter den Bedingungen, die durch die katholische Sexualmoral im Allgemeinen und die Zulassungsbedingungen zur Priesterweihe im Besonderen gegeben sind. Ein junger Mann, der entsprechend der katholischen Moral seine sexuelle Orientierung oder überhaupt sein sexuelles Begehren als sündig erlebt, wird sich vielleicht gerade deswegen zur zölibatären Lebensform hingezogen fühlen. Er wird dann auch wenig Interesse an Ausbildungsabschnitten haben, in denen es um die eigene psychosexuelle Reifung geht. Und schließlich wird er sich im Fall der Fälle umso enthusiastischer mit der katholischen Sexualmoral identifizieren, je mehr gerade sie ein wichtiger biographischer Auslöser seiner Aufmerksamkeit für den Weg des Priestertums war. Mit dem positiven Sinn des Zölibates „um des Himmelreiches willen" hat dann dieser Zölibat nicht viel zu tun.

Zu dem regressiv-unreifen Typus des Täters gehören im Übrigen hetero- wie homosexuelle Täter. Es ist von keinem jungen, katholischen Mann zu erwarten, dass er zum Zeitpunkt seines Eintritts in das Seminar schon psycho-sexuell ausgereift ist. Die innerklerikalen Bedingungen für die psychosexuelle Rei-

---

[9] Er ist der Typ, „der sich auf Beschuldigte mit defizitär persönlicher und sexueller Entwicklung bezieht. Darunter befinden sich sowohl hetero- wie homosexuelle Beschuldigte […] Die Verpflichtung zum Zölibat könnte Angehörigen dieses Typus eine falsch verstandene Möglichkeit bieten, sich mit der eigenen sexuellen Identitätsbildung nicht hinreichend auseinandersetzen zu müssen. […] In dieser Gruppe findet sich die Erstbeschuldigung oft erst nach längerer zeitlicher Latenz nach der Priesterweihe." (MHG-Studie, 12f)

[10] Vgl. dazu Godehard Brüntrup, Zölibat als Risikofaktor für sexuellen Missbrauch, in: Matthias Remenyi/Thomas Schärtl (Hg.), Nicht ausweichen. Theologie angesichts der Missbrauchskrise, Regensburg 2019, 109–124.

fung sind für ihn eher ungünstig, nicht eo ipso wegen der sexuellen Enthaltsamkeit, sondern wegen der mangelnden Reflexionskultur, die unter den genannten systemischen Bedingungen nicht überrascht. Diese werden in ihrer verschleiernden Wirkung umso mehr stabilisiert, je mehr es gelingt, von ihnen durch „haltet-den-Dieb“-Analysen abzulenken.

4. Reflexion der Opferperspektive

Die Unterscheidungsregeln in den ignatianischen Exerzitien laufen parallel zu den Betrachtungen des Lebens Jesu. Diese bilden die plastisch-inhaltliche Begleitmusik der eher formal gehaltenen Regeln. Doch die Beziehung ist nicht einseitig. Das Leben Jesu ist selbst auch unterscheidend zu lesen. Als Stoff der Betrachtung sind die Perikopen der Evangelien zu „verkosten“, d. h. zu reflektieren, und zwar in Kombination mit den inneren Reaktionen, also mit den „Geistern“, die sie bei der lesenden Person auslösen. Auch ein biblischer Text kann den „bösen Feind“ auf den Plan rufen. Der ist bekanntlich bibelfest, wie gerade auch die Versuchungsgeschichten am Beginn der Evangelien zeigen. Dort wird Jesus mit Zitaten aus der Schrift aufs Glatteis gelockt. Der Versuch misslingt allerdings. Man kann die Versuchungsgeschichten Jesu deswegen auch als Urszenen der Unterscheidung der Geister lesen.

Bei der öffentlichen Auslegung der Evangelien im Gottesdienst kommt eine dritte Dimension hinzu: Die Perspektive der im Gottesdienst anwesenden Opfer. Das Evangelium ist unterscheidend lesen, unter Einbeziehung der Opferperspektive. Als Perspektive der „Armen“ im biblischen Sinne des Wortes ist sie ein locus theologicus für diejenigen, die sie nachzuvollziehen versuchen, und ein Erkenntnischance für die ganze Gemeinde.

Es gehört allerdings zur Erfahrung von Betroffenen in der Kirche, dass sie in Gottesdiensten unausgesprochen ausgegrenzt werden, einfach indem vorausgesetzt wird, dass sie nicht im Raum sind. In einer Handreichung der Deutschen Bischofskonferenz ist dazu nachzulesen: „Wenn in einer Seelsorgeeinheit mit ca. 7000 KatholikInnen 10 % zum Sonntagsgottesdienst gehen, so sind unter ihnen statistisch … 84 MitchristInnen, die zwischen 0 und 14 Jahren sexuellen Kindesmissbrauch erlebt haben.[11] Nehmen wir die Frauen und Männer hinzu, die nach dem 14. Lebensjahr sexuelle Gewalt erlebt haben, so müssen wir damit rechnen, dass in jeder Versammlung von mehr als vier ChristInnen EIN Opfer sexueller Gewalt anwesend ist … Opfer sexueller Gewalt achten meist sehr aufmerksam darauf, ob eine christliche Gemeinde sie ausgrenzt oder als zugehörig ansieht … Eine Frau schreibt, die normalen Gottesdienstbesucher schauten *immer auf Problemlagen außerhalb ihrer Kreise […] Ich warte darauf, dass in den Gottesdiensten zur Sprache kommt, dass Opfer von Kindesmissbrauch mitten in der Gemeinde sind.*“[12] Es macht einen entscheidenden Unterschied aus, ob beim eigenen Sprechen die Anwesenheit von Betroffenen mitbedacht wird oder nicht. Kürzlich wurde dieser Zusammenhang in einem Vorfall in der Diözese Münster deutlich. Er sorgte bundesweit für Schlagzeilen. Ein Pfarrer predigte über Vergebung und ermahnte die Gemeinde, man solle auch den priesterlichen Missbrauchstätern vergeben. Darauf standen

[11] Nicht etwa nur in kirchlichen Institutionen, sondern in Familien, Vereinen, Schulen, Heimen etc.

[12] Erika Kerstner, Achtsam feiern, Sprechen und Lernen, in: „Kinder haben Rechte“. Der Europäische Tag zum Schutz von Kindern vor sexueller Ausbeutung und sexuellem Missbrauch am 18. November. Hintergrundinformationen und erste Anregungen für pastorale Arbeitsfelder (2016), online: https://www.dbk.de/file admin/redaktion/diverse_downloads/dossiers_2016/Kinder_haben_Rechte_2016 _Bundeskonferenz-dioezesane-Praeventionsbeauftragte.pdf [Stand 06.11.2020].

mehrere Personen auf und verließen protestierend den Raum. Sie wollten darauf aufmerksam machen, dass Opfer von Missbrauch im Raum anwesend sind. Als derselbe Pfarrer einige Tage später im Fernsehen weitere Unsäglichkeiten über Missbrauchsopfer von sich gab, wurden ihm alle seelsorglichen Befugnisse entzogen.[13]

Es kann hier nur abschließend angedeutet werden, dass erhebliche Chancen zu einer Steigerung der theologischen Qualität von Predigt und Verkündigung liegen, wenn die Opferperspektive über die als anwesend anzunehmenden Opfer von Missbrauch einbezogen wird – nicht explizit, aber immer implizit. Klassische Themen der Verkündigung wie Versöhnung, Kreuz, Opfer, Familie, Macht, Liebe und Nähe erscheinen in einem anderen Licht. Aus der Perspektive einer „unterscheidend" vorgehenden Verkündigung wäre dies dann auch die Hinwendung zu einer Quelle wirklich geisterfüllter Predigt und Seelsorge.

---

[13] Münster: Gottesdienstverbot gegen Pfarrer Zurkuhlen teils aufgehoben (2020), online: https://www.katholisch.de/artikel/26085-muenster-gottesdienstverbot-gegen-pfarrer-zurkuhlen-teils-aufgehoben [Stand 06.11.2020].

Von der Kirchenkrise in die Gotteskrise

von Wolfgang Treitler

Die Missbrauchskrise innerhalb der Katholischen Kirche hat eine Verbrechenstradition ans Tageslicht gebracht, die noch in jüngster Zeit von hohen Klerikern geleugnet oder verdeckt wurde. Joachim Meißner sah im Missbrauchstäter Hans Hermann Groer einen Mann, der Christus das Kreuz nachtrug[1]; sein Nachfolger Rainer Maria Woelki denkt und agiert ähnlich und praktiziert bis heute in einer Missbrauchsangelegenheit den Grundsatz „Schweigen und möglichst wenig Spuren hinterlassen“[2]. Joseph Ratzinger verpflichtete im Jahr 2001 den Klerus auf ein Schweigegebot hinsichtlich innerkirchlicher Missbrauchsverbrechen an Minderjährigen.[3] In seiner Altjahresansprache 2019 sagte der Regensburger Bischof Rudolf Voderholzer, die „Empörung über den Missbrauch ist das Feuer, auf dem die Suppe des Synodalen Weges gekocht werden soll. Deswegen muss dieses Feuer am Lodern gehalten werden.“[4]

---

1 Wolfgang Treitler, Im Angesicht des Missbrauchs. Gedanken über die Verfassung der Kirche und den Glauben an Gott, in: ok 60 (2019) 113–139, 133f.

2 Christoph Fleischmann, Taktik statt Transparenz, in: Publik Forum Nr. 21, 06. November 2020, 38–39, 39.

3 Evelyn Finger/Sebastian Kempkens/Daniel Müller, Schuld und Sühne, in: Die Zeit online, 21. Februar 2019, online: https://www.zeit.de/2019/09/katholische-kirche-sexueller-missbrauch-krise-glaubwuerdigkeit/seite-3 [Stand 16.09.2020].

4 Rudolf Voderholzer: „Suppe des Synodalen Wegs wird auf Feuer des Missbrauchs gekocht“, online: https://de.catholicnewsagency.com/story/voderholzer-suppe-des-synodalen-wegs-wird-auf-feuer-des-missbrauchs-gekocht-5552 [Stand 16.09.2020].

1. Kindsein und Verführtwerden

Solches im Ohr, fragt man sich erstaunt: Sexueller Missbrauch Minderjähriger – tatsächlich ein Verbrechen? Wer darin eine bloß rhetorische Frage vermutet, ignoriert jahrhundertealte und wirksame Zusammenhänge ebenso wie manche gegenwärtige kirchliche Reaktion auf sie, wenn es um die Frage ebendieser Zusammenhänge geht. Diese lassen sich gut nachweisen und laufen über die Platonisierung christlichen Denkens seit seinen Anfängen. Für Nietzsche brachte sie „de(n) schlimmste(n), langwierigste(n) und gefährlichste(n) aller Irrtümer …, nämlich Platons Erfindung vom reinen Geiste und vom Guten an sich“[5], die den verachteten Körper dem Verbrechen preisgibt und es zugleich toleriert. Platons Sokrates agierte pädagogisch als Päderast in einer Männergesellschaft.[6] Deren Kontinuitäten, die pädagogischen Eros mit Kinderschändung verketteten, Netzwerke aufbauten, in denen missbrauchte Buben weitergereicht wurden, und Frauen aus solchen Männergesellschaften ausschlossen, reichen bis in die Gegenwart.[7] Christentum als „Platonismus fürs ‚Volk‘„[8] teilte die Kirchengemeinschaft zugleich auf: in den Teil einer hierarchischen Herrschaft, die gebrauchen und missbrauchen konnte, und in den Massenteil eines Volkes, an dem man sich vergehen konnte, geistig, religiös, sexuell. Der Religion des Volkes schrieben Wissende eine gefährliche Ideologie der Kindheit ein, die mit totalitärem Denken kollaborieren konnte.

So stimulierte Ferdinand Ulrichs Anthropologie der Kindheit ihre Grundsätze und Akzente aus Heideggers Seinsmythik,

5 Friedrich Nietzsche, Jenseits von Gut und Böse. Vorspiel einer Philosophie der Zukunft, in: Ders., Werke in vier Bänden, Wien 1980, 153–280, 156.

6 Elke Hartmann, Päderastie, in: DNP Bd. 9 (2000) 140–141.

7 Kentler-Studie: Wie weit reicht das Netzwerk des Missbrauchs?, in: CiG 72 (2020) 266.

8 Friedrich Nietzsche, Jenseits von Gut und Böse, 156.

in der Platonisch-Ideelles vertrackt im blass gewordenen, jede Schandtat legitimierenden Seinslicht wiederbelebt wurde, lobte die „Armut des Empfangens“[9] als Voraussetzung des Selbstwerdens und festigte so die Ohnmacht des Kindes als Form christlichen Lebens. Die Möglichkeit von Selbstrettung, von „Selbsterlösung“[10] als „Selbstwerdung *ohne Empfangen*“[11] wird verneint. Der christliche Mensch ist Kind. Die philosophische Infantilisierung setzt der Entmündigung ein Erträgliches hinzu, indem *„Dasein als Spiel“*[12] verklärt wird, um dieses ins Göttliche zu verlängern und ihre Invarianz zu statuieren. Die kindhafte tragische Heilige, Therese von Lisieux, gibt fürs „Spielzeug Gottes“[13] das Modell. Auf Missbrauchsverbrechen spekulierende, hierarchische *Vicarii Filii Dei*[14] konnte das zu allgewaltigen Regisseuren von Spielen erheben, deren Regeln sie festlegten. Spiel konnte selbst Päderastie sein – für die Dominatoren, nicht für Unterworfenen.

Theologisch steiler hat die Infantilisierung der Christenmenschen Hans Urs von Balthasar gespielt. Für ihn war „das innerste, mysteriale Wesen der Kirche [...] ein neuer Raum für christliche Kindlichkeit: im kirchlichen Empfang der von Christus autorisierten Sakramente, der Verkündigung seines Wortes und der von ihm verfügten Leitung.“[15] Sakramental wird Kindlichkeit vorausgesetzt und verhängt, denn wer „zu

[9] Ferdinand Ulrich, Der Mensch als Anfang. Zur philosophischen Anthropologie der Kindheit, Einsiedeln 1970, 70.
[10] Ebd. 103.
[11] Ebd. 106.
[12] Ebd. 122.
[13] Ebd. 136.
[14] CIC 129.1. CIC 192.2 erwähnt ausdrücklich, dass auch ausgewählte Laien in die Leitungsgewalt mit einbezogen werden können.
[15] Balthasar Hans Urs von, Wenn ihr nicht werdet wie dieses Kind, Ostfildern 1988, 40.

einem Sakrament hinzutritt, ist kindhaft reiner Empfänger."[16] „Lenkbarkeit" und „Fügsamkeit"[17] sind Losung dem entsprechender Entmündigung und Unterwerfung.

In der Linie solchen Denkens hat Joseph Ratzinger jüngst eine kleine Schrift vorgelegt, die faktenresistent den Klerus als Opfer einer lustgetriebenen Gesellschaft im Erbe der 68er-Bewegung sieht, in der Päderastie erlaubt wäre[18], was in keinem einzigen demokratischen Land der Fall ist. Zudem hätte diese Entfesselung dazu geführt, dass anstatt zu beten in manchen Priesterseminaren Pornofilme angeschaut wurden.[19] Resignativ konstatiert Ratzinger unrichtige Zusammenhänge: „Der weitgehende Zusammenbruch des Priesternachwuchses in jenen Jahren und die übergroße Zahl von Laisierungen waren eine Konsequenz all dieser Vorgänge."[20] Ratzinger ignoriert, was sich in der MHG-Studie findet: Sexueller Missbrauch von Minderjährigen liegt in der Katholischen Kirche hinsichtlich der Zahl Betroffener und Beschuldigter deutlich höher als bei nichtkirchlichen Vergleichsgruppen[21], steht mit der Katholischen Kirche und ihren zölibatären Institutionen in unmittelbarem Zusammenhang[22], weist eine klare Differenz der Missbrauchs-

---

[16] Ebd. 41.

[17] Ebd. 41f.

[18] Papst Benedikt XVI. em., Ja, es gibt Sünde in der Kirche. Zum Missbrauchsskandal in der katholischen Kirche. Mit einer Einleitung von Albert Christian Sellner, Kißlegg 2019, 20.

[19] Ebd. 29.

[20] Ebd. 21.

[21] Forschungsprojekt Sexueller Missbrauch an Minderjährigen durch katholische Priester, Diakone und männliche Ordensangehörige im Bereich der Deutschen Bischofskonferenz (2018) 135, online: https://www.zi-mannheim.de/fileadmin/user_upload/downloads/forschung/forschungsverbuende/MHG-Studie-gesamt.pdf [Stand 16.09.2020].

[22] Dies Facultatis. Wolf: Zölibat ist „Risikofaktor" beim Thema sexueller Missbrauch, online: https://www.katholisch.at/aktuelles/127557/wolf-zoelibat-ist-risikofaktor-beim-thema-sexueller-missbrauch [Stand 16.09.2020].

quote von zölibatären und nichtzölibatären Menschen aus[23] – zuungunsten der ersten – und zeigt, dass die Zahl der Missbrauchsfälle seit dem Zeitraum 1966–1970 abfällt.[24]

Ratzinger offenbart dogmatisch motiviert Ignoranz. Diese festigt, was als akute Gefährdung des Kindes droht und vielen real wurde und real blieb. In genauer Reflexion erweist sich dieses dogmatische, von Platon mitinspirierte Gehabe als ebenso gottlos wie die platonische Päderastie, in der der Obere sich befriedigt und den Unterworfenen lustvoll zuschanden macht.

Kindheit ist anders zu bedenken, religiös-biblisch, d. h. narrativ-reflexiv und also antidogmatisch. Jean-François Lyotard zeigte das in einem kurzen Aufriss; er bedachte Kindheit nicht als Kindlichkeit, sondern als Ausgeliefertsein, „ohne über die Mittel zu verfügen – d. h. Sprache und Darstellung –, das nennen, identifizieren, wiedergeben und (wieder)erkennen zu können, was uns betrifft"[25]. Verführtwerden wohnt der Kindheit inne; realisiert, ist die Verführung der Skandal, der die Kindheit zerstört und ihr Ungebundensein aller weltlichen Macht gegenüber mit gewaltvoller Härte aufhebt[26], indem das Kind vom einzigen „*manceps*", dem „Allmächtigen"[27], abgekoppelt wird und in die Verfügung durch den Hierarchen gerät, der den *manceps* usurpiert und sich zum Gott des Unterworfenen macht.

An dieser Stelle bricht unter dem humanen Abgrund der religiöse Abgrund auf, zu dem die Kirchenkrise geworden ist: die Krise um Gott. Doch um welchen Gott?

---

[23] Ebd. 255.

[24] Ebd. 256.

[25] Jean-François Lyotard/Eberhard Gruber, Ein Bindestrich. Zwischen „Jüdischem" und „Christlichem". Erweiterte Ausgabe. Aus dem Französischen von Eberhard Gruber, Düsseldorf – Bonn 1995, 9.

[26] Ebd. 15f.

[27] Ebd. 18.

2. Kalkül des Peinigers

Die Krise um den kirchlich tradierten Gott entstand durchs Kalkül des Peinigers. Es erlaubte und lenkte seine Untaten und behielt gegen den Unterworfenen recht. Im Missbrauchsverbrechen steckt ein erfolgreiches atheistisches Experiment, das sich in planvollen Schritten entfaltet.

1. Der Peiniger trifft eine für Außenstehende unergründliche Entscheidung, wen er erwählt und wen er ignoriert, und spielt damit als frappantes Gleichbild eines willkürlich erwählenden Gottes seine eigene, inappellable Dominanz aus. Dem „Prädestinationsterrorismus Augustins“[28] entspricht das genau und macht den Akt der Erwählung zu einem Akt anlockender Gnade, mit dem rätselhaft dunklen Meister in nähere Beziehung zu kommen.

2. Der Erwählte wird, auch das eine Grundform religiöser Überlieferung[29], isoliert, abgesondert und in diesem Sinn heilig[30], d. h. unverfügbar.[31] Die Annahung des Peinigers an den Unterworfenen erfolgt zunächst semantisch: Religiös verfügbare Metaphern der besonderen Nähe werden gebildet, unter

---

[28] Gottfried Bachl, Die Bibel als Literaturerlebnis, in: Heinrich Schmidinger (Hg.), Die Bibel in der deutschsprachigen Literatur des 20. Jahrhunderts. Bd. 1: Formen und Motive, Mainz 1999, 15–38, 36.

[29] Horst Sebaß, Erwählung I. Altes Testament, in: TRE 10, 182–189, 183; Koch Traugott, Erwählung IV. Dogmatisch, in: TRE 10, 197–205, 202; ausdrücklich sei vermerkt, dass hinsichtlich steiler, unnachvollziehbarer Erwählung bereits das rabbinische Judentum Widerstand argumentativ formiert, der sich bis ins moderne Judentum fortträgt (Ferdinand Dexinger, Erwählung II. Judentum, in: TRE 10, 189–192, 191).

[30] Selbst so verstanden, hat die Heiligkeit als Aussonderung eine wesentliche weitere Bedeutung als die moralische der tugendhaften Festigkeit und Reinheit, auf die sie klassischerweise bezogen wird, wie man an Thomas von Aquin erkennt (S. Th. II-II q.81 8.3).

[31] Herbert Vorgrimler, Neues Theologisches Wörterbuch, Freiburg – Basel – Wien ^{2}2000, 271.

ihnen besonders die der Primärbeziehung von Vater und Sohn.

3. Einschüchterung und Gewalt folgen der Erwählung unmittelbar nach. Je zudringlicher der Peiniger wird, umso unheimlicher wird er zugleich, ein finsteres Geheimnis, das Widerstand mobilisiert, der jedoch im Kraftgefälle von Erwachsenem und aufwachsendem Kind oder frühem Jugendlichen sich nicht manifestieren kann. Zudem sorgt der Peiniger vor. Drohung und Gewalt sollen den Erwählten davor bewahren, abtrünnig zu werden. Sünde wird zum Mittel der Disziplinierung und der Erpressung, der Beichtstuhl zu ihrem Ort, an dem genau gefragt wird, ob alles gebeichtet wurde, auch die sog. unsittlichen Gedanken, deren Geständnis den sexuellen Missbrauch durch den Erwachsenen erleichtert.[32]

4. Der Peiniger bietet religiösen Unter- oder Überbau auf, der disziplinierende Gewalt erkennbar machen soll als Modus des erziehenden Gottes, zu dem er sich macht. Ein solches Motiv findet man tatsächlich im Hebräerbrief, der den über alles erhabenen Christus besingt und von ihm her eine Anweisung erteilt, die dem Peiniger genau passt: „Mein Sohn, verachte nicht die Zucht des Herrn und verzage nicht, wenn er dich zurechtweist! Denn wen der Herr liebt, den züchtigt er; er schlägt mit der Rute jeden Sohn, den er gern hat. Haltet aus, wenn ihr gezüchtigt werdet! Gott behandelt euch wie Söhne. Denn wo ist ein Sohn, den sein Vater nicht züchtigt?" (Hebr 12,5b–7). Man war weiter und sah bereits weiter, als man die Geschichte von Isaaks Bindung durch Abraham erzählte: Da bewahrte man die höchste Gefährdung des Kindes im Gedächtnis. Die akute reli-

[32] Angela Wegscheider, Die Situation im Kinderdorf St. Isidor und im Institut St. Pius, in: Michael John/Angela Wegscheider/Marion Wisinger, Verantwortung und Aufarbeitung. Untersuchung über Gründe und Bedingungen von Gewalt in Einrichtungen der Caritas der Diözese Linz nach 1945, 283–474, 382f.

giöse Zerstörung des Kindes unterminierte die Geschichte von Isaaks Bindung mit dem Widder. François Lyotard zog daraus die Einsicht: Gott „versucht, und er enträt, schickt den Widder. Zur Opferung des Kindes wird es nicht kommen. Nur zu fortwährender Gefahr. Zur Gefahr, daß Jahwe vergißt, den Widder zu schicken."[33] Ein Hoffnungsfunke eines alten Textes, den der Hebräerbrief hochfahrend auslöscht; er reicht dem Peiniger die Legitimation für dessen vernichtende Prügel, denen der Gepeinigte nichts entgegensetzen kann.[34]

5. Von hier aus war es noch nie weit zum Kreuz und zum Kreuztragen, das den Unterjochten anempfohlen wird. In Hebr 12,2 wird geboten, man soll „auf Jesus blicken, den Urheber und Vollender des Glaubens; er hat angesichts der vor ihm liegenden Freude das Kreuz auf sich genommen, ohne auf die Schande zu achten, und sich zur Rechten von Gottes Thron gesetzt." Der Gewalttäter übersetzt sich und seinem Erwählten ohne viele Worte, wie der spirituelle Weg des Gepeinigten zur Freude des Peinigers gepflastert ist.

6. Den letzten Rest aufkeimender Abtrünnigkeit löscht Denunziation. Sie macht dem Betroffenen gewiss, das er restlos allein ist. Alle stehen gegen ihn. Denunziation gehört zum Widerlichsten, das in Religionen geübt wird. Denn sie wird stets anonym gehalten, sofern sie überhaupt ergangen ist. Als Gerücht, das über dem bald Missbrauchten herzieht, wirkt Denunziation lähmend. Alle Gesichter um ihn herum ver-

---

33 Jean-François Lyotard/Eberhard Gruber, Ein Bindestrich, 22.

34 Die Gewaltseite muss nicht durch den sexuellen Missbrauchstäter verübt werden, als Präparation für sexuellen Missbrauch ist sie jedoch systemrelevant. Das macht Josef Haslinger deutlich, der die stete Gewalt durch Pater Bruno (Josef Haslinger, Mein Fall, Frankfurt a. M. 2020, 53f) als Erniedrigung erlebte, während die Pädophilen Pater Gottfried (Ebd. 85) und Pater Maurus (Ebd. 109–117) *„in dieser Sphäre von klösterlicher Gewalt eine Oase der Zärtlichkeit"* (Ebd. 60) zu sein schienen.

schweißen sich zu einer einzigen amorphen Maße von Denunzianten und ihre Worte zu einem tausendfältigen Echo eben dieses Gerüchts. Die Isolation der Auserwählung bekommt eine lebensgefährliche Hinterseite, in der nochmals das Gottsein des Peinigers aufklafft: Du bist völlig allein, ein Nichts, ein von allen Seiten diskreditiertes Nichts, dem nur der eine Gott helfen kann, der Peiniger. Mit diesem Kalkül setzt der Peiniger seinen Erwählten permanenter Bedrohung aus und spielt sein Gottspiel, wie es in religiös absoluten Systemen wie dem des Christentums vom göttlichen Menschen her möglich und formal gedeckt ist.

7. Nun findet sich das Kalkül des Peinigers sein Ziel: Indem er sich zum Gott seines erwählten Unterworfenen und Missbrauchten gemacht hat, setzt er ins Werk, dass kein anderer Gott ist, keiner Helfer des Schwachen. Der Peiniger vollendet sein Gottsein im Missbrauch und weiß mit der Sicherheit eines jeden überzeugten religiösen Verbrechers und Terroristen, dass ihm kein Gott das zerstörerische Handwerk legen wird. Der auf den Körper des Unterworfenen zielende Verbrecher praktiziert innerhalb des religiösen Systems die Gottlosigkeit; und er praktiziert sie mit Erfolg, den kein nachträgliches Gejammer über die Untat und keine Form der in Anspruch genommenen oder abgewiesenen Wiedergutmachung je aufheben wird.

8. Der sexuelle Missbrauch an Minderjährigen ist – theologisch gesehen – Blasphemie im religiösen Erziehungs- und Betreuungsraum. Blasphemie ist dadurch bestimmt, dass ein Mensch sich oder ein Geschaffenes zu Gott macht und sich Gottes praktisch ermächtigt.[35] Solche Blasphemie setzt religiöse Bezüge voraus und ist in atheistischer Hinsicht härter als das, was radikale Atheisten ersinnen können. Im direkten Widerspruch gegen Gott wird dessen Macht über den erwählten Miss-

[35] Detlev Dormeyer, Blasphemie. I. Biblisch-theologisch, in: LThK^3 2, 520f.

brauchten ausgelebt. Diese Blasphemie hängt an der biblisch unnachvollziehbaren Idee der Göttlichkeit des Menschen, die weder im Judentum noch im Judenchristentum aufkommen konnte, sondern im Heidenchristentum entwickelt wurde[36] und sich zum christologischen Zentraldogma verfestigt hat. Und so taucht das Dogma als Kern des Missbrauchs auf: des mentalen, der den forschenden Geist der Menschen entwürdigt; des biblischen, der die biblische Lektüre dem ihr fremden dogmatischen Diktat unterwirft; des geistlichen, der dem (geweihten) Herrn erlaubt, die Kindlichkeit der Unterworfenen lehramtlich zu fordern; des sexuellen, in dem die Kindlichkeit sowohl vorausgesetzt wie im erpresserischen Gottspiel zerstört wird.

Das Unfassliche dieses Gottspiels liegt also fundamentaltheologisch im Erfolg, mit dem der Missbrauchstäter alle theologischen Bestände eines handelnden und rettenden Gottes liquidiert und damit, selbst auf lange Sicht, recht hat. Der Unterworfene blieb ohne Gott hilflos ausgeliefert. Die Kunde vom Gott der Schwachen, vom Gott der Liebe, der Barmherzigkeit wurde ihm zum religiösen Schwindel, der den erwählten Missbrauchten stillstellen sollte. Das zielt nicht auf die Pflege von „Trostlosigkeit“[37], sondern auf Anerkennung dessen, was geschah und was ist. Denn gerettet hat den Erwählten kein Gott, sondern der simple und überraschende Umstand, diese Zeiten zu überstehen und an Größe und Kraft zu gewinnen, die den Peiniger aus Furcht vor explosiver Gegenwehr abzulassen gebot[38] und nach neuen Erwählten Ausschau halten ließ.

---

[36] Hippolytus von Rom, Widerlegung aller Häresien (Refutatio omnium haeresium). Aus dem Griechischen übersetzt von Dr. theol. Graf Konrad Preysing, München 1922, 290.

[37] Igna Kramp, Resonanz. Gedanken zu den Gedanken von Wolfgang Treitler, in: ok 60 (2019) 326–331, 329f.

[38] Wolfgang Treitler, Sehr gut. Novelle, Perchtoldsdorf [2]2019, 137–140.

3. Gotteskrise

In der letzten Szene des Films von François Ozon, *Grace à Dieu*, treffen ein Vater, als Jugendlicher durch einen Priester sexuell missbraucht, und sein Sohn, etwa 16, 17 Jahre alt und in Kenntnis der an seinem Vater verübten Taten, am späten Morgen eines Wochenendtages im Eingangsbereich der Wohnung zusammen; der Sohn kam von einer langen Nacht nach Hause und will schlafen gehen. Noch einmal dreht er sich. „Papa" – „Ja" – „Glaubst du noch an Gott?"

Keine Antwort.

Am Anfang desselben Filmes vermittelt eine ältere Dame den Missbrauchten mit dem Täter von einst; alle drei stehen zueinander, reichen einander die Hände, der Missbrauchte sichtbar zögerlich, und dann wird das Vaterunser gesprochen, von allen drei. Beklemmend. Zwei Fragen: Bahnte nicht genau dieses Beten vor ein paar Jahrzehnten den Missbrauch an? Und was vermittelt dieses Gebet im Missbrauchskontext?

Vaterunser – Gebetsbindung als Niederhalt – Missbrauch einer ganz intimen Beziehung, wie einst wieder im Gebet, Missbrauch und Entmündigung im Zeichen des fremden Willens[39] und in der (gezielten?) Ignoranz dessen, dass der Gott, der seinen Willen hat geschehen lassen, der außen waltende Mann war an der Stelle Gottes, sakramental[40], kirchlich[41], trinitarisch[42]

[39] Ein junger Mann berichtet. 3. „Ich will lieber auf meine innere Stimme hören", in: Stephan Rossetti J./Wunibald Müller (Hg.), „Auch Gott hat mich nicht beschützt". Wenn Minderjährige in kirchlichem Milieu Opfer sexuellen Mißbrauchs werden, Mainz 1998, 96–100, 99.

[40] S. Th. III q. 62 a 3.

[41] Gunther Wenz, Sakramente I. Kirchengeschichtlich, in: TRE 29, 663–684, 681.

[42] Ders., Sakramente II. Systematisch-theologisch, in: TRE 29, 685–695, 691.

und hierarchisch[43] abgesichert. In dieser Szene wird Gott selbst aus einem christlichen Kerngebet vertrieben.

4. Gott im Nicht

Die Krise um Gott ist fundamental, ein kirchliches Erzeugnis durch den Missbrauch. Kirchliche Botschaften sind weithin Phrasen geworden, häufig bedeutungslos, manchmal widerlich. Insofern ist die Gotteskrise mehr als eine „Signatur der Zeit“[44], die geböte, „die entleerten Geheimnisse wieder zu füllen“[45] oder „spirituell zu wachsen“[46]. Anderes ist gefordert: der Wille und der Mut zur grundlegenden Negation der Verdrehungen und Verneinungen Gottes und der Mut zur grundlegenden Negation dogmatischer Unterwerfung von glaubenden Menschen. Denn was in der kirchlichen Hölle des Missbrauchs geschehen ist, reißt einen theo-logischen Abgrund auf, ein zerrüttendes „Erschrecken über die Abwesenheit Gottes in der Welt“[47], das sich angesichts der Missbrauchsverbrechen und ihrer blasphemischen Praxis nicht mehr kalmieren lässt.

Gott im Nicht: Verneinung alles dessen, was an Welt- und Individualerfahrung zustößt hinsichtlich seiner Qualifikation als etwas Göttliches. Denn die Vergöttlichung von Erfahrungen

---

43 KKK 1120.

44 Johann Baptist Metz, Gesammelte Schriften. Herausgegeben von Johann Reikerstorfer. Bd 4: Memoria passionis, Freiburg – Basel – Wien 2017, 75–94.

45 Jürgen Kroth, Entleerte Geheimnisse (2017), online: https://www.feinschwarz.net/entleerte-geheimnisse/ [Stand 16.09.2020].

46 Wunibald Müller, Was müssen Kirche und Seelsorge für die Überlebenden sexuellen Mißbrauchs tun?, in: Stephan J. Rossetti/ Wunibald Müller (Hg.), „Auch Gott hat mich nicht beschützt“, 119–146, 139.

47 Karl Rahner, Wissenschaft als „Konfession“?, in: Ders., Schriften zur Theologie., Band III: Zur Theologie des geistlichen Lebens, Einsiedeln – Zürich – Köln [4]1961, 455–472, 461.

hat stets einen bezwingenden, unterwerfenden Grundzug. Wer weiß, wer oder was Gott ist und wirkt, weiß zu viel und weiß das Verkehrte, weil damit Identifikationen totalitären Charakters geschaffen werden. Israels langer Weg durch die Geschichte hat es gelehrt: Alles, was geschehen ist, worauf gehofft wurde, was eingetreten ist und sich dann wieder verloren hat, alles das war und ist nicht der Heilige unmittelbar gewesen, kein Ereignis, kein Wort, kein Mensch. Wo immer man sich festmachen wollte, goss man Götzen, lächerliche Artefakte, wenn sie wirkungslos waren, oder gefährliche Hervorbringungen, wenn sie mit Macht aufgeladen wurden – genau wie der Missbrauchstäter sich göttliche Macht aneignet und gleichzeitig in seinem Gottspiel Gott liquidiert. Aufziehende Katastrophen waren bittere Lehrmeister und haben zu Überlegungen geführt, an Gott zu glauben im Nicht seiner Beziehung zur Zeit und Geschichte der Menschen.[48] Auch die Endmarke von Jesu Weg durch die Zeit war katastrophal. Von einem Ritualereignis, das sein Kreuz gewesen sein soll, wusste er nichts; doch ist überliefert, dass ihm vor dem Kommenden graute (Mt 26,38). Die spätere Ansage, Gott würde Jesus sofort zwölf Legionen schicken, um ihn zu retten (Mt 26,53), blieb als literarische Invektive ein hilfloses Aufbegehren. Wenn sie zur Verfügung gewesen wären, warum hätte es Gott nicht vermochte, in einem einzigen rettenden Streich diesen Mann und die Welt zu erlösen?

Das sind massive Andeutungen Gottes im Nicht. Radikale negative Theologie ist ihre Folge, nicht aus mystischer Einsicht in die Unerkennbarkeit Gottes, sondern wegen der rettungslosen Auslieferung, die Missbrauchte und Geschundene lebenslang peinigt.

[48] Hans Jonas, Der Gottesbegriff nach Auschwitz. Eine jüdische Stimme, Frankfurt/Main 1987, 46–48.

Dafür gibt es genügend Zugänge und Belege, auch im Gebet, allesamt unpopulär, weil mit ihnen kein vulgärer oder banaler Trost zu schaffen ist. Doch sie repräsentieren den Kern möglichen Gottesglaubens am Abgrund, den der Missbrauch aufreißt. Man findet sie, stark verdichtet, in der Israels Gebetsliteratur. Im wenig bekannten *Psalm 38* wird das Drama des verlorenen Gottes und eines verstummten Menschen intoniert, dessen Klageruf unbeantwortet bleibt. Im *Psalm 58*, härter als Psalm 38, ruft auch einer nach Gott, den Pseudogerechten, die ihre korrupten Urteile sprechen, die Zähne auszubrechen und die Kiefer einzuschlagen (Ps 58,7). Der Beter kennt offenbar den Lauf der Zeiten und verlässt sich auf ihr Werk. Mag sein, dass er Glück hatte und warten konnte. Jedenfalls brennt eine heiße Hoffnung in ihm, dass er den Untergang dieser gottgleichen Korrupten noch sehen wird, zeitgefügt und dadurch vielleicht ein Indiz, eine Spur Gottes. – Schließlich *Psalm 88* und seine Resignation, die im Hebräischen äußerst verknappt ist: „der Begleiter, der bekannte – Finsternis“ (Ps 88,19b). Das blieb des Beters Teil für die Zeit.

Diese drei Beispiele der Gebetsliteratur Israels geben gewiss nicht das Ganze des Betens her; doch gehören sie zu den unablässigen innerbiblischen Unterbrechungen des Glanzvollen, dem als Wunschbild keine kontinuierliche geschichtliche Realisierung entsprach. Alle Siegernarrative zerfielen; geblieben sind beschädigte Hoffnungen, die sich in religiöse Texte eintrugen. Daher:

Gott im Nicht – Rettung jenseits von Zeit und Welt, nicht in ihr und auch nicht in blasphemischer Pervertierung, die nirgendwo so lückenlos durchgeführt werden kann wie im religiösen Bereich.

Gott im Nicht – Ende direkter Selbstableitung aus einem göttlichen Willen. Die Kinderschänder haben bewiesen, dass dem nicht so ist und dass der göttliche Wille jederzeit von ihnen selbst praktiziert werden konnte – ohne göttliche Intervention. Kirche ist eine fragile Gemeinschaft von Menschen. Was kirchliche Menschen von andern vielleicht unterscheiden mag, ist, dass sie die Frage nach dem Nicht-Gott unruhig weiter und weiter stellen und leben, in einer Praxis, in der sie den fragilen Gottesglauben in der offenen Zuwendung zum fragilen Ebenbild leben und bezeugen.

Gott im Nicht – Kirche hat keinen unmittelbar göttlichen (Rechts-)Grund, sie repräsentiert auch keine unfehlbaren Wahrheiten, sondern hütet eine vorwiegend erzählerische Tradition – die Bibel – in ihrer Pluralität, die nicht misstrauisch dogmatisch unterworfen werden darf, sondern der man offen glaubend zutrauen kann, dass sie für jede Lage von Menschen etwas Entscheidendes und Weisendes bereithalten wird, auch für die, die innerkirchlichen Verbrechen ausgesetzt waren und sind.

Gott im Nicht – die kirchliche Hierarchie ist nicht gottgefügt, sondern geschichtlich kontingent. Der Ausschluss von Frauen aus der Weihe ist eine systemische, dogmatisch gestützte Entrechtung, die weder in einem angeblichen Willen Christi oder in der inkonsistent gelesenen Metapher der Zugehörigkeit von Christus und Kirche entsprechend der Relation Braut-Bräutigam[49] noch anthropologisch irgendeinen Grund hat. Dieser Ausschluss hat(te) Folgen für die Ermöglichung kirchlicher Missbrauchsverbrechen.[50]

---

[49] Marianne Schlosser erklärt Unmöglichkeit der Frauenweihe, online: https://www.die-tagespost.de/kirche-aktuell/aktuell/Marianne-Schlosser-erklaert-Unmoeglichkeit-der-Frauenweihe;art4874,201577 [Stand 16.09.2020]. Konstruktionen wie diesen widerspricht Dirk Ansorge zurecht: Dirk Ansorge, „Natürliche Ähnlichkeit“? Überlegungen zur Typologie des Weiheamtes, in: StZ 238 (2020) 653–661.

[50] Dies Facultatis. Wolf: Zölibat ist „Risikofaktor“ beim Thema sexueller Missbrauch, online: https://www.katholisch.at/aktuelles/127557/wolf-zoelibat-ist-risikofaktor-beim-thema-sexueller-missbrauch [Stand 16.09.2020].

Gott im Nicht – weg mit dem absolut verbindlichen Anspruch durchaus gewalthältiger dogmatischer Sätze[51], die der Bevormundung durch antike Denker in einer darüber längst hinausgekommenen, auch innerkirchlichen Bildungsgesellschaft sich ergeben und zerstörerische Heteronomie im Geistigen exekutieren. Mentaler Missbrauch durch Unterdrückung bereitet den physischen vor und begleitet ihn.

Gott im Nicht – anstelle künstlicher und verdächtiger Kindhaftigkeit der aufrechte und kompromisslosen Gang. Ein ihm entsprechender Glaube erfordert echten Mut und ist ein Martyrium, das sich nicht ins Kreuz verschaut, sondern im Gedächtnis Jesu dem Kreuz widerstreitet.

Gott im Nicht – Bilderlosigkeit und Namensentzug bilden den Kern, fürs Judentum und fürs Christentum. Denn auch im Christentum weiß man nichts von einem – immer noch falsch hingesagten – Gottesnamen; man kennt diesen nicht (Dtn 4,19; 5,7–9; Mt 6,9).

Gott im Nicht – Gott wird durch nichts stellig, auch nicht durchs Sakrament. Sakramente sind Feiern am Abgrund, Feiern einer verwegenen Hoffnung, dass das, was in der Zeit widerfährt, keinen Menschen endgültig definiert. Immerhin: Der Tod, sinnwidrig wie er ist, liquidiert mit der Existenz auch das, was geschehen war. Doch setzt sich ein glaubender Mensch dem sinnlosen Tod entgegen, ohne genau sagen zu können, was ihn dazu befähigt. Die Liebe? Die Auferweckung? Gott? Wie und welcher? Ohnmächtige Worte am Abgrund. Was bleibt, ist die Hoffnung auf Unvergeblichkeit und, wenn nötig, der Widerstand gegen deren Zerstörung.

---

[51] Richard E. Rubenstein, When Jesus Became God. The Struggle to Define Christianity during the Last Days of Rome, Orlando u. a. 1999, 89–125; Léon Poliakov, Geschichte des Antisemitismus I. Von der Antike bis zu den Kreuzzügen, Verlag Georg Heintz: Worms ^{2}1979, 56–58.

Gott im Nicht – und im Ruf am oder aus dem Abgrund, ohne Echo. Der jiddische Dichter Abraham Sutzkever, der im Widerstand im Wilner Ghetto in den Jahren 1941–1944 die Nazizeit überlebte, hat davon poetische Bilder gefasst. Gebetet und gedichtet hat er in einer Welt ohne Gott.[52] Was in ihr bleibt, ist ein Gang nach Gott und eine lebensnahe Genügsamkeit, der ein Tropfen Wein im Schabbatkrug reicht.[53] Aus dem zeitlichen Abgrund blitzt eine Überraschung auf, ein Funke, dem alles Hoffen gehört, gegenstandslos, bezugslos, unaussprechlich, all den Worten das messende Nicht-Wort, wie das Schweigen des Schabbat, das alle Schöpfungsworte still siegelt.

---

[52] Abraham Sutzkever, Gesänge vom Meer des Todes. Auswahl und aus dem Jiddischen übertragen von Hubert Witt, Zürich, 46–67.

[53] Ebd. 173.

Gegenwärtige päpstliche Initiativen
Lässt sich von Papst Franziskus lernen?

von Andreas R. Batlogg SJ

Ein Band zum Thema Missbrauch kann an Papst Franziskus nicht vorübergehen.[1] Nicht nur, weil der Bischof von Rom letztverantwortlich ist für das, was in der Kirche geschieht: was auf den Weg gebracht und was getan wurde, aber auch, was unterlassen, verschleppt oder hintertrieben wurde – und wird. Sondern auch deswegen, weil mit Franziskus eine ganz neue Seite seitens der Päpste aufgeschlagen wurde, auch wenn das für ihn persönlich mit einem längeren, durchaus schmerzhaften Lernprozess verbunden war. Er hat die Thematik geerbt, sie begleitete seinen Pontifikat von Anfang an.

1. Päpstliche Lernprozesse

Im Nachgang seiner vierten Lateinamerikareise Mitte Januar 2018 schrieb er am 8. April 2018 den chilenischen Bischöfen einen Brief. Darin heißt es:

> „Was mich betrifft, so bekenne ich – und möchte, dass Ihr es treu weitergebt –, dass ich schwerwiegende Fehler gemacht habe in der Bewertung und Wahrnehmung der

[1] Für den Druck stark gekürzte, überarbeitete und aktualisierte Fassung meiner Vorlesung „Gegenwärtige päpstliche Initiativen" vom 25. 11. 2019 an der Kath.-Theol. Fakultät der Universität Wien im Rahmen der Ringvorlesung „Sexueller Missbrauch von Minderjährigen: Verbrechen und Verantwortung" (Wintersemester 2019/20).

> Situation *(gravi errori di valutazione e percezione della situazione)*, besonders aus Mangel an wahrhaftiger und ausgewogener Information. Bereits jetzt bitte ich alle um Vergebung, die ich verletzt habe, und ich hoffe, dies in den kommenden Wochen auch persönlich tun zu können, in den Zusammenkünften, die ich mit Vertretern der befragten Personen abhalten werde."[2]

Im Nachgang seiner Reise nach Chile und Peru (Januar 2018) hatte Franziskus im Februar 2018 Erzbischof Charles Scicluna[3] und dessen Mitarbeiter Jordi Bertomeu Farnós (mit einem Zwischenstopp in New York) nach Santiago de Chile geschickt. Am 20. März überreichten sie Franziskus ihren Bericht, bald darauf griff er zur Feder. Aus dem Brief geht hervor, dass sich der Papst schlecht informiert, deutlicher gesprochen: hintergangen fühlte. Und: Dass er lernt bzw. lernfähig ist. Seinen Brief an die Bischöfe wollte Franziskus als „Reflexion" über den „inneren Weg" verstanden wissen, den er in den Wochen zuvor gegangen war:

> „Jetzt, nach einer aufmerksamen Lektüre der Protokolle dieser ‚Sondermission', glaube ich sagen zu können, dass alle in ihnen gesammelten Zeugnisse nüchtern, ohne Zusätze oder Verharmlosungen, von vielen gekreuzigten Leben sprechen, und ich bekenne euch, dass dies mir Schmerz und Scham bereitet. Im Hinblick auf all diese

---

[2] Schreiben von Papst Franziskus an die chilenischen Bischöfe (2019), online: http://w2.vatican.va/content/francesco/de/letters/2018/documents/papa-francesco_20180408_lettera-vescovi-cile.html [Stand 06.11.2020].

[3] Scicluna, seit 2015 Erzbischof von Malta, zuvor dort Weihbischof, ist seit November 2018 beigeordneter Sekretär der Glaubenskongregation. Seit 1995 arbeitet er für den Heiligen Stuhl, seit 2002 als „Promotor iustitiae" in der Glaubenskongregation, wo er sich mit den so genannten „delicta graviora" befasste. Im Januar 2005 war er vom damaligen Kurienkardinal Joseph Ratzinger mit der Untersuchung gegen den Gründer der Legionäre Christi, Marcial Maciel, beauftragt worden.

> Dinge schreibe ich Euch, die Ihr zu Eurer 115. Vollversammlung zusammengekommen seid, um demütig um Eure Zusammenarbeit und Euren Beistand zu bitten, um kurz-, mittel- und langfristige Maßnahmen zur Wiederherstellung der kirchlichen Gemeinschaft in Chile zu finden, mit dem Ziel, den Skandal soweit wie möglich wiedergutzumachen und die Gerechtigkeit wiederherzustellen."[4]

Der Papst macht unmissverständlich klar, was aus seiner Sicht der erste Schritt auf dieses Ziel zu ist: „Ich möchte Euch nach Rom einberufen, um über die Schlussfolgerungen der erwähnten Visitation sowie über meine eigenen Schlussfolgerungen zu sprechen. Ich stelle mir die besagte Begegnung als brüderlichen Augenblick vor, ohne Vorurteile oder vorgefasste Ideen, einzig mit dem Ziel, die Wahrheit in unserem Leben wieder erstrahlen zu lassen."[5] Das Signal wurde verstanden, auch von denen, die es klein redeten: Die Bischöfe wurden nach Rom zitiert.

Seine 21. Auslandsreise, die ihn vom 15. bis 21. Januar 2018 in die beiden Andenstaaten geführte hatte, galt als „Heimspiel". Aber zum ersten Mal seit Amtsantritt hielt sich der Besucherstrom in Grenzen. Presseberichte sprachen von einem „Reinfall". Ein Thema bestimmte durchgehend das öffentliche Erscheinungsbild: Sexueller Missbrauch. Überdimensionale Willkommensplakate auf Kirchen provozierten Sprayer zu ihren Kommentaren: „Pädophilie" oder „Komplizen" konnte man lesen. Auf vier Kirchen in Santiago de Chile wurden Brandanschläge verübt, kurzzeitig wurde die Nuntiatur besetzt. Demonstranten trugen Sticker mit der Aufschrift „No Barros!"

Juan Barros Madrid, im Januar 2015 gegen Bedenken der chilenischen Bischofskonferenz zum Bischof von Osorno er-

---

4 Schreiben von Papst Franziskus an die chilenischen Bischöfe.

5 Ebd.

nannt, war seit 1995 Weihbischof in Valparaíso, von 2000 bis 2004 Bischof von Iquique und dann Militärbischof. Eine bischöfliche Bilderbuchkarriere. Vorwürfe, Barros habe von jahrzehntelangem sexuellem Missbrauch Minderjähriger und junger Seminaristen durch den einflussreichen charismatischen Priester Fernando Karadima Fariña gewusst und seinen geistlichen Mentor gedeckt, wollten nicht verstummen. Karadima galt als „Erzieher" der geistlichen Elite Chiles. Er hatte sektenähnliche Strukturen aufgebaut und sich an kirchlichen Geldern bereichert. Im Februar 2011 wurde er von einem vatikanischen Gericht als Missbrauchstäter verurteilt (staatlicherseits waren die Taten juristisch verjährt) und durfte keine priesterlichen Funktionen mehr ausüben. Bei seinen Freunden stand er jedoch weiterhin hoch im Kurs. Viele seiner Schützlinge wurden Priester, drei von ihnen Bischöfe, darunter Barros.

Franziskus holte den wegen Karadima und Barros angeschlagenen Kardinal Francisco Javier Errázuriz Ossa im April 2013 in seinen engsten Beraterkreis, den Kardinalsrat (K8, später K9, jetzt K6), wo er mit den Jahren zu einer immer größeren Belastung wurde.

In Chile hatte Franziskus zunächst Lob erhalten, weil er bereits am ersten Besuchstag vor dem Diplomatischen Korps und Vertretern des öffentlichen Lebens, darunter die Staatspräsidentin, auf die Missbrauchsthematik einging: „Wir müssen den Kindern zuhören. […] Und hier kann ich nicht umhin, den Schmerz und die Scham – die Scham! – zum Ausdruck zu bringen, die ich angesichts des nicht wiedergutzumachenden Schadens empfinde, der Kindern von Geistlichen der Kirche zugefügt worden ist."[6]

---

[6] Begegnung mit Vertretern der Regierung und des öffentlichen Lebens sowie mit dem diplomatischen Korps. Ansprache des Heiligen Vaters. La Moneda-Palast (Santiago de Chile), Dienstag, 16. Jänner 2018, online: http://www.vatican.va/content/francesco/de/speeches/2018/january/documents/papa-francesco_20180116_cile-santiago-autorita.pdf. [Stand 06.11.2020].

Bei der Begegnung mit Priestern, Ordensleuten und Seminaristen in der Hauptstadtkathedrale kam er in einer Grundsatzpredigt auf die schwierige Lage zu sprechen: „Ich kenne den Schmerz, den die Missbrauchsfälle an Minderjährigen bedeutet haben und ich verfolge mit Interesse, was Ihr tut, um dieses schwere und schmerzhafte Übel zu überwinden.“[7] Seine Anteilnahme bezog sich jedoch in erster Linie auf die Institution Kirche. Außerhalb des Protokolls traf sich der Papst, wie der Vatikan danach mitteilte, in der Nuntiatur mit Missbrauchsopfern.

Zwei Tage später, auf dem Flug nach Iquique, verteidigte er Barros. Es lägen keine belastbaren Beweise vor, deswegen gelte die Unschuldsvermutung. Selbst manche Bischöfe wunderten sich darüber. Der Erzbischof von Boston, Kardinal Sean O'Malley OFMCap., Präsident der Päpstlichen Kommission für den Schutz von Minderjährigen sowie Mitglied des K9-Rates, sah sich genötigt, den Papst öffentlich zu kritisieren. Auch in Peru lag die Thematik wie ein Schatten über dem Papstbesuch. Missbrauchsopfer brachten an einem Hochhaus in Lima ein riesiges Plakat an, das auf die umstrittenen Äußerungen von Franziskus auf Barros anspielte und neben dem Papst auch Luis Fernando Figari Rodrigo zeigte, der 1971 die Gemeinschaft „Sodalicio de Vida Cristiana“ (SVC) gegründet hatte und (ähnlich wie Marcial Maciel) ein Doppelleben führte.

Die Fliegende Pressekonferenz auf dem Rückflug nach Rom (21. Januar) wurde ebenfalls vom Thema dominiert – sowohl von der Gemeinschaft „Sodalicio“, die eine Woche vor dem Papstbesuch unter die kommissarische Leitung eines kolumbianischen Bischofs gestellt worden war, als auch von Bischof Bar-

---

[7] Begegnung mit Priestern, Ordensleuten, Geweihten und Seminaristen. Ansprache des Heiligen Vaters. Kathedrale von Santiago de Chile, Dienstag, 16. Jänner 2018, online: http://www.vatican.va/content/francesco/de/speeches/2018/january/documents/papa-francesco_20180116_cile-santiago-religiosi.html [Stand 06.11.2020].

ros. Franziskus antwortete zu beiden Causae ausführlich. Er entschuldigte sich für seine Wortwahl während der Reise, wollte Barros jedoch im Amt behalten: „Ich bin überzeugt, dass er unschuldig ist“. Der Papst gab aber auch Kardinal O'Malley Recht. Das Mandat der Kommission werde fortgesetzt, an der Null-Toleranz-Politik seines Vorgängers Benedikt wolle er festhalten.

Dass der Papst – rhetorisch – zurückruderte, sich bei Missbrauchsopfern entschuldigte, sagt etwas über sein Amtsverständnis aus: Ein Papst kann Fehler machen, er kann sich im Tonfall vergreifen. Ob er daraus lernt? Der ZDF-Journalist Jürgen Erbacher kommentierte in seinem Blog unmissverständlich, dass Franziskus „durch unsensibles Agieren die Situation noch verschärft“[8] habe. Zurück in Rom schaute Franziskus in der Generalaudienz vom 24. Januar noch einmal auf seine Reise zurück. Er zog eine positive Bilanz – und eckte so erneut an.

2. Das Thema Missbrauch wird zur Chefsache

In seinem Brief vom 8. April an die chilenischen Bischöfe fällt der Name Barros zwar nicht. Doch inzwischen war bekannt geworden, dass Franziskus bei seiner Ernennung zum Bischof von Osorno im Januar 2015 ein Dossier der Glaubenskongregation vorgelegen hatte, das Barros Mitwisserschaft an Karadimas Übergriffen attestiert hatte. Der Papst hat also nicht sorgfältig genug hingeschaut. Juan Carlos Cruz, eines der prominentesten Karadima-Opfer, mit dem sich Scicluna in New York getroffen hatten, sprach von einem „schlechten Einfluss“, den Kardinal Errázuriz Ossa im K9-Rat auf den Papst ausübe. Jürgen Erba-

[8] Chile: Papst gesteht schwere Fehler ein (2018), online: http://blog.zdf.de/papstgefluester/2018/04/12/chile-papst-gesteht-schwere-fehler-ein/ [Stand 06.11.2020].

cher schrieb in seinem Blog: „Es gibt Beobachter, die in der Causa Barros und in dem Besuch im Januar einen Wendepunkt im Pontifikat ausmachen wollen. Ob das so sein wird, hängt vom weiteren Krisenmanagement im Vatikan ab.“[9]

Der Papst nahm das Heft jetzt selbst in die Hand. Der 2300 Seiten starke Scicluna-Bericht, der 64 Zeugenaussagen protokolliert, hat ihm die Augen endgültig geöffnet. Im Mai 2018 reisten die chilenischen Bischöfe nach Rom. Zum Auftakt ihrer Beratungen übergab ihnen der Papst einen zehnseitigen Brief zur Meditation, der unter dem Eindruck eines zuvor arrangierten Treffens mit Missbrauchsopfern entstanden war. Seine Botschaft war eindeutig: Er erwarte personelle Konsequenzen. Die gab es auch, am letzten Tag der Beratungen, die mit einem Knalleffekt endeten: Die gesamte Bischofskonferenz bot Franziskus als „Geste der Kollegialität und Solidarität“ ihren Rücktritt an. Sie wollten damit einen Neubeginn ermöglichen – gedacht als eine vertrauensbildende Maßnahme.

Zum einen lag der Ball damit beim Papst. Zum anderen wurde damit auch ein Signal gegeben: Es gibt nicht nur ein individuelles Versagen durch Vertuschen. Es gibt strukturelle Probleme. Personelle Konsequenzen allein lösen nicht alles. Dass Franziskus alle Bischöfe ablösen würde, war zwar unwahrscheinlich, da er in so kurzer Zeit nicht über zwei Dutzend neue Bischöfe ernennen würde können. Im Lauf der nächsten Monate sollte er aber neun Rücktritte akzeptieren. Neben der Frage seiner persönlichen Glaubwürdigkeit hat Franziskus auch verstanden, dass der Schutz der Institution, die primäre Sorge ums Image der Kirche, der falsche Weg ist. Am 11. Juni 2018 nahm Franziskus auch den Rücktritt von Bischof Juan Barros an. In einem Kommuniqué des Vatikans vom 28. September 2018 wurde dann die tags zuvor verfügte, sofort rechts-

---

[9] Ebd.

wirksam gewordene Entlassung von Karadmia aus dem Klerikerstand (Laisierung) bekanntgegeben. Das ist die härteste Strafe, die gegen einen Priester nach Kanon 313 (CIC/1983) verhängt werden kann. Die Null-Toleranz-Politik gilt. Sie ist für Franziskus nicht verhandelbar. Und sie macht auch nicht vor hohen Amtsträgern in der Kirche Halt.

Im Frühjahr 2019 erhielten drei von Karadimas Missbrauchsopfern nach einer Justiz-Odyssee von einem chilenischen Gericht hohe Schadensersatzzahlungen zugesprochen. Die Erzdiözese Santiago wurde verurteilt, jedem Opfer sechsstellige Summen zu zahlen. Sie legte keine Berufung gegen das Urteil ein. Im Vorfeld seiner Reise zum Weltfamilientreffen in Dublin (25. /26. August 2018) und unter dem Eindruck eines erschütternden Berichtes über jahrzehntelangen systematischen Missbrauch in sechs Diözesen im US-Bundesstaat Pennsylvania griff Franziskus dann zu einem weiteren drastischen Mittel[10]. Er verfasste ein mit 20. August 2018 datiertes „Schreiben an das Volk Gottes“, in welchem er in aller Deutlichkeit auf den strukturellen Zusammenhang zwischen sexuellem Missbrauch sowie Macht- und Gewissensmissbrauch hinwies. Er beklagte darin auch „Komplizenschaft“. „Klerikalismus“ und „Selbstherrlichkeit“ in der Kirche würden Missbrauch fördern und begünstigen:

> „Mit Scham und Reue geben wir als Gemeinschaft der Kirche zu, dass wir nicht dort gestanden haben, wo wir eigentlich hätten stehen sollen, und dass wir nicht rechtzeitig gehandelt haben, als wir den Umfang und die Schwere des Schadens erkannten, der sich in so vielen Menschenleben

---

[10] Dieser Brief hat eine gewisse historische Vorlage aus dem Jahr 2010. Benedikt XVI. hatte sich am 19. März 2010 in einem Brief an die Katholiken Irlands gewandt und dabei auch das Versagen der Bischöfe eingestanden, die er zuvor – im Februar 2010 – nach Rom zum Rapport einbestellt hatte.

auswirkte. Wir haben die Kleinen vernachlässigt und allein gelassen. […] Es ist unumgänglich, dass wir als Kirche die von Ordensleuten und Priestern begangenen Gräueltaten wie auch die von all jenen, die den Auftrag hatten, die am meisten Verwundbaren zu behüten und zu beschützen, anerkennen und mit Schmerz und Scham verdammen. Wir bitten um Vergebung für die eigenen und für die Sünden anderer. Das Bewusstsein der Sünde hilft uns, die Fehler, die Vergehen und die in der Vergangenheit verursachten Wunden anzuerkennen, und es gestattet uns, uns zu öffnen und in der Gegenwart stärker für einen Weg erneuerter Umkehr einzusetzen."[11]

3. Franziskus und seine „Lettere della tribulazione" (1987/2019)

Los wurde, los wird der Reformpapst Franziskus das Thema Missbrauch nicht. Es beansprucht ihn, auch zeitlich gesehen, über die Maßen. Ein systemisches Problem, ein selbst-, also ein zugleich kulturell ererbtes und im eigenen Kirchenhaus verschärftes Problem wird daran sichtbar. Und das Phänomen ist keineswegs bloß die Summe von Einzelfällen oder eine mediale Erregung, wie manche mit Verweis auf Missbrauch in Familien, Bildungs-, Sport- oder Freizeiteinrichtungen immer noch unaufhörlich meinen behaupten zu sollen.

Benedikt XVI., der schon als Präfekt der Glaubenskongregation gegen Missbrauch vorgegangen war und als Papst Hunderte Laisierungen betrieb, ist daran fast zerbrochen. Wie auch immer man zu dem Dokumentarfilm „Verteidiger des Glaubens" von

[11] Schreiben des Papstes an das Volk Gottes (2018), online: http://w2.vatican.va/content/francesco/de/letters/2018/documents/papa-francesco_20180820_lettera-popolo-didio.html [Stand 06.11.2020].

Christoph Röhl steht[12]: Was Doris Wagner und Marie Collins oder Klaus Mertes SJ und Tablet-Korrespondentin Christa Pongratz-Lippitt, Hermann Häring und Wolfgang Beinert, der suspendierte irische Priester Tony Flanery oder der amerikanische Dominikaner und Kirchenrechtler Thomas P. Doyle, die beiden Ex-Legionäre Xaver Leger und Pablo Perez darin sagen, überzeugt und beschämt – bei allen Einseitigkeiten, die jedoch auch Erzbischof Georg Gänswein, Benedikts Privatsekretär, nicht mit nachgeschobenen Interviews wegwischen konnte.[13]

Die *Chronique scandaleuse* wäre ständig zu aktualisieren[14]: Kardinal George Pell, im Vatikan für Finanzfragen zuständig und Mitglied des K9-Rates: verurteilt, auch wenn er in Berufung gegangen ist und später enthaftet wurde; Kardinal Philippe Barbarin (Lyon): sechs Monate Bewährungsstrafe, nach einer Auszeit trat er als Erzbischof zurück; Kardinal Theodore E. McCarrick (Washington): zwangsweise in den Laienstand zurückversetzt; die amerikanischen Bischöfe: vom Papst verordnete Exerzitien, um zusammen mit dem Prediger des Päpstlichen Hauses, dem Kapuziner Raniero Cantalamessa, der aus Rom anreiste, über die „Kultur des Missbrauchs" nachzudenken, nachdem der „Pennsylvania-Bericht" neue grauenhafte Details zutage gefördert hatte. Die Liste ließe sich fortsetzen …

2019 erschien das Buch „Lettere della tribolazione", herausgegeben von den beiden Jesuiten Antonio Spadaro und Diego Fa-

---

[12] Vgl. Christoph Röhl, Ratzingers blinder Fleck, in: StZ 237 (2019) 723–733; Godehard Brüntrup, Röhls Ratzinger, in: ebd. 735–736; Volker Resing, Am kalten Büffet, in: HerKorr 73 (2019/11) 52; Bert Rebhandl, Ein Kardinal, der alle kannte, in: FAZ, 01.11.2019, 9; Clemens Hermann Wagner, Die gefährliche Tragik der Theologie Joseph Ratzingers – „Verteidiger des Glaubens" (2019), online: https://www.feinschwarz.net/verteidiger-des-glaubens/ [Stand 06.11.2020].

[13] Vgl. dazu Stephan Langer, Joseph Ratzinger – im Dokumentarfilm, in: CiG 71 (2019) 499.

[14] Vgl. Andreas R. Batlogg/Paul M. Zulehner, Der Reformer. Von Papst Franziskus lernen – ein Appell, Würzburg ^{2}2020 (2019), 45–73.

res von der italienischen Jesuitenzeitschrift „La Civiltà Cattolica". Der österreichische Jesuit Andreas Falkner, der im April 2020 am Coronavirus verstorben ist, hat das Buch ins Deutsche übersetzt.[15] Es enthält ein Vorwort von Jorge Mario Bergoglio SJ aus dem Jahr 1987 – zu einer Sammlung von acht Briefen, die zwei Generalobere der Gesellschaft Jesu verfasst haben: Sieben stammen von Lorenzo Ricci, der 1773 die Aufhebung des Ordens erlebte, einer von Jan Roothaan, der nach der Wiederherstellung des Ordens 1814 diesen leitete und stabilisierte. Es geht Bergoglio, der damals gerade von einer Sabbatzeit in Deutschland nach Argentinien zurückgekehrt war, darum, in diesen Briefen eine „Lehre aus der Bedrängnis", aus institutioneller Trostlosigkeit, herauszufiltern – also eine „Unterscheidung der Geister" zu versuchen. Das ist der erste Teil: Bedrängnis und Notlage von gestern. Der zweite Teil des Buches beschäftigt sich mit „Bedrängnis und Not von heute": vier Briefe an die Kirche in Chile vom 8. April, 15., 17. und 31. Mai sowie der Brief an das Volk Gottes vom August 2018. Diese Briefe thematisieren ausschließlich sexuellen Missbrauch – und wie Vertrauen wiederhergestellt werden könnte. Wichtig ist für Franziskus dabei die Selbstanklage.

Das Buch zeigt, dass hier ein Papst viel Zeit, viel Kraft und viel Phantasie investiert, um einem Problem schonungslos zu begegnen.[16] Wie ein Ordensoberer, der sich seine Untergebenen zur Brust nimmt. Das ist seine Methode. An dieser Veröffentlichung lässt sich aus meiner Sicht auch eindrücklich ablesen, wie der Papst sein Hirtenamt wahrnimmt – in diesem Fall kompromisslos, direkt, fast brutal.[17] Weil Bischöfe individuell und als Bi-

---

[15] Jorge Mario Bergoglio/Franziskus, Briefe in Bedrängnis. Trost in Zeiten der Not. Deutsche Fassung hg. v. Andreas Falkner, Würzburg 2020.

[16] Vgl. Andreas R. Batlogg, Der Papst in Bedrängnis. Ist ein Papst gegen Traurigkeit und Resignation gefeit? Darf er verzweifelt sein? Depressiv? Wie der Papst mit Trost und Trostlosigkeit umgeht, in: CiG 72 (2020) 373–374.

[17] Vgl. Ders., Nachwort: Sehen (lernen), wie Papst Franziskus „tickt". Der

schofskonferenz versagt haben. Daran lässt sich erkennen, was unter neuere päpstliche Initiativen zu subsumieren ist. Beim Thema Missbrauch lässt der Papst nicht locker – nicht in Chile, nicht in Irland, nicht in den USA. Das Thema ist ein globales Phänomen und ein globales Problem. In Österreich und in Deutschland ist die Kirche weltweit Vorreiterin in der Aufarbeitung – bei allen Defiziten und kritischen Anfragen, die es auch geben mag.

4. Was ist zwischen 2013 und 2020 passiert?

Spätestens seit dem fünften Jahrestag seiner Wahl (2018) konnte man hyperkritische Analysen zur Amtsführung von Franziskus lesen: Alles nur „Symbolpolitik"? Nach dem Kinderschutzgipfel von 2019 gab es Stimmen, die sich bereits wie Nachrufe lasen. Die „Leistung" dieses Pontifikats, den Einsatz des Papstes summarisch in Erinnerung zu rufen, ist nicht schwer:

1. Am 5. April 2013, drei Wochen nach seiner Wahl, hat Franziskus den damaligen Leiter der Glaubenskongregation, Erzbischof Gerhard Ludwig Müller, gebeten, seine Behörde möge den unter Benedikt eingeschlagenen Kurs weiter verfolgen und entschlossen gegen Missbrauch vorgehen. Es gibt dazu ein Kommuniqué.

2. Am 5. Mai 2013 wandte sich der Papst erstmals bei einem Angelus-Gebet direkt an Missbrauchsopfer.

3. Am 22. März 2014 errichtete Franziskus eine Kinderschutzkommission, der 18 Mitglieder angehören können; darunter sind Opfer, Theologen, Sozialarbeiter, Psychotherapeuten und Rechtsexperten. Präsident ist Kardinal O'Malley. Die erste Tagung war im Februar 2015.

päpstliche Krisenmodus speist sich aus der Spiritualität des Jesuitenordens, in: Bergoglio/Franziskus, Briefe in Bedrängnis, 207–240.

4. Am 7. Juli 2014 hat sich Franziskus erstmals mit sechs Missbrauchsopfern getroffen, darunter zwei Deutsche. Die Einzelgespräche dauerten je 30 Minuten.

5. Im November 2014 erhielt die Glaubenskongregation ein neues Gremium, um die dort angesiedelten Missbrauchsfälle zügiger und effizienter zu bearbeiten. Leiter wurde der damalige Weihbischof Charles Scicluna.

6. Am 2. Februar 2015 veröffentlichte Franziskus einen Brief zur bevorstehenden Tagung der Kinderschutzkommission am 6. und 7. Februar 2015. (Im März 2017 verließ Marie Collins, selbst Missbrauchsopfer, die Kommission.)

7. Am 10. Juni 2015 wurde ein neuer Gerichtshof für Missbrauchsfälle eingerichtet. Als Begründung wurde angegeben, dass die Bischöfe bisher nicht konsequent genug Missbrauchsfällen nachgegangen seien. Wenn Bischöfe straffällig gewordene Priester schützen, sollen sie zur Verantwortung gezogen werden. Dafür wurde, auf Vorschlag der Kinderschutzkommission, das Kirchenrecht geändert bzw. ergänzt, nachdem dieser Vorschlag zuvor den Kardinalsrat durchlaufen hatte.

8. Während seiner USA-Reise traf Papst Franziskus am 27. September 2015 in Philadelphia fünf Missbrauchsopfer.

9. In seinem Brief an die Bischöfe der Weltkirche zum 28. Dezember 2016, dem Tag der Unschuldigen Kinder, erwähnt Franziskus den sexuellen Missbrauch von Kindern und spricht von der Sünde des Vertuschens und Leugnens sowie der Sünde des Machtmissbrauchs.

10. Am 21. September 2017 bekräftigt der Papst bei einer Audienz für die Mitglieder der Kinderschutzkommission die Null-Toleranz-Politik der Kirche.

11. Über das unsensible Verhalten in Sachen Barros und was daraus folgte, im Februar und im Mai 2018, war bereits weiter oben zu lesen.

12. Im August 2018 gab es einen Papstbrief an das Volk

Gottes im Umfeld des Weltfamilientages in Dublin. Vor Vertretern des öffentlichen Lebens wie vor Bischöfen sprach Franziskus das Thema Missbrauch am 25. und 26. August direkt an.

13. In seiner Weihnachtsansprache an die Römische Kurie am 21. Dezember 2018 kam Franziskus auch auf die „Plage" des Missbrauchs zu sprechen.

14. Auf den Kinderschutzgipfel vom 21. bis 24. Februar 2019, zu dem alle Vorsitzenden der nationalen Bischofskonferenz verpflichtend eingeladen waren, ist unten ausführlicher einzugehen.

15. Am 9. Mai 2019 wurde das mit 7. Mai datierte Motu proprio „Vos estis lux mundi" veröffentlicht, mit dem der Papst als universaler Gesetzgeber neues Recht schuf. Bisherige Straftatbestände, die v. a. auf Priester bezogen waren, wurden auf Ordensangehörige ausgeweitet, die keine Kleriker sind. Nicht nur Kinder, sondern Minderjährige und Schutzbefohlene traten in den Fokus. Kardinäle, Patriarchen, Bischöfe, Nuntien, Generalobere und Äbte werden hinsichtlich Pflichtverletzungen angesprochen. Binnen eines Jahres sollen von allen Bischofskonferenzen verbindliche Meldesysteme für Missbrauchsfälle vorliegen. Verfahren sollen zügiger abgeschlossen werden. Dieses Schreiben des Papstes erweitert zwei frühere, nämlich das Motu proprio „Come una madre amorevole" vom 4. Juni 2016 und das Motu proprio „Sulla protezione dei minori e delle persone vulnerabili" vom 26. März 2019.

16. Am 1. Juni 2019 erließ der Papst neue Normen für den Schutz Minderjähriger im Vatikan (Ministranten und Chorsänger). Neu dabei: die Anzeigepflicht, die Prüfung von Stellenbewerbern und die Pflicht zu betrieblichen Fortbildungen. Diese Normen gehören jetzt zum staatlichen Recht im Vatikanstaat. Wer Meldungen verschleppt oder unterlässt, wird mit Geldstrafen belegt. Säumigen Justizbeamten droht Haft. Beschuldigten wird ein rechtsstaatliches Verfahren und eine Strafe nach dem

Grundsatz der Verhältnismäßigkeit zugesichert. Zu Unrecht Verdächtigte haben Anrecht auf Rehabilitation. Wer verurteilt wird, verliert seinen Kurienjob.

17. Das „secretum pontificium" wurde knapp vor Weihnachten 2019 in einem päpstlichen Reskript abgeschafft, aus der Sicht von Charles Scicluna ein „Meilenstein".

18. Damit es nicht bei Absichtserklärungen bleibt, sah „Vos estis lux mundi" verpflichtend vor, dass alle Bischofskonferenzen bis Februar 2020 Ergebnisse vorlegen müssen: Es sollten verbindliche Meldesysteme für Missbrauchsfälle erarbeitet werden. Die seit Frühjahr 2020 grassierende weltweite Corona-Pandemie hat dieses Vorhaben ins Stocken geraten lassen. Die Uhr tickt aber, und es kann kein ernsthafter Zweifel daran bestehen, dass Franziskus diese Forderung einklagen wird.

Päpstliche Dokumente, die bis Johannes Paul II. zurückreichen, Ansprachen, Predigten, Briefe, Motu proprios, Stellungnahmen und Kommentare sind sehr übersichtlich auf einer eigenen Website des Vatikans einsehbar.[18] Selbst die Veränderungen bei den „Normae de gravoribus delcitis" sind minutiös aufgelistet. Wer die Bemühungen von Papst Franziskus negativ beurteilt, sollte fairerweise nachschauen, was alles auf den Weg gebracht wurde. Dass Maßnahmen oft nicht greifen, halbherzig umgesetzt oder verschleppt werden, ist eine andere Seite der Medaille.

---

[18] Missbrauch von Minderjährigen. Stellungnahme der Kirche, online: http://www.vatican.va/resources/index_ge.htm [Stand 06.11.2020].

5. Der Kinderschutzgipfel im Vatikan (Februar 2019)

Das Treffen wurde vielfach kleingeredet. Franziskus hatte über 190 Kardinäle, Patriarchen, Erzbischöfe und Bischöfe sowie Ordensobere zusammen mit vatikanischen Behördenleitern, Experten und – leider nur einigen wenigen – Opfern in den Vatikan einbestellt, um den Skandal des sexuellen Missbrauchs und sexualisierter Gewalt durch Kleriker anzusprechen. Opferberichte, Referate, Arbeitsgruppen und ein Bußgottesdienst standen auf der Tagesordnung. Man konnte die Tagung quasi in Echtzeit im Internet mitverfolgen. Moderiert wurde das Treffen von Federico Lombardi SJ.

Die Erwartungen seitens der Öffentlichkeit waren immens und wurden im Vorfeld, auch vom Papst selbst oder von den Kardinälen Christoph Schönborn OP und Reinhard Marx, heruntergeschraubt. Es ging primär um Bewusstseinsbildung. Beim Wort „Missbrauch“ dachten bis dahin etliche afrikanische Bischöfe an Korruption. Das Signal von Franziskus in seiner kurzen Einführung zum Auftakt der Konferenz war unmissverständlich:

> „Auf unserem Treffen lastet das Gewicht der pastoralen und kirchlichen Verantwortung, die uns verpflichtet, gemeinsam auf synodale, aufrichtige und gründliche Weise darüber zu diskutieren, wie wir diesem Übel entgegentreten können, das die Kirche und die Menschheit heimsucht. Das heilige Volk Gottes schaut auf uns und erwartet von uns nicht einfache selbstverständliche Verurteilungen, sondern konkrete und wirksame Maßnahmen, die zu erstellen sind. Es braucht Konkretheit.“[19]

---

[19] Treffen „Der Schutz von Minderjährigen in der Kirche“ [Vatikan, 21.–24. Februar 2019]. Ansprache des Heiligen Vaters (2019), online: http://w2.vatican.va/content/francesco/de/speeches/2019/february/documents/papa-francesco_20190

Der Papst legte eine Liste mit 21 Punkten vor: „Kriterien“ bzw. „Denkanstöße“. Sie fassten zusammen, was bei ihm in den Monaten zuvor an Vorschlägen aus der Weltkirche eingegangen war. In seiner Grundsatzrede zum Abschluss der Tagung, am Ende einer Eucharistiefeier, holte Papst weit aus.[20] Zu weit, wie selbst von Bischöfen bedauert wurde. Dieser Kritik schließe ich mich an. Denn konkrete Schritte fehlten, womit der Papst hinter seiner am Anfang gemachten Richtungsvorgabe zurückblieb. Dass er selbst während der gesamten Konferenz anwesend war, dass ein stiller und nachdenklicher Papst erlebt wurde, der aber auch intervenieren konnte und einzelne Stellungnahmen eigens lobte, sollte nicht unterschätzt werden. Auch der Papst macht(e) einen schwierigen Lernprozess durch!

Das Ziel, weltweit dasselbe Problembewusstsein unter Bischöfen herzustellen, ist erreicht worden: Opfer in den Mittelpunkt zu stellen (und nicht Imagekampagnen für die Kirche), kompromisslose und transparente Aufklärung, einheitliche Standards bzw. Leitlinien für die Aufarbeitung, Änderungen bei der Priesterausbildung … Dass sich noch am Abend nach Abschluss des Gipfels das Organisationskomitee mit Kurienvertretern traf, um einen Fahrplan für die Umsetzung von Maßnahmen zu entwickeln, die zur Sprache gekommen waren, ging in der Presse weitgehend unter.

Auch wenn dieser Gipfel keine Beschlüsse fasste und der Papst nicht das von vielen erwartete ultimative „Machtwort“ sprach: Übersehen wird oft, dass der Papst eigentlich kaum mehr tun kann, als Anstöße zu geben und dass er sehr darauf setzt, dass in den Ortskirchen Impulse und Anregungen weiter-

221_incontro-protezioneminori-apertura.html#EINFUEHRUNG_DES_HEILI GEN_VATERS_ [Stand 06.11.2020].

[20] Ebd.

geführt werden.[21] Das ist freilich ein ganz anderes Leitungsverständnis als ein monarchisch-absolutistisches, das Bischöfe zu Befehlsempfängern und Exekutoren von Anweisungen aus der Zentrale in Rom macht. Bernd Hagenkord SJ, der langjährige Leiter der deutschsprachigen Sektion von *Radio Vatikan*, meinte:

> „Der Papst hat ja nicht eigene Denkanstöße weitergegeben. Der Papst hat gesammelt, was aus den Bischofskonferenzen und aus der Welt zu ihm gekommen ist und das quasi als Sammlung zurückgegeben. […] Es gibt keine Beschlüsse. Es gibt nur einige Themen, wo ich sagen würde, die kristallisieren sich heraus und die muss man angehen. Je nach Kultur und Rechtslage ist das natürlich immer wieder verschieden. Wichtig ist sicherlich das ‚secretum pontificum', was oft als päpstliches Geheimnis übersetzt wird – also der Vorbehalt, dass etwas vertraulich bleibt, wenn Rom involviert ist. Da ist die Überlegung, ob man da nicht anders herangeht."[22]

Auf den Gipfel im Februar folgten neue Skandale, etwa die Erschütterung über die *Arte*-Dokumentation über die Vergewaltigung und den Missbrauch von Ordensfrauen weltweit.

---

[21] Vgl. dazu meine Überlegungen: Andreas R. Batlogg, Offene Herausforderungen für Weltklerus, Klöster und Orden. Bewusstseinsbildung heißt: Reden!, in: Konrad Hilpert/Stephan Leimgruber/Jochen Sautermeister/Gunda Werner (Hg.), Sexueller Missbrauch von Kindern und Jugendlichen im Raum der Kirche. Analysen – Bilanzierungen – Perspektiven (= QD 309), Freiburg i. Br. 2020, 399–415.

[22] Zum Abschluss des Anti-Missbrauchsgipfels. „Erfolg muss sich noch zeigen" (2019), online: https://www.domradio.de/themen/sexueller-missbrauch/2019-02-24/zum-abschluss-des-anti-missbrauchsgipfels [Stand 06.11.2020]. – Hagenkord war damals noch Redaktionsleiter bei *Vatican News*.

6. Verspieltes Reformpotential?

Hat dieser Papst noch Reformkraft? Hat er es verspielt? Manche haben Franziskus endgültig abgeschrieben – egal, welche Initiativen, welche Gesten, welche Zeichen er setzt, welche Dokumente er veröffentlicht, egal, was er sagt, was er predigt. Obwohl es da und dort ordentlich brodelt: Dieser Papst hat Brücken gebaut, Wege gewiesen, Knoten gelöst. Auch beim Thema Missbrauch. Und zwar deshalb, weil er sich davon berühren lässt. Begegnungen mit Missbrauchsopfern genügen natürlich nicht, so sehr sich hier Franziskus regelmäßig engagiert. In seinem mit 6. Dezember 2016 datierten Vorwort zum Buch des Schweizer Missbrauchsopfers Daniel Pittet, den er 2015 kennengelernt hatte, versteckte Franziskus seine Wut und seine Empörung gar nicht erst: „Es handelt sich hier um eine absolute Ungeheuerlichkeit, eine schreckliche Sünde, die allem widerspricht, was die Kirche lehrt.“[23] Was Franziskus als Papst erlebt und indirekt zu verantworten hat, lastet schwer auf seiner Seele. Einen hörenden, einen mitfühlenden Papst haben wir in Franziskus. Auch einen handelnden Papst – selbst wenn das nicht immer so gesehen wird, selbst wenn nicht alles in die Öffentlichkeit gelangt, was er tut. Von Papst Franziskus lässt sich – das ist meine volle Überzeugung – nach wie vor lernen!

Literarische „Bekenntnisse“ prominenter Betroffener wie zuletzt die des österreichischen Schriftstellers Josef Haslinger („Mein Fall“, 2020) oder die Novelle des Wiener Fundamentaltheologen Wolfgang Treitler („Sehr gut“, 2018) erregen oft mehr Interesse als die Zeugnisse „kleiner“ Opfer, die nicht in der Öffentlichkeit stehen. Mir persönlich hat zuletzt das Buch „Giulia und der Wolf“ (2020) sehr geholfen: die Schilderungen einer

---

[23] Papst Franziskus, Vorwort, in: Daniel Pittet, Pater, ich vergebe euch! Missbraucht, nicht zerbrochen. Freiburg i. Br. 2017, 7–9, 8.

anonym bleibenden, schwer traumatisierten Frau, die sich der Journalistin Luisa Bove anvertraut hat. „Man muss nur den Mut haben, es auszusprechen, und den Anstand, zuzuhören“[24]: Dieser kurze Satz ging mir lange nach. Jenseits individueller Missbrauchsberichte wird immer deutlicher, dass es neben Sanktionen und Präventionsmaßnahmen auch eine „Theologie des Missbrauchs“ braucht, wie sie von verschiedenen Seiten in Angriff genommen wurde.

[24] Luisa Bove, Giulia und der Wolf. Die Geschichte eines sexuellen Missbrauchs in der Kirche, Innsbruck 2020, 8.

Prävention als Ziel der Priester-Aus- und -Weiterbildung
Der Beitrag der Theologie

von Johann Pock

Eine Katholische-Theologische Fakultät trägt traditionell mit ihren angebotenen Studien wesentlich zur Ausbildung von pastoralem Personal, speziell auch von Priestern bei. Wenn auch der Anteil der Priesteramtskandidaten an der Gesamtzahl der Studierenden in den letzten Jahren prozentuell stark zurückgegangen ist und die Mehrzahl der Theologiestudierenden mittlerweile den Lehramtsberuf anstrebt, so gehört die Priesterausbildung bzw. auch –weiterbildung (vor allem im Bereich des Doktoratsstudiums) weiterhin zu einem Kernbereich ihres Handelns.

Der folgende Beitrag geht der Frage nach: *Was kann die Theologie bzw. eine Katholisch-Theologische Fakultät, die Personen für seelsorgliche Berufe ausbildet, zur Diskussion um den Missbrauch und seine Prävention beitragen?*

Dass das Thema höchst aktuell ist und auch in der theologisch-wissenschaftlichen Literatur große Aufmerksamkeit erfährt, zeigen die vielen wissenschaftlichen Publikationen der letzten beiden Jahre,[1] auf die im Folgenden explizit Bezug genommen wird.

---

[1] An dieser Stelle sei verwiesen auf: Matthias Remenyi/Thomas Schärtl (Hg.), Nicht ausweichen. Theologie angesichts der Missbrauchskrise, Regensburg 2019; Julia Gebrande/Claudia Bowe-Traeger, Machtmissbrauch in der katholischen Kirche. Aufarbeitung und Prävention sexualisierter Gewalt, Hildesheim u. a. 2019; Magnus Striet/Rita Werden, Unheilige Theologie. Analysen angesichts sexueller Gewalt gegen Minderjährige durch Priester (= Katholizismus im Umbruch 9), Freiburg i. Br. 2019; Konrad Hilpert/Stephan Leimgruber/Jo-

1. Priesterbilder und ihre Konsequenzen

Mein erster Blick richtet sich auf den möglichen Zusammenhang von Priesterbildern mit dem Missbrauchsthema. Meine These lautet: Die Vorstellungen, was und wer denn ein Priester sei – auf Seiten der Priester, auf Seiten des kirchlichen Lehramts und auch auf Seiten der Gläubigen –, hat einen großen Einfluss darauf, Missbrauch zu ermöglichen oder zu verhindern.

1.1. Die „Sakralisierung" bzw. Überhöhung von Priestern – und der notwendige „Abschied vom Hochwürden"

„In Hunderten von Jahren hat die Theologie ein Priesterbild aufgebaut, implementiert und stark gemacht, das uns heute zum Verhängnis wird. Der Priester [...] als ein unantastbarer Halbgott, der ‚in persona Christi' handelt, der einen himmlischen Nimbus hat, ein reiner und besserer, keuscher und mit einem heiligen Auftrag ausgestatteter Mann – Hochwürden eben –, das ist das Priesterbild der katholischen Kirche."[2] So formuliert pointiert Christina Rietz.

Immer noch werden Priester hervor- und emporgehoben, gerade in symbolischen Akten. In der Priesterweihe ist einer der zentralen Akte die sogenannte „Prostratio", wobei durch das Ausstrecken der Weihekandidaten am Boden die ganzkörperliche Hingabe an den Dienst ausgedrückt wird. Der Priester liegt dabei nicht nur vor Gott oder vor seinem Bischof, sondern auch vor dem Volk, für das er zum Priester geweiht wird. Zu-

---

chen Sautermeister/Gunda Werner (Hg.), Sexueller Missbrauch von Kindern und Jugendlichen im Raum von Kirche. Analysen – Bilanzierungen – Perspektiven (= QD 309), Freiburg i. Br. 2020.

[2] Christina Rietz u. a., Missbrauch in der Kirche. Braucht es eine neue Theologie?, in: Die Zeit, 5.4.2019 (15/2019), online: https://www.zeit.de/2019/15/missbrauch-kirche-theologie-vatikan-aufatmen [Stand 13.7.2020].

gleich wird in diversen Primizfeiern der Priester jedoch immer noch weit aus dem Volk emporgehoben – zum Teil auch gegen den Willen mancher Neupriester.[3]

Auch bei jungen Priestern herrschen teilweise Priesterbilder vor, die den Priester als etwas Besonderes und im Vergleich zu den Laien Verehrungswürdigeres ansehen. Es wird die „wesenhafte Andersartigkeit" der Priester benannt – und darin eine Christusrepräsentanz gesehen, die weniger vom dienenden und leidenden Christus her verstanden wird, als vielmehr vom lehrenden und vor allem mit Vollmacht ausgestatteten Christus.

Judith Müller bringt eine pointierte Sicht auf gängige Priesterbilder. Als ein Beispiel nennt sie:

> „Ein Neupriester, geweiht im Frühsommer 2019, präsentiert sich auf seinem Primizbild als ‚Priester Jesu Christi' – und zwar ausschließlich. Die Rückseite des Bildes füllt ein Gebet der hl. Therese von Lisieux (1873–1897). Ganz in der Denkwelt der neuscholastischen Priesterkonzeption des 19. Jahrhunderts bittet das Gebet ‚Jesus, den ewigen Hohenpriester für Seine Priester': ‚Bewahre unbefleckt ihre gesalbten Hände, die täglich Deinen heiligen Leib berühren. Bewahre rein die Lippen, die gerötet sind von Deinem kostbaren Blute. Bewahre rein und unirdisch ihre Herzen […] schütze sie vor der Ansteckung der Welt. Gib ihnen mit der Wandlungskraft über Brot und Wein auch die Wandlungskraft über die Herzen.'"[4]

Hier geschieht Sakralisierung – und eine solche Sakralisierung enthebt aus Sicht mancher Priester und Gläubigen den Priester

---

[3] Vgl. zu Primizbräuchen: https://austria-forum.org/af/Wissenssammlungen/ABC_zur_Volkskunde_Österreichs/Primiz [Stand 9.11.2020].

[4] Judith Müller, Wer Kleriker sät, wird Klerikalismus ernten, in: feinschwarz.net (7.1.2020), online: https://www.feinschwarz.net/wer-kleriker-saet-wird-klerikalismus-ernten [Stand 7.8.2020].

jeglicher Kritik. Sexueller Missbrauch basiert im kirchlichen Umfeld häufig auf geistlichem Missbrauch: Ein Autoritätsverhältnis wird ausgenutzt, um zu sexuellen Handlungen zu zwingen. Sakralisierung führt sehr leicht zu übersteigerten Autoritätsvorstellungen, die den Missbrauch derselben erleichtern.

Die lange Zeit gängige und auch heute noch sehr verbreitete Anrede als „Hochwürden“ kann meines Erachtens ebenfalls in eine falsche Richtung führen. Denn sie ist nicht nur Ausdruck einer Wertschätzung, sondern schon im Wort versteckt ist eine „Höherstellung“ des Priesters. Daher sollte dieser Begriff meines Erachtens nicht mehr verwendet werden – was in vielen Diözesen mittlerweile auch schon so gehandhabt wird, dass keine Anrede mehr mit „hochwürdigster Herr …“ erfolgt.[5] In der Prävention braucht es meines Erachtens nämlich nicht nur die großen, sondern vor allem die vielen kleinen Schritte, die den Alltag und damit die Vorstellungswelt der Menschen prägen.

Und gerade die jüngste Veröffentlichung des „McCarrick Reports“ durch das Staatssekretariat[6] zeigt, wie sehr diese Autoritätshörigkeit dazu geführt hat (und immer noch führt), immer zuerst dem Täter zu glauben und nicht den Opfern. Und wie schwer es Opfern gemacht wurde, Gehör zu finden angesichts der hohen Autorität der missbrauchenden Priester.

Dass diese Überhöhung schon sehr früh in der Ausbildung beginnt, darauf weist u. a. die nigerianische Ordensobere Veronica Openibo bei einem kirchlichen Anti-Missbrauchs-Gipfel hin:

---

[5] Bereits vor 50 Jahren hat Josef Zöller dies in seinem Buch formuliert: Abschied von Hochwürden. Seelsorger der Zukunft, Frankfurt a. M. 1969.

[6] Report on the Holy See's Institutional knowledge and decision-making related to former Cardinal Theodore Edgar McCarrick (1930 to 2017), prepared by the Secretariat of the Holy See (11.11.2020), online: http://www.vatican.va/resources/resources_rapporto-card-mccarrick_20201110_en.pdf [Stand: 12.11.2020]

> „Angesichts des sexuellen Missbrauchs müssten die Knabenseminare und andere kirchliche Ausbildungshäuser, die bei künftigen Geistlichen ein falsches Gefühl von Überlegenheit förderten, ernsthaft in Frage gestellt werden. […] Es bereitet mir Sorge, wenn ich sehe, wie hier in Rom und anderswo die jüngsten Seminaristen behandelt werden, als wären sie etwas Besonderes. Denn das fördert in ihnen eine falsche Selbstwahrnehmung über ihren eigenen Status.“[7]

Ich kann in meinem Beitrag nicht auf die vielfachen Bemühungen der vergangenen Jahrzehnte im Blick auf Reformen in der Priesterausbildung eingehen, da diese in der Verantwortung der Priesterseminare bzw. Ausbildungsstätten liegt. Der Beitrag der Theologie bzw. der theologischen Fakultäten ist hier nur ein Teil der ganzen Ausbildung. Zentral sind dafür das nachapostolische Schreiben *Pastores dabo vobis* (1992)[8] und vor allem die 2016 veröffentliche neue Grundordnung für die Priesterausbildung *Ratio Fundamentalis Institutionalis Sacerdotalis*.[9] Darin wird der Missbrauch an einer einzigen Stelle explizit angesprochen im Blick auf den notwendigen Schutz von Minderjährigen (Nr. 202). Die diözesanen Priesterseminare in Österreich und Deutschland sind jedenfalls seit vielen Jahren für das Thema sensibilisiert und beziehen mittlerweile viel Kompetenz von Psycholog(inn)en in der Auswahl und Ausbildung von Priesteramtskandidaten mit ein.

---

[7] https://www.katholisch.de/artikel/20784-ordensobere-brauchen-radikale-reform-der-ausbildung-geistlicher [Stand 10.11.2020].

[8] Johannes Paul II., Apostolisches Schreiben *Pastores dabo vobis* über die Priesterausbildung im Kontext der Gegenwart (25.3.1992) (= VAS 105).

[9] Kongregation für den Klerus, Das Geschenk der Berufung zum Priestertum. Ratio Fundamentalis Institutionis Sacerdotalis, 8.12.2016 (= VAS 216), Bonn 2017.

1.2. Irreführende Vorbilder – am Beispiel des Pfarrers von Ars

In jedem Beruf gibt es Vorbilder, die man nachahmen möchte und die als Leitbilder für junge Menschen dienen können. Christlich ist selbstverständlich vor allem das Vorbild Jesu leitend. Da er jedoch als „Gott und Mensch" für menschliches Handeln unerreichbar bleibt, sind es häufig unterschiedliche Heilige, die als solche Vorbilder dienen – und die auch in verschiedensten Ausbildungen als Leitbilder verwendet werden.

Ein spezifisches Vorbild, das den Priestern in den letzten Jahrzehnten wieder vermehrt vor Augen gestellt wurde, halte ich jedoch für hinterfragenswert. Es geht um das gerade im „Jahr des Priesters" 2010 so massiv vor Augen gestellte Vorbild des Pfarrers von Ars für die Priester.

Agathe Lukassek beschreibt eindrücklich, dass viele der üblicherweise von Priesteramtskandidaten erwarteten Eigenschaften bei Jean-Marie Vianney nicht vorhanden waren.

> „So einer wäre heutzutage nicht zur Priesterweihe zugelassen worden. Einfältig, lernbehindert, nervös, voller Selbstzweifel und depressiv: Die vom Kirchenrecht geforderten ‚intellektuellen Anlagen' und die physische und psychische Gesundheit brachte Jean-Marie Vianney bei seiner Weihe 1815 nicht mit. Und dennoch ist der als ‚Pfarrer von Ars' bekannte Mann seit 100 Jahren Patron der Pfarrer."[10]

Worauf die Verehrung unter anderem beruht, ist sein vollständiger Einsatz unter Missachtung der persönlichen Gesundheit.

> „In den letzten 33 Jahren seines Lebens verbrachte er täglich 10 bis 17 Stunden im Beichtstuhl. Manchmal hörte er

[10] Agathe Lukassek, Pfarrer von Ars: Vom Bauern zum Beichtvater, in katholisch.de (28.2.2018), online: https://www.katholisch.de/artikel/78-vom-bauern-zum-beichtvater [Stand 13.7.2020].

> so lange, bis er ohnmächtig wurde. Im heißen Sommer 1859 war er am Ende seiner Kräfte und empfing noch krank im Bett Menschen, die die Absolution wollten. Am Morgen des 4. August starb er".[11]

Man mag an ihm seinen vollen Einsatz bewundern, seine persönliche, intensive Frömmigkeit, seine geistliche Begleitung gerade durch die Beichten, seine Hingabe bis zum Umfallen. Aber ist er damit heute wirklich ein Vorbild für Priester – bzw. überhaupt für pastoral Tätige unter den heutigen Rahmenbedingungen? Wenn man einen genauen Blick auf sein Zeugnis wirft unter dem Aspekt, dass er ein Vorbild für (angehende) Priester sein soll, dann sieht man Folgendes: Er ist einer, der nicht auf sich selbst schaut; der intellektuell nicht begabt ist – aber seine ganzen physischen Kräfte bis hin zur Erschöpfung einsetzt. Damit kann er ein Vorbild sein für einen christlichen, selbstlosen Einsatz, den jemand freiwillig wählt. Aber meines Erachtens nicht ein Vorbild für die Gruppe der Priester, die sich in der heutigen Zeit bewähren müssen. Und eine individuelle Sonderleistung einer Person kann und soll nicht zur Norm für alle gemacht werden. Heroismus kann man nur für sich selbst entscheiden, nicht jedoch anderen Menschen auferlegen.

Vor allem halte ich das Signal an die Priesteramtskandidaten für fatal. Vom Pfarrer von Ars lernen sie: Es kommt nicht auf Intellektualität an, sondern auf eine ganz persönliche Frömmigkeit; es geht darum, sich bis zum Verlust der Kräfte aufzuopfern; Seelsorge ist etwas völlig Individuelles (in Form von Einzelseelsorge). Das zugleich mühsam in so vielen Priesterausbildungskonzepten betonte „humanum" wird hier zugunsten eines spiritualisierten Verständnisses von Selbsthingabe gering

---

[11] Ebd.

geschätzt. Ich finde: hier ist die Grenze zu geistlichem Missbrauch rasch überschritten.

Georg Essen verweist in diesem Zusammenhang auf das Schreiben von Papst Benedikt XVI., mit dem er das Jahr des Priesters ausgerufen hat[12] und worin er den Pfarrer von Ars als Schutzpatron hervorhebt.

> „Wie ein heutiger Priester in den hoch komplexen und ausdifferenzierten Prozessen moderner oder modernisierender Gesellschaften seinen Dienst verrichten kann, der sein Leben an dem des Pfarrers von Ars ausrichten soll, verstehe, wer wolle! Es ist ein Priesterbild der Gegenwelt, das hier von päpstlicher Seite stilisiert wird. […] Dieses Priesterbild dürfte […] anfällig sein für Pathologien und obendrein eine klerikale Sonderwelt der Gegenwartsverachtung verstärken."[13]

Auch Wolfgang Beinert betont, dass in der kirchlichen Berufspädagogik „ein bizarr überhöhtes Priesterbild konstruiert" wird, nicht zuletzt unter Verweis auf Jean Marie Vianney. Beispiele solcher Sätze findet er mehrfach in den Aussagen des Pfarrers von Ars. Hier nur einige Beispiele:[14]

> „Wenn der Priester sich selbst verstünde, würde er sterben […] Gott gehorcht ihm: Er spricht zwei Sätze aus, und auf sein Wort hin steigt der Herr vom Himmel herab."

---

[12] Schreiben von Papst Benedikt XVI. zum Beginn des Priesterjahres anlässlich des 150. Jahrestages des „Dies Natalis" von Johannes Maria Vianney, online: http://www.vatican.va/content/benedict-xvi/de/letters/2009/documents/hf_ben-xvi_let_20090616_anno-sacerdotale.html [Stand 9.11.2020].

[13] Georg Essen, Das kirchliche Amt zwischen Sakralisierung und Auratisierung. Dogmatische Überlegungen zu unheilvollen Verquickungen, in: Striet/Werden, Unheilige Theologie, 78–105, 90f.

[14] Alle drei folgenden Zitate: Wolfgang Beinert, Gottesmissbrauch, in: Remenyi/Schärtl, Nicht ausweichen, 203–215, 210f.

> „Ohne das Sakrament der Weihe hätten wir den Herrn nicht. […] Nach Gott ist der Priester alles.“

> „Ohne den Priester würden der Tod und das Leiden unseres Herrn zu nichts nützen. Der Priester ist es, der das Werk der Erlösung auf Erden fortführt.“

Genau mit diesen Sätzen aber hat Papst Benedikt XVI. den Pfarrer von Ars als Leitbild für die Priester von heute empfohlen. Wie sehr hier das Priestertum überhöht wird, zeigt sich beispielhaft an einer von Papst Benedikt in seinem Schreiben zitierten Aussage des Pfarrers von Ars über die Würde des Priesters:

> „Ohne das Sakrament der Weihe hätten wir den Herrn nicht. Wer hat ihn da in den Tabernakel gesetzt? Der Priester. Wer hat Eure Seele beim ersten Eintritt in das Leben aufgenommen? Der Priester. Wer nährt sie, um ihr die Kraft zu geben, ihre Pilgerschaft zu vollenden? Der Priester. Wer wird sie darauf vorbereiten, vor Gott zu erscheinen, indem er sie zum letzten Mal im Blut Jesu Christi wäscht? Der Priester, immer der Priester. Und wenn diese Seele [durch die Sünde] stirbt, wer wird sie auferwecken, wer wird ihr die Ruhe und den Frieden geben? Wieder der Priester […] Nach Gott ist der Priester alles! […] Erst im Himmel wird er sich selbst recht verstehen.“[15]

Und damit werden dem Priester ungezügelte Macht- und Gewaltausübung ermöglicht – was letztlich auch sexuelle und spirituelle Übergriffe legitimieren lässt.[16] Ich meine, dass dies auch der Punkt ist, den Kardinal Schönborn zu Recht in seinem Bei-

---

[15] Le Sacerdoce, c’est l’amour du cœur de Jésus, in: Le curé d’Ars. Sa pensée – Son cœur. Présantés par l’Abbé Bernard Nodet, éd. Xavier Mappus, Foi Vivante, 1966, 98f.

[16] Dass dies nicht nur konstruierte Vorwürfe sind, zeigen vielfache Opferberichte, die genau diese Dynamik von geistlichem Missbrauch, Ausnutzen eines

trag bei der Ringvorlesung angesprochen hat: Die große Gefahr bei „Guru"-Gestalten, dass nicht mehr zwischen der Person und Gott unterschieden wird; und dass damit vieles akzeptiert wird, was bei anderen Personen niemals akzeptiert werden würde.[17]

1.3. Die Rolle der Autorität des Priesters – und der Missbrauch von Macht

Woher aber kommt diese Autorität des Priesters und was fördert sie? Claudia Bowe-Träger sieht mehrere Faktoren gegeben. Einerseits seine Tätigkeit als „Hirte der Gemeinde", welche den Priester zu einem (väterlichen) Gegenüber innerhalb der Pfarrfamilie macht. Zugleich aber hat er die Autorität eines gesellschaftlich anerkannten Amtes.

> „Ein Priester verkörpert somit eine Form von Amtsautorität. Dieses bedeutet, dass die ‚Anerkennung der formalen Machtbefugnisse [...] mit einer übergeordneten Stellung in der Institution verbunden' ist."[18]

Es geht somit darum, dass Priestern nicht nur die Leitungsmacht einer Gemeinde zukommt, sondern dass diese Macht spirituell begründet wird – und dies auch entsprechend symbolisch zum Ausdruck kommt:

Autoritätsverhältnisses und damit einhergehendem sexuellem Missbrauch schildern.

17 Im Vortrag, den Christoph Kardinal Schönborn am 11.11.2019 im Rahmen der Ringvorlesung an der Katholisch-Theologischen Fakultät der Universität Wien gehalten hat, benutzte er wörtlich den Begriff „Guru", um die „in erschreckender Weise überhöht[e]" spirituelle Autorität von charismatischen Gründerfiguren mancher neuen geistlichen Bewegungen zu charakterisieren. Vgl. dazu das Geleitwort Schönborns zu diesem Band.

18 Claudia Bowe-Traeger, Machtmissbrauch in der katholischen Kirche – wissenschaftliche Perspektive einer Betroffenen, in: Gebrande/Bowe-Traeger, Machtmissbrauch in der katholischen Kirche, 39–100, 54.

> „Zu den Berufsfeldern eines Priesters gehören zum einen spirituelle Handlungen, bei denen er als eine herausgehobene Amtsperson, die ein spezielles liturgisches Gewand trägt, spirituelle Handlungen vollzieht, und so eine Mittlerrolle zwischen Gott und den Menschen darstellt.“[19]

Aber auch die liturgischen Rollenbilder können hier dazu beitragen, einer Sakralisierung Vorschub zu leisten, wie es sehr schön Andreas Odenthal herausarbeitet.[20]

Daneben sieht Bowe-Traeger noch weitere Bereiche, die mit sehr viel Vertrauen verbunden sind: einerseits die diversen seelsorglichen Aufgaben, andererseits vor allem auch die Beichtgespräche. Damit aber erhält der Priester eine Autorität, die über die übliche Leitung hinausgeht. Bowe-Träger meint, dass durch die Wahrnehmung von spirituellen und seelsorgerischen bzw. auch therapeutischen Aufgaben in den Augen der Empfänger der Autorität (also der Gläubigen) eine „charismatische Autorität und Ausstrahlung“ entstehen könne. Das heißt, dass die Priester durch die Priesterweihe gewissermaßen eine „charismatische Autorität“ erhalten. Und sie meint: „Charismatische Autorität hat eine andere Dimension, die schwer greifbar ist, jedoch sehr intensiv auf die Menschen wirkt.“[21]

Charismatische Autorität ist ja per se nichts Schlechtes, ganz im Gegenteil. Die Frage ist jedoch, wie diese Autorität wahrgenommen wird – und wie bewusst sich alle Beteiligten dieser Dimension sind. Und vor allem ist der Priester damit nicht mehr menschlichen Autoritäten gegenüber rechenschafts-

---

19 Ebd. 55.

20 Vgl. Andreas Odenthal, Priesterbild – Gottesdienst – Missbrauch. Liturgiehistorische und kulturpsychoanalytische Überlegungen zur Ambivalenz liturgischer Rollenbilder, in: Hilpert u. a., Sexueller Missbrauch, 199–208.

21 Bowe-Traeger, Machtmissbrauch, 55.

pflichtig, sondern göttlichen. Dies wird vor allem durch übersteigerte Berufungsverständnisse gefördert:

> „Der Priester ist durch seine göttliche Berufung nicht angreifbar. Seine Anerkennung bekommt er nicht durch sachliche Kompetenz, vielmehr ist seine Macht für einen dieser Autorität hörigen Menschen unangreifbar. Ein Priester versteht sich als Diener Gottes, was bedeutet, dass seine übergeordnete Instanz, der er Rechenschaft ablegt, nicht auf dieser Welt greifbar ist."[22]

Mit der priesterlichen Autorität werden göttliche Eigenschaften verbunden (Gnade etc.) – und wiederum wird damit eine emotional aufgeladene Situation geschaffen, die Missbrauch erleichtert: „Dieses ‚Herausgehoben-Werden' erzeugt also eine distanzierte Position, wodurch eine Aura entsteht, die den Gläubigen intensive emotionale Gefühle von ‚Gnade', ‚gemeinsamer Vision' und ‚Vertrauen' vermittelt."[23] Genau darauf hat Kardinal Schönborn im Blick auf einige Gründer geistlicher Gemeinschaften hingewiesen: auf die Gefahr von „Gurus", denen man folgt, ohne viel zu hinterfragen; und auf die Schwierigkeit, eine in der Autorität so hochgehobene Person kritisieren zu können.

Macht wird jedoch auch sprachlich häufig verschleiert – durch die Rede vom „Dienstamt" oder auch durch den Verweis auf die letztliche Vollmacht Gottes: „Dabei ist aber Macht nicht direkt anzusprechen, weil dieser Bereich alleine Gott vorbehalten ist und die Dienst-Metapher die eigentliche machtvolle Disposition des Klerikers verschleiert."[24] Und Klaus Mertes arbeitet deutlich heraus, dass dies nicht nur ein Problem von Einzelper-

---

[22] Ebd. 56.

[23] Ebd.

[24] Hilpert u. a., Hinführung: Sexueller Missbrauch als Thema der Theologie, in: Hilpert, Missbrauch, 11–28, 17.

sonen oder konkret von Priestern ist, sondern dass sexueller Missbrauch in der römisch-katholischen Kirche immer auch hinsichtlich der systemischen Strukturen analysiert werden muss. Denn diese geben Einblick in den institutionellen Umgang mit Macht und deren Gebrauch.[25]

1.4. Die Crux mit dem Gehorsam – und die Notwendigkeit der Gewissensfreiheit

Viele erinnern sich vermutlich an den innerkirchlichen Aufschrei über den sogenannten „Aufruf zum Ungehorsam“[26] einiger österreichischer Pfarrer im Jahr 2011, angesichts der sich abzeichnenden Strukturreformen, die ihnen immer größere Seelsorgeräume und somit eine immer größere Ferne zu den einzelnen Gläubigen bescherten. Und es wurde auf das Gehorsamsversprechen der Priester bei der Weihe hingewiesen, wo dem Bischof und seinen Nachfolgern „Ehrfurcht und Gehorsam“ in die Hand versprochen werden.[27] Mit der Priesterweihe wird somit von den Priestern dieser Gehorsam eingefordert – übrigens auch von Theologieprofessoren mit dem Treueeid, wo auf CIC c. 772 Bezug genommen wird: „Außerdem hange ich mit religiösem Gehorsam des Willens und des Verstandes den Lehren an, die der Papst oder das Bischofskollegium vorlegen, wenn sie ihr authentisches Lehramt ausüben, auch wenn sie nicht beabsichtigen, diese in einem endgültigen Akt zu verkünden.“[28] Nicht

---

[25] Klaus Mertes, Wie systemisch ist Missbrauch?, in: Hilpert, Missbrauch, 119–128.

[26] Online: http://www.pfarrer-initiative.at/site/de/wir/article/187.html [Stand 10.11.2020].

[27] So z. B. die Reaktion von Kardinal Schönborn, online: https://www.ots.at/presseaussendung/OTS_20110707_OTS0126/schoenborn-aufruf-zum-ungehorsam-ist-verwundung-der-einheit [Stand 10.11.2020].

[28] Kongregation für die Glaubenslehre. Lehramtliche Stellungnahmen zur „Pro-

Glaubensgehorsam, sondern Willens- und Verstandesgehorsam wird hier verlangt.[29]

Eine wesentliche Prävention im Blick auf Missbrauch liegt in der persönlichen Gewissensfreiheit. Christoph Röhl betont: „Weil Missbrauch immer mit Machtmissbrauch einhergeht, sind Menschen, die zur Autonomie erzogen worden sind und keine Angst haben, Autoritäten infrage zu stellen, eher gewappnet, sich zu wehren."[30] Doch jahrzehntelang wurde in der römisch-katholischen Kirche unter Papst Johannes Paul II. und auch noch unter Papst Benedikt XVI. eine streng hierarchische Linie gefördert, mit Sanktionen für abweichendes Verhalten und dem Aufruf an die Gläubigen zur Denunziation möglichen Fehlverhaltens (z. B. in der Liturgie) direkt im Vatikan. Hermann Häring beschreibt dies als ein System der „Kontrolle", gepaart mit „Angst und Vorsicht", denn: „Man hatte nicht mehr den Mut, sich kritisch zu äußern, weil man wusste, dass die Augen und die Ohren des Vatikans überall sind."[31]

Aus einem solchen nicht-autonomen Gehorsamsverständnis heraus lässt sich wohl leichter erklären, warum man eher versucht, die Täter zu schützen, als den Opfern zu glauben und zu helfen. Somit sehe ich es als eine zentrale Aufgabe einer Ausbildungsstätte für pastorale Mitarbeiter(inn)en und für die Theologie selbst an, Personen zum selbständigen, kritischen Denken zu erziehen bzw. zu animieren – und keinen Kadavergehorsam einzuüben, sondern zu einer autonomen Moral und zur Förderung von Gewissensfreiheit beizutragen. Dies ist eine der Kernaufgaben katholischer Theologie in der Präventionsarbeit.

---

fessio fidei", online: http://www.vatican.va/roman_curia/congregations/cfaith/documents/rc_con_cfaith_doc_1998_professio-fidei_ge.html [Stand: 10.11.2020].

29 Dagegen wendete sich u. a. die sogenannte „Kölner Erklärung" von 1989.

30 Christoph Röhl, Ratzingers blinder Fleck. Der Regisseur zum Dokumentarfilm „Verteidiger des Glaubens", in: StZ 144 (2019) 723–732, 727.

31 So Hermann Häring im Film, zitiert in Röhl, Ratzingers blinder Fleck, 726.

1.5. Die Notwendigkeit richtiger Leitbilder

Ich sehe an dieser Stelle die Aufgabe von Theologie und von Priesterausbildung, darauf zu achten, welche Leitbilder es konkret bei den einzelnen Personen gibt; aber auch, mit welchen Leitbildern Theologinnen und Theologen in ihren Konzepten, Vorlesungen und Ausbildungen agieren. Wichtig scheint mir dabei zu sein, jeweils kritisch mit solchen Leitbildern und Leitfiguren umzugehen: Dies beginnt beim Papst, bei den Bischöfen, bei Kirchenlehrern, bei Frauen und Männern, die heiliggesprochen sind; und es gilt auch für die persönlichen Vorbilder in Orden und Gemeinschaften.

Kritisch sein bedeutet nicht, sie schlechtzureden, sondern sie in ihrer Kontingenz zu sehen: Als Menschen mit ihren Stärken und mit ihren Schwächen; mit zeitbedingten Aussagen; mit dem, was man von ihnen lernen kann, und dem, was vielleicht für die heutige Zeit auch nicht mehr passt. Dies ist aus meiner Sicht ein wichtiger Beitrag, um die Gefahr von geistlichem Missbrauch einzudämmen – und damit verbunden auch andere Formen von Missbrauch.

2. Klerikalismus und die notwendige Erneuerung einer Theologie des Amtes

Ein zweiter Aspekt, der mit dem ersten zusammenhängt, ist jener des Klerikalismus. Meine These lautet: Klerikalismus fördert Missbrauch. Dem Klerikalismus ist zu begegnen durch eine verstärkte Theologie der Taufberufung und des gemeinsamen Priestertums. Zugleich ist aber der Klerikalismus allein nicht das Übel, wie es Sander deutlich macht:

> „Ein Austreiben des Klerikalismus allein kann das nicht bewältigen; das krankt bereits daran, dass es die Täter zu den entscheidenden Figuren macht, um Missbrauch aufzuarbeiten. Das sind sie nicht. Ihre Taten taugen aber dafür, die kirchlichen Resultate ihrer Schamlosigkeit freizulegen.“[32]

Papst Franziskus geißelt den Klerikalismus an vielen Stellen. So schreibt er z. B., dass sich Klerikalismus zeigt „in einer anormalen Verständnisweise von Autorität in der Kirche – sehr verbreitet in zahlreichen Gemeinschaften, in denen sich Verhaltensweisen des sexuellen wie des Macht- und Gewissensmissbrauchs ereignet haben. Zum Missbrauch Nein zu sagen, heißt zu jeder Form von Klerikalismus mit Nachdruck Nein zu sagen.“[33] Und auch in der deutschen Missbrauchs-Studie „MHG“[34] wurde als ein wesentlicher Faktor für sexuellen Missbrauch und dessen Vertuschung der Klerikalismus benannt.

Der Klerikalismus hat innerhalb der römisch-katholischen Kirche jedoch eine lange Tradition und ist immer noch weit verbreitet – und dies nicht nur unter Klerikern, sondern auch unter Laien. Daher braucht es hier viel mehr als nur ein päpstliches Wort, um gegen den Klerikalismus anzukämpfen. Es geht um einen Kulturwandel.

Judith Müller, selbst Organisationsentwicklerin in der Erzdiözese München, beschreibt sehr gut, was es bedeutet, einen

[32] Hans-Joachim Sander, Wenn moralischer Anspruch schamlos wird. Von der Unverschämtheit im sexuellen Missbrauch und in der kirchlichen Schuldkultur, in: StZ 144 (2019) 83–92, 90.

[33] Schreiben von Papst Franziskus an das Volk Gottes vom 20.8.2018, online: http://www.vatican.va/content/francesco/de/letters/2018/documents/papa-francesco_20180820_lettera-popolo-didio.html [Stand: 10.11.2020].

[34] Forschungsprojekt Sexueller Missbrauch an Minderjährigen durch katholische Priester, Diakone und männliche Ordensangehörige im Bereich der Deutschen Bischofskonferenz, Projektbericht Mannheim, Heidelberg, Gießen (MHG), 24.9.2018.

solchen Kulturwandel anzugehen. Ihr zufolge unterscheidet die Organisationssoziologie drei Seiten einer Organisation: Struktur, Kultur und Fassade:[35]

- Zur Struktur zählen vor allem Programme (Kriterien, nach denen entschieden werden muss), Kommunikationswege (Entscheidungsbefugnisse, Hierarchien) und Personal (Personalentscheidungen, Personalauswahl).
- Der Begriff Kultur steht dagegen für das Informelle, für ungeschriebene Gesetze, eingespielte und bewährte Denkschemata und Deutungsmuster.
- Die Fassade benennt schließlich das Bemühen jeder Organisation um ein schlüssiges Außenbild, notfalls um den Preis des Ausblendens von Komplexität und ungelösten Konflikten.

Und sie ordnet den Klerikalismus nicht in die Frage der Kultur, sondern der Formalstruktur ein. Dies aber betrifft somit vor allem die Entscheidungsbefugnisse, Leitungsverständnisse, Hierarchien und personellen Strukturen der Kirche. Damit ist Klerikalismus nicht auf der individuellen, moralischen Ebene verortet – und kann daher auch nicht durch persönliche Appelle an Einzelpersonen bekämpft oder verändert werden. Die Frage betrifft die kirchliche Struktur – und hier das Grundverständnis und die Ausformung von „Amt“ in der Kirche.

Das Amt (ordo) braucht es, damit die Kirche gewissermaßen „funktioniert“ und sie ihrem Auftrag, „Zeichen und Werkzeug des Heils in der Welt“ zu sein, wie es das II. Vatikanum in der Kirchenkonstitution *Lumen Gentium* formuliert, nachkommen kann. Das kirchliche Amt hat sich schon seit den Tagen der frühen Kirche entsprechend den Erfordernissen der jeweiligen Zeit und Gesellschaft ausgefaltet. War es in den ersten Jahrhunderten vor allem bischöflich strukturiert und

[35] Judith Müller, Wer Kleriker sät.

eine Leitungsfunktion, die wesentlich in Verkündigung und Lehre bestand, entwickelte sich im Mittelalter, verengt im tridentinisch-nachtridentinischen Modell, der „übernatürlich befähigte Konsekrator". Nochmals sehr pointiert Judith Müller:

> „Bei Ordo bzw. Ordinatio geht es nicht um die persönliche Vervollkommnung spirituell ambitionierter Individuen, sondern um die Bedürfnisse der Gemeinschaft der Glaubenden. Die Priesterweihe ist keine Prozedur zur Herstellung Außerirdischer. Der lateinische Originalbegriff für den Vorgang heißt – im Unterschied zu dem mit sakralen Bildern aufgeladenen deutschen Wort Priesterweihe – ordinatio, und nicht consecratio (Weihe)."[36]

Zwischen dem hohen, persönlichen Engagement und der je persönlichen Hingabe für den Beruf bzw. die Berufung und dem grundsätzlichen Verständnis des Amtes ist hier zu Recht zu unterscheiden: Die Aufgabe der Theologie und auch der Ausbildung für Amtsträgerinnen und Amtsträger besteht darin, eine Theologie des Amtes zu entwickeln und zu lehren, die nicht eine falsches, überholtes Ständedenken fördert, einen Klerikalismus, sondern ein Amt im Sinne des II. Vatikanums: Als Amt im Dienste des Volkes Gottes, das dem priesterlichen Volk Gottes hilft, seinen Pilgerweg in dieser Zeit zu gehen.

Dazu braucht es die doppelte Kompetenz, wie sie Hermann Stenger hervorragend herausgearbeitet hat: Zuständigkeits- und Fähigkeitskompetenz.[37] Hier klafft heute immer noch eine große Lücke: Zwischen jenen, die für so manches zuständig, aber nicht fähig sind, und jenen, die sich die Fähigkeiten erarbeitet oder

---

36 Ebd.

37 Hermann Stenger, Kompetenz und Identität. Ein pastoralanthropologischer Entwurf, in: Ders. u. a. (Hg.), Eignung für die Berufe der Kirche. Klärung, Beratung, Begleitung, Freiburg i. Br. u. a. ^{2}1989, 31–133, bes. 32–64.

natürlicherweise als Charismen erhalten haben, jedoch keine entsprechende Zuständigkeit erhalten. Stenger macht es beispielsweise an der unterschiedlichen Amtseinführung von Priestern und Laien deutlich: „Das ästhetische Gefälle zwischen den Ritualen läßt auf eine teils bewußte, teils unbewußte Wertung der Kompetenzen, die verliehen werden, schließen.“[38]

Peter Hünermann hat nach dem Konzil darauf aufmerksam gemacht, dass die Sprache zu Amt und Vollmacht in der Kirche das Amt zu stark emporgehoben hat – und dass „Gott“ gewissermaßen „gebraucht“ wurde. Und Judith Müller schließt daraus:

> „Der Missbrauch von Menschen wurde ermöglicht, gefördert und verbrämt durch das Gebrauchen Gottes. (Amts-)Theologie macht sich mitverantwortlich, wenn sie nichts anderes ist als die Bereitstellung von Sprachspielen zur Legitimation kirchlicher Machtverhältnisse.“[39]

Eine wichtige Aufgabe in der Prävention von Machtmissbrauch, geistlichem Missbrauch und auch sexuellem Missbrauch von Minderjährigen liegt darin, eine gute Theologie des Amtes zu entwickeln. Modelle dazu gibt es in der Geschichte der Theologie sehr viele – angefangen von der Charismenorientierung der paulinischen Gemeinden[40] bis hin zu neuen Modellen von teamgeleiteten Pfarren. Dabei darf nicht vergessen werden, dass es das Amt nur in und für die Kirche gibt, nicht für sich selbst. Daher ist dem Plädoyer von Judith Müller zuzustimmen, dass gut zu unterscheiden ist zwischen dem, was wir als Menschen tun, und dem, was Gottes Anteil dabei ist. Und dass es dementsprechend gerade nicht zu einer Höherstellung von

[38] Ebd. 46.

[39] Judith Müller, Wer Kleriker sät.

[40] Vgl. dazu Johann Pock, Gemeinden zwischen Idealisierung und Planungszwang. Biblische Gemeindetheologien in ihrer Bedeutung für gegenwärtige Gemeindeentwicklungen, Wien – Berlin 2006, bes. 97–113.

priesterlichem Handeln im Vergleich zu jenem der Laien kommen darf. Denn beide stehen unter dem gleichen Vorbehalt des Wirkens des Heiligen Geistes:

> „Theologie muss der Verwechslung von darstellendem mit herstellendem, performativem mit produktivem Handeln wehren. Sie hat in Erinnerung zu rufen, dass die Epiklese nicht nur ein liturgisches Gestaltungselement ist, sondern dass – lex orandi / lex credendi – die Grundform aller Vollzüge einer Kirche, die sich selbst als Sakrament versteht, immer epikletisch zu denken ist.“[41]

Was ist somit das Gegenrezept zum Klerikalismus? Es ist aus meiner Sicht die Betonung der gemeinsamen Taufberufung und Geistbegabung vor jeglicher Ausdifferenzierung von Ämtern. Ämter in der Kirche sind Dienstämter (munera) – im Dienste Gottes und im Dienste des Volkes Gottes bzw. des gemeinsamen Priestertums – wobei die Rede vom „Dienst“ nicht dazu dienen darf, reale Machtverhältnisse zu verschleiern. Hier könnte auch das hilfreich sein, was Ottmar Fuchs in die Diskussion einbringt: Nämlich die Firmung gewissermaßen als Weihe in das allgemeine Priestertum (mit der Geistbegabung); und die Priesterweihe als Weihe in das spezielle Priestertum.[42]

Dass gerade in diesem Jahr eine römische Instruktion[43] wiederum die gegenteilige Sicht stark macht, nämlich das Gegenüber des (priesterlichen) Hirten zu seiner Gemeinde, scheint

---

[41] Judith Müller, Wer Kleriker sät.

[42] Vgl. Ottmar Fuchs, „Ihr aber seid ein priesterliches Volk“. Ein pastoraltheologischer Zwischenruf zu Firmung und Ordination, Mainz 2017.

[43] Kleruskongregation, Instruktion „Die pastorale Umkehr der Pfarrgemeinde im Dienst an der missionarischen Sendung der Kirche“, online: https://press.vatican.va/content/salastampa/it/bollettino/pubblico/2020/07/20/0391/00886.html#ted [Stand: 10.11.2020].

mir für die aktuellen Überlegungen daher kontraproduktiv zu sein.[44]

3. Aufgaben für die Theologie

Worin liegen somit die theologischen Aufgaben im Hinblick auf das Thema der Prävention von Missbrauch – gerade im Blick auf die kirchlichen Ämter? Im Folgenden benenne ich einige aus meiner Sicht zentrale Aufgaben, ohne sie im Detail ausführen zu können. Rainer Bucher hat eine ausführliche Liste von Aufgaben dargelegt, die ich im Folgenden mit meinen Ausführungen ergänzen und teilweise vertiefen möchte:

> „Die zentralen Forderungen der akademischen Theologie, zumindest jener unserer Breiten, zeichnen sich ab: das Ende der sakralisierten Amtsüberhöhung des Priesters, der männerbündischen Klerikalkultur und überhaupt einer Priesterausbildung, die eine ‚künstlich geschaffene Einheitskultur' auf Internatsbasis favorisiert, die Überwindung einer absolutistischen kirchlichen Rechtsstruktur und -kultur durch eine unabhängige Verwaltungsgerichtsbarkeit und eine grundlegende Gewaltenteilung, schließlich die Reform einer kirchlichen Sexualmoral, die begründungstheoretisch mindestens wackelig, humanwissenschaftlich unterinformiert und pastoral schlicht unkommunizierbar geworden ist."[45]

---

[44] Vgl. dazu meinen Kommentar: Eine Instruktion als Offenbarungseid von Klerikalismus, in: feinschwarz.net (21.7.2020), online: https://www.feinschwarz.net/eine-instruktion-als-offenbarungseid-von-klerikalismus/ [Stand: 10.11.2020].

[45] Rainer Bucher, Versprechen. Zum Missbrauchsskandal in der katholischen Kirche, in: feinschwarz.net (3.12.2019), online: https://www.feinschwarz.net/versprechen-missbrauch-in-der-kirche/ [Stand: 13.7.2020]

3.1. Die Anthropologie stark machen

An der philosophischen und theologischen Anthropologie liegt meines Erachtens sehr viel. Es geht darum, die Bedeutung der personalen Integrität herauszuarbeiten; die Personwürde eines jeden Menschen; die Betonung der gleichen Würde aller – egal welchen Alters, welchen Geschlechts, welcher sexuellen Orientierung.

Gerade eine Theologie, die von der Menschwerdung Gottes spricht; von den „zwei Naturen Christi"; von der Gottebenbildlichkeit jedes Menschen – eine solche Theologie muss es sich zur Aufgabe machen, diese Anthropologie in allen Bereichen zu thematisieren und zu lehren. Es ist eine Theologie, die sich (nach Lévinas) vom anderen her entdeckt und von dort auch lernt. Eine Theologie, die nicht „mächtig" auftritt, sondern demütig; die mehr von der Gnade Gottes spricht als mit der Hölle droht.

3.2. Die Theologie des Amtes ausfalten

Die Theologie des Amtes braucht eine Ausfaltung und Aktualisierung. Diese muss wegführen vom reinen Blick auf „Weiheämter" hin zu den Dienstämtern in ihrer Pluralität: Ämter von Frauen und Männern; Ämter mit Weihe, Beauftragung, Sendung; Ämter mit zölibatärer oder anderer Lebensform. Der Ausgangspunkt hat bei der gemeinsamen Taufberufung zu liegen, nicht bei der „besonderen" Berufung zum Priestertum.

Die Amtstheologie bzw. vor allem das gelebte und wahrgenommene Amtsverständnis (die voneinander zu unterscheiden sind!) muss de-sakralisiert und stärker sakramentalisiert werden: Also weniger „herausgehoben" aus dem Alltag, als vielmehr „als Zeichen und Werkzeug" gerade im Alltag der Gemeinden und der Menschen verortet – als Dienstamt. Dem

Blick auf Zuständigkeits- und Fähigkeitskompetenzen (und der von Stenger so genannten „Architektur der Kompetenz") ist mehr Gewicht zu verleihen. Stenger plädierte z. B. für eine Beendigung der Spaltung zwischen „Erwählten" und „Berufenen". Und nach Erich Fromm müsse pastorales Handeln „biophil" sein, d. h. lebensbejahendes Handeln mit einer uneingeschränkten Bejahung der Vielfalt pastoraler Berufe. „Alle Christen, die eine pastorale Kompetenz beruflich aktualisieren, [...] sollten sich durch ein gemeinsames pastorales Berufs- und Berufungsbewußtsein solidarisch verbunden wissen."[46]

Auch dies scheint mir ein Schritt hin zur Prävention von Missbrauch: Wer für geistliche Begleitung zuständig ist, braucht die konkrete Befähigung dazu (im Sinne der Fähigkeitskompetenz). Wer für Kinder- und Jugendarbeit zuständig ist, ebenfalls. Und auch wer leitet, braucht die entsprechenden Fähigkeiten, die nicht durch Weihe oder Beauftragung verliehen werden können.

3.3. Gottesbilder und ihren Zusammenhang mit Missbrauch analysieren

Missbrauch hängt jedoch nicht nur von falschen Priesterbildern und verqueren Autoritätsverständnissen ab. Manchmal erleichtert auch ein falsches Gottesbild den Missbrauch an leichtgläubigen Personen, und hier vor allem an Minderjährigen.[47] Rainer Bucher bringt den Aspekt der (pervertierten) Gottesbilder im Hintergrund von Missbrauch auf den Punkt:

> „Christliche Seelsorge sollte von den falschen Göttern des Lebens befreien, sexueller Missbrauch in der Pastoral etabliert aber genau solche falschen Götter: zuerst und brutal

---

46 Stenger, Kompetenz und Identität, 37.

47 Vgl. den Beitrag von Wolfgang Treitler in diesem Band.

> jenen der Macht. Sexueller Missbrauch in der Pastoral spricht handelnd von einem Gott der erzwungenen, erschlichenen Nähe, einem Gott, der machtinduzierte Nähe mit Liebe verwechselt, also einem im strikten Sinne perversen Gott.“[48]

Denn auch ohne Worte ist das Handeln von kirchlichen Personen gleichzeitig Verkündigung – und präsentiert hier einen Gott, der nicht dem Leben der Menschen dient:

> „Wo Seelsorger Kinder missbrauchen, verkünden sie einen Gott der (sexuellen) Feigheit und des Machtgefälles menschlicher Intimbeziehungen, verkünden sie einen Gott, der Kinder in die Kälte simulierter Nähe und schwer oder gar nicht verarbeitbarer Erfahrungen schickt.“[49]

Die Aufgabe von Theologie und Seelsorge ist es jedoch, gegen falsche Gottesvorstellungen und Götter vorzugehen – durch (theologische) Reflexion, aber auch durch die Verkündigung in Tat und Wort. Die christliche Tradition bietet hier u. a. das Gottesbild eines befreienden Gottes, der die Mächtigen vom Thron stürzt. Und gerade im Blick auf Kinder ist diese Verkündigung nochmals zentraler.

> „Christliche Seelsorge sollte schließlich befreien von den Göttern menschlicher und religiöser Repression. Denn der Gott Jesu ist ein Gott der Freiheit und des Kampfes für die Ausgestoßenen, ein Gott, der jenen, die aus allen Rastern der Anerkennung fallen, seine ganz selbstverständliche Solidarität anbietet. Wo Seelsorger Kinder missbrauchen, verkünden sie einen Gott, der all dies schreiend nicht ist:

[48] Rainer Bucher, Verrat. Zum Missbrauchsskandal in der katholischen Kirche, in: feinschwarz.net (2.12.2019), online: https://www.feinschwarz.net/verrat-zum-missbrauchsskandal-in-der-katholischen-kirche/ [Stand 13.7.2020].
[49] Ebd.

> kein Gott des Kampfes für die Ausgestoßenen, sondern einer, der Menschen bricht, kein Gott der Kinder, sondern der rücksichtslosen Erwachsenen."[50]

Und auch Wolfgang Beinert betont den „Gottesmissbrauch" in der Kirche – indem das „Göttliche" das „Menschliche" in der Kirche nahezu vollständig übermächtigt: Christus wird nur als „Herr" verkündigt – „und seine Herrschaft repräsentiert die Institution Kirche".[51]

Berichte von Missbrauchsopfern zeigen, dass Gott immer wieder für die eigenen Zwecke instrumentalisiert wird. Umso wichtiger ist es, hier auch theologisch dagegenzuhalten: mit dem Verweis auf die biblischen Gottesbilder; mit den praktisch-theologischen Konsequenzen, die sich aus diversen Gottesbildern ergeben; und damit, Gott nicht für eigene Zwecke zu instrumentalisieren.

3.4. Auf die Sprache achten

Begriffe formen immer wieder auch die Wirklichkeit. Für das Christentum ist die Wort-Verkündigung von Anfang an zentrales Moment des Glaubens. Umso wichtiger ist es für die Theologie und die Kirche, auf ihre Sprache zu achten. Denn auch eine verklausulierte Insidersprache kann dazu beitragen, dass Menschen sprachlos bleiben.

Christian Kern schildert eine Performance vom 8.12.2019 in Würzburg,[52] wo von sexualisierter Gewalt betroffene Personen sich auf den Stufen des Domes schweigend inszenierten.

---

[50] Ebd.

[51] Wolfgang Beinert, Gottesmissbrauch, 212.

[52] Christian Kern, Performance – Theologie gegen Missbrauch, in: feinschwarz.net (17.12.2019), online: https://www.feinschwarz.net/performance-theologie-gegen-missbrauch [Stand 13.7.2020].

Die Mahnwache war als Street-Performance gestaltet, also als improvisierte Theaterszene im öffentlichen Raum, in Form einer Totengedenkfeier, unter dem Titel „Wachet auf!". Und er stellt eine Anfrage an die Theologie:

> „Findet nicht auch in bestimmten Formen von Theologie, als institutionelles und intellektuelles Geschäft, eine wenigstens partielle Verdrängung von Erfahrungen sexualisierter Gewalt und der dadurch initiierten Beschädigung statt, und zwar, weil sie mit geordneter Sprache arbeitet? Theologie ist in ihrer akademischen Form argumentierte, geordnete Rede, die darin möglichst präzise, ggfs. analytisch-eindeutig zum Punkt kommen will. Die sprachliche Ordnung ist ihr Erfolgs- und Präsenzprinzip. Theologie als intellektueller Diskurs verbindet Versprachlichung und Verkörperlichung. Wo immer eine solche Priorisierung auf Versprachlichung und Verkörperung stattfindet, entsteht eine Diskrepanz zur Erfahrung und zur Auswirkung sexueller Gewalt im Leben von Betroffenen, insofern diese mit einer bleibenden Sprachlosigkeit und Unsagbarkeit, Körperlosigkeit und Absenz verbunden ist."[53]

Nun ist das Instrument einer wissenschaftlichen Theologie natürlich die Sprache – aber diese Anfrage sensibilisiert dafür, bewusst die eigene Sprache anzusehen: auf ihre Gewaltpotentiale und auf Verharmlosungsformeln hin. Und als Homiletiker möchte ich hier bewusst auf die Bedeutung der Verkündigungssprache verweisen – und komme damit auch wieder auf die Priesterbildung und Priesterausbildung zurück: Ein zentraler Bereich ist sicherlich auch unsere Sprache in der Verkündigung: Welchen Gott verkündigen wir? Eher den strafenden – oder den gerechten und barmherzigen? In welcher Form kommen Schuld

[53] Ebd.

und Vergebung zur Sprache: Eher moralisierend-einfordernd – oder als Gnadenangebot; als Möglichkeit des Neuanfangs? Inwiefern wird dies nicht nur von den anderen, sondern auch von sich selbst eingefordert, was verkündigt wird? Denn auch mit der Sprache kann Opfern von Gewalt – insbesondere von sexualisierter Gewalt – nochmals Schmerz und Unrecht zugefügt werden.

4. Analyse und Auftrag

Es fänden sich sicherlich noch viele weitere lohnende Ansatzpunkte, wie Theologie aktiv werden könnte und müsste, um Missbrauch zu verhindern – oder wenigstens den Opfern von Missbrauch eine Sprache, ein offenes Ohr, einen Raum zu geben. Kai Christian Moritz, der selbst zum Opfer von Missbrauch geworden ist, schildert eindrücklich sein eigenes Ringen; und er fragt: „Müssen wir nicht sogar so weit gehen, dass es eine Theologie in wichtigen Teilen, wie z. B. der Ekklesiologie und Sexualmoral, wie sie vor dem Missbrauch geforscht und gelehrt wurde, nach diesem und den mit ihm verbundenen Erkenntnissen so nicht mehr geben kann und darf?“[54]

Die Frage nach dem Verständnis von Kirche, die Ekklesiologie, ist zentraler Teil der Pastoraltheologie. Die vielen Missbrauchsfälle sind nämlich nicht Einzelfälle und dürfen nicht nur personalisiert gesehen werden. Sie sagen auch etwas aus über die Kirche und ihr Selbstverständnis aus. Die Kirche kann nicht mehr als die entrückte, heilige, unberührbare Stadt auf dem Berge verkündet werden. Vielmehr gilt, was Remenyi und Schärtl auf den Punkt bringen:

[54] Kai C. Moritz, Theologie – es geht weder mit ihr noch ohne sie, in: Remenyi/Schärtl, Nicht ausweichen, 32–37, 35.

„Nein, das Böse ist nicht von außen in die Kirche eingedrungen, und es beschmutzt sie auch nicht nur äußerlich. Da die Kirche konstitutiv eine komplexe Wirklichkeit aus göttlichem und menschlichem Element darstellt (vgl. LG 8), wäre es ein schwerer theologischer Denkfehler, nicht damit zu rechnen, dass Missbrauch und Gewalt auch aus ihrem Inneren entspringen können und ihr Innerstes betreffen. [...] Eben deshalb ist der Aufruf zu unaufschiebbaren strukturellen Reformen auch nicht ein ‚Missbrauch des Missbrauchs', sondern die notwendige Anerkenntnis dieser Wirklichkeit von Kirche: Sie ist (auch und gerade in ihrer strukturellen und institutionellen Verfasstheit) heilig und sündig zugleich."[55]

[55] Matthias Remenyi/Thomas Schärtl, Einleitung, in: Dies., Nicht ausweichen, 9–15, 11.

III:
Verantwortung und Prävention

Schulen im Fokus: Safe space oder Orte der Angst?

von Andrea Lehner-Hartmann

1. Schule als Gefahrenort

Erfahrungen mit Gewalt und Aggression stellen an Schulen ein ernsthaftes Problem dar, welches sehr unterschiedliche Facetten umfassen und für viele Schüler(innen) Schule zu einem Ort der Angst machen kann. Da wäre zunächst der Problemkreis der ausgeübten *physischen oder online-Gewalt gegen Mitschüler(innen)*, der laut OECD-Studie 2015 bei 11 % und in der HBSC-Studie der WHO 2018 bei 10 % im Schnitt aller untersuchten Länder liegt.[1] Opfer herkömmlicher Bullyingformen zu werden, ist zahlenmäßig gleich verteilt. Internationale Vergleiche laut HBSC-Studie erbringen, dass die Opferzahlen mit zunehmendem Alter sinken, während sich die Täter(innen)zahl erhöht, wenngleich die Unterschiede nicht sehr groß sind. Andere zu mobben, ist bei Jungen im Alter von 15 Jahren am höchsten ausgeprägt und bei Mädchen im Alter von 13 Jahren. Nimmt man Cyberbullying dazu, dann finden sich Jungen öfter auf der Täterseite sowohl von physischer Gewalt als auch von Cyberbullying. Mädchen hingegen sind gefährdeter, Opfer von Cyberbullying zu werden. Hier zeigen sich auch die größten Unterschiede zwischen Jungen und Mädchen. Während sich auf Jungenseite die Zahlen auf Opfer- wie auf Täterseite relativ gleich verteilen (12 %), sind Mädchen häufiger Opfer, insbesondere im Alter von 13 Jahren. Während sie mit 8 % Cyber-

[1] Vgl. Ergebnisse des WHO-HBSC-Survey (2018), online: https://www.fachstelle.at/wp-content/uploads/woocommerce_uploads/2019/07/2018_hbsc-bericht_mit_alternativtexten_final.pdf [Stand 13.09.2020].

bullying ausüben, sind sie auf der Opferseite fast doppelt so häufig (14 %) betroffen. Große Länderdifferenzen zeigen sich dahingehend, dass sich die höchsten Zahlen in ausgeübter Onlinegewalt in Litauen und Lettland (29–31 %) und die niedrigsten in Spanien und Griechenland (zwischen 0.6 % und 3 %) auffinden lassen.[2] Dieses Phänomen gilt es in den nächsten Jahren besonders gut zu beobachten – insbesondere da Digitalisierung als eine zentrale (inter)nationale Strategie in der Weiterentwicklung europäischer Gesellschaften gesehen wird und aufgrund der Ortsungebundenheit sexualisierte Übergriffe ohne face-to-face-Kontakte jederzeit ausgeübt und die Opfer überall hin verfolgt werden können.

Sexualisierte Gewalt stellt bei der Erhebung von schulischen Gewaltformen ein vernachlässigtes Feld dar. Dabei zeigt die Speak!-Studie[3] aus Hessen, dass fast die Hälfte der Schüler(innen) (48 %) Erfahrungen mit sexuellen Beleidigungen und verbalen Belästigungen haben[4] und fast ein Viertel (23 %) hat mindestens einmal körperliche sexuelle Gewalt, wie antatschen, gegen den Willen geküsst oder an den Geschlechtsteilen berührt werden, erlebt[5]. 70 % haben sexuelle Gewalt zumindest einmal beobachtet.[6] In der Mehrheit sind es Gleichaltrige, die Gewalt

---

[2] Vgl. Spotlight on Adolescent Health and Well-Being. Findings from the 2017/18 Health Behaviour in School-aged Children (HBSC) Survey in Europe and in Canada. International Report Volume 1. Key Findings, online: https://apps.who.int/iris/bitstream/handle/10665/332091/9789289055000-eng.pdf [Stand 13.09.2020].

[3] Es handelt sich dabei um eine von Sabine Maschke und Ludwig Stecher 2018 abgeschlossene Studie, die 2719 Schüler*innen in Hessen an 53 Schulen in 150 Klassen zwischen 14 und 16 Jahren an AHS zu ihren Erfahrungen mit sexualisierter Gewalt untersucht haben. Eine wichtige Frage war, ob und mit wem sie darüber sprechen (können). (Sabine Maschke/Ludwig Stecher, Sexuelle Gewalt. Erfahrungen Jugendlicher heute, Weinheim 2018).

[4] Vgl. ebd. 10.

[5] Vgl. ebd. 16.

[6] Vgl. ebd. 37.

ausüben.[7] Betroffen sind mehr Mädchen als Jungen, sowohl von nicht-körperlichen wie körperlichen Formen. Wenn insgesamt jeder fünfte Jugendliche damit Erfahrungen macht, sind es bei den Mädchen jedes Dritte.[8] Drei Viertel der Mädchen (74 %) machen damit ihre ersten Erfahrungen im Alter bis zu 14 Jahren[9], wobei ein deutlicher Anstieg ab 11/12 Jahren erfolgt. Mädchen, die körperlich früher entwickelt sind, sind einem noch höheren Risiko ausgesetzt, sie sind auch insbesondere von schweren Formen körperlicher sexueller Gewalt betroffen (39 % zu 10 %).[10] Einen Einfluss zeigte auch der Konsum pornografischen Materials mit den darin vermittelten Rollenbildern.[11] Einen hoch signifikanten Zusammenhang gibt es zwischen Mobbing und sexualisierter Gewalt. Ein Viertel der Jugendlichen mit sexuellen Gewalterfahrungen (nicht-körperlich wie körperlich) erleben auch Mobbing in der Schule, wenngleich dies nicht zeitgleich erfolgen muss.[12]

Als Gründe für sexualisierte Übergriffe gibt der überwiegende Teil (81 %) an, dass dies in dem Alter normal, keine große Sache sei oder dass sie lustig sein wollten (65 %). Sie hätten es ohne viel nachzudenken ausgeführt.[13] Eine zweite Gruppe gibt an, dass sie es aus Rache gemacht hätten oder weil sie die Person nicht ausstehen konnten (39 %); in geringerem Maße wurden sie von anderen dazu gedrängt.[14]

Aufhorchen lässt in der Studie von Moira und Spiel 2003 die Antwort auf die Frage, wer für die erlebte Viktimisierung

[7] Vgl. ebd. 29–30.
[8] Vgl. ebd. 18–19.
[9] Vgl. ebd. 23.
[10] Vgl. ebd. 67.
[11] Vgl. ebd. 72–87.
[12] Vgl. ebd. 95–97.
[13] Vgl. ebd. 47.
[14] Vgl. ebd. 47.

hauptverantwortlich sei. Die befragten Schüler(innen) begründen es mit ihrem eigenem Verhalten oder ihrer Unbeliebtheit bei den Mitschüler(innen). Kinder, die eine internationale Familiengeschichte mitbringen, sehen allerdings auch ihre Sprache oder ihr Herkunftsland als Ursache dafür an, dass sie Opfer von Mobbing sind.[15]

Ein weiteres vernachlässigtes Problemfeld stellt die *Gewalt zwischen Lehrkräften und Schüler(innen)* dar.[16] Obwohl es hier geringere Zahlen gibt, zeigen die aufgedeckten Skandale der letzten Jahre deutlich, dass es sich hierbei um kein vernachlässigbares Phänomen handelt. Reichen die Wurzeln der Skandalberichte oft in frühere Jahrzehnte zurück, so leiden heute noch viele unter deren Auswirkungen. Zudem sind Strafen, Ungerechtigkeiten, Demütigungen bis hin zu (sexualisierten) Gewaltübergriffen in schulischen und anderen pädagogischen Einrichtungen auch aktuell immer wieder anzutreffen, wenn beispielsweise in Österreich etwa die Hälfte aller Schüler(innen) zwischen 12 und 14 Jahren berichtete, von ihren Lehrer(innen) in irgendeiner Art und Weise ungerecht behandelt, verletzt oder geärgert worden zu sein. Bei den 17- bis 18-jährigen Schüler(innen) war es jede(r) Dritte.[17] Bedenkt man, dass eine Vier-Länder-Studie (Deutschland, Slowenien, Spanien, Österreich) erbrachte, dass verbale Gewalt von Lehrpersonen neben erlebter

---

[15] Vgl. Dagmar Strohmeier/Moira Atria/Christiane Spiel, Bullying und Viktimisierung in multikulturellen Schulklassen: Wer ist betroffen? Wie begründen Opfer ihre Erfahrungen? in: Angela Ittel/Maria von Salisch (Hg.), Lügen, Lästern, Leiden lassen. Aggressives Verhalten von Kindern und Jugendlichen, Stuttgart 2005, 204–219, 215.

[16] Vgl. Volker Krumm/Susanne Weiß, Ungerechte Lehrer. Zu einem Defizit in der Forschung über Gewalt an Schulen, in: Wolfgang Melzer (Hg.), Gewalt an Schulen. Analyse und Prävention, Gießen 2006, 123–146.

[17] Vgl. Moira Atria/Christiane Spiel, The Austrian situation. Many Initiatives Against Violence, Few Evaluations, in: Peter Smith, Violence in Schools. The Response in Europe, London 2003, 83–99, 88.

und beobachteter elterlicher Gewalt in enger Beziehung zum Gewalteinsatz von jungen Menschen steht, kann dieses Phänomen nicht vernachlässigt werden.[18] Auch gegenüber Lehrpersonen kann es zu demütigendem bis hin zu aggressivem Verhalten kommen. Zu beachten gilt es hier aber das Hierarchiegefälle und die unterschiedlichen Machtmittel, die Lehrpersonen im Vergleich mit Schüler(innen) zur Verfügung stehen.

2. Die Bedeutung der Zuschauer(innen)

Gewaltübergriffe in Schulen erfolgen nicht nur in einer eindeutigen Opfer-Täter(innen)-Konstellation, sondern vielfach unter den Augen anderer. Ihr Verhalten entscheidet, ob Gewalt beendet oder sogar noch verstärkt wird.[19] Nach Spiel und Strohmeier sind 88 % der Mitschüler(innen) Zeugen – aber nur 19 % greifen ein. Greifen sie allerdings ein, dann werden in 57 % der Fälle die Vorfälle sofort beendet.[20] Für erfolgreiche Interventionen sind Bystander, auch On-line-Bystander[21], gezielt einzubeziehen.[22] Sie benötigen Perspektiven, wie sie ihren

[18] Vgl. Wassilis Kassis u. a., Eltern und Lehrpersonen als Gewalt-Risikofaktoren Jugendlicher, in: Psychotherapie Forum 18 (2020) 80–88.

[19] Vgl. Frederic Vobbe, Notwendige Differenzierungen im Umgang mit Bullying und sexualisierter Peergewalt, in: Kindesmisshandlung und –vernachlässigung. Interdisziplinäre Fachzeitschrift für Prävention und Intervention 17/2 (2014) 194–207.

[20] Vgl. Dagmar Strohmeier/Christiane Spiel, Gewalt in der Schule: Vorkommen, Prävention, Intervention, in: Werner Specht, Nationale Bildungsbericht Österreich 2009. Fokussierte Analysen bildungspolitischer Schwerpunkte. Band 2, online: https://www.bifie.at/wp-content/uploads/2017/05/2009-06-16_NBB-Band2.pdf [Stand 13.09.2020].

[21] Vgl. Christiane Atzmüller/Ulrike Zartler/Ingrid Kromer: Online-Held*innen gibt es nicht? Was 14 - bis 19 -jährige Jugendliche an Zivilcourage im Internet hindert, in: SWS-Rundschau 59/1 (2019) 87–109.

[22] Vgl. auch Stefan Hofherr/Heinz Kindler, Wie Jugendliche auf miterlebte Si-

Gruppenzusammenhalt stärken und Übergriffe stoppen bzw. dem Opfer einen Schutzraum anbieten können sowie eine Haltung entwickeln, die erkennen lässt, dass gewalttätiges Verhalten sozial unerwünscht ist.

Die Folgen und Reaktionen von Kindern und Jugendlichen auf Gewalterfahrungen können sehr unterschiedlich sein. Für viele sind die Erlebnisse traumatisierend. In Österreich bringen Lehrpersonen diesbezüglich ein sehr geringes Wissen mit. Danach befragt, was sie bei Gewaltvorkommen tun, kam die Antwort: Täter(in) bestrafen, d. h., sie reagierten mehrheitlich autoritär und weniger dem Opfer zugewandt.[23] Kenntnisse zu Opfer-Täter(innen)-Dynamiken sowie zu Traumatisierung und ihren Folgen können essenziell sein, um den Schutz des Mobbingopfers gewährleisten zu können.

3. Die Wirkungen von traumatisierenden Erfahrungen

Traumatische Ereignisse schalten das soziale Netz aus, das normalerweise dem Menschen das Gefühl von Zugehörigkeit zu einem Beziehungssystem, Kontrolle und Sinn gibt. Es herrschen Hilflosigkeit und Angst vor; das Selbstverteidigungssystem ist überfordert und bricht zusammen.[24] Als Folgen traumatischer Ereignisse werden tief greifende und lang anhaltende Verände-

tuationen sexueller Gewalt reagieren. Bystander-Verhalten als möglicher Ansatzpunkt für Prävention?, in: Zeitschrift für Soziologie der Erziehung und Sozialisation 2 (2018) 171–190.

[23] Vgl. Christoph Burger u. a., How Teachers Respond to School Bullying: An Examination of Self-Reported Intervention Strategy Use, Moderator Effects, and Concurrent Use of Multiple Strategies, in: Teaching and Teacher Education 51 (2015) 191–202.

[24] Vgl. Judith Lewis Herman, Die Narben der Gewalt. Traumatische Erfahrungen verstehen und überwinden, Paderborn 2003, 53–54.

rungen in der (Selbst)Wahrnehmung, in den Gefühlen, in der physiologischen Erregung und im Gedächtnis beschrieben.[25] Diese traumatischen Reaktionen sind nach Köckeritz als „Anpassungsversuche [...] an überwältigende Bedrohung (zu verstehen) und können als vorausschauende Versuche der Vorbereitung auf weiteres Unheil und Bemühungen um Selbstschutz verstanden werden“[26]. Dabei werden Funktionen, die normalerweise aufeinander abgestimmt sind, voneinander getrennt. Es erfolgt eine Dissoziation, d. h. es kommt zu einer Störung der Integration und Verknüpfung von Informationen, diese können nur noch fragmentiert und abgespalten gespeichert werden.[27] So können sich intensive Gefühle einstellen, ohne das Ereignis genau erinnern zu können, oder aber es wird jedes Detail erinnert, ohne dabei etwas zu fühlen. Kinder werden oft als unglaubwürdig angesehen, wenn sie über ihre erlebten Gewalttaten so berichten, als wären sie unbeteiligt gewesen. Traumatisierte Personen sind in erhöhtem Maße wachsam gegenüber allem, was in ihrer Umgebung passiert. Die ständige Alarmbereitschaft soll vor neuen Übergriffen warnen; sie hält nicht nur im Wach-, sondern auch im Schlafzustand an. Betroffene leisten hier Schwerstarbeit im Überleben. Nicht selten bewirken diese Folgen emotionalen und sozialen Rückzug, weil man sich als anders als die anderen erlebt und das Gefühl hat, die anderen können einen nicht verstehen. Eine Kommunikation ist unter den geschilderten Bedingungen erschwert. Zusätzlich kann ein bestimmtes Wort, eine bestimmte Geste, ein schiefer Blick

---

[25] Vgl. ebd. 55.

[26] Christiane Köckeritz, Langzeitige Folgen früher Traumatisierung durch Gewalt und Vernachlässigung, in: Wilma Weiß/Tanja Kessler/Silke Birgitta Gahleitner, Handbuch Traumapädagogik, Weinheim 2016, 351–370, 357.

[27] Vgl. Lutz Winja, Dissoziation als Anpassungsleistung, in: Wilma Weiß/Tanja Kessler/Silke Birgitta Gahleitner, Handbuch Traumapädagogik, Weinheim 2016, 371–384, 371.

eines(r) Klassenkameraden(in) derart triggern, dass ein(e) Schüler(in) ausrastet, herumschreit, andere angreift oder eben auch dissoziiert und sich in eine andere Welt flüchtet.

Nicht alle Menschen, die traumatische Erlebnisse haben, reagieren mit posttraumatischen Belastungsstörungen oder dissoziativem Verhalten. Es gibt aber starke Einflussfaktoren, die sie wahrscheinlicher machen, wie extreme, wiederkehrende Bedrohungssituationen, physische Verletzungen und das Alter der Betroffenen. Sexuell missbrauchte Kinder und Jugendliche, jene in Geiselhaft oder jene, die in den Krieg geschickt wurden oder (alleine) flüchten mussten, leiden besonders stark und lange an den Folgen. Ohne derzeit über genauere empirische Daten zu verfügen, muss dies wohl auch für Cyberopfer angenommen werden. Kinder und Jugendliche werden durch das Erlebte, das sie überfordert, an wichtigen Entwicklungsschritten beeinträchtigt: In ihrer Identitätsbildung und der Entwicklung von Selbstwert, in ihrem Bindungsverhalten und ihrer Beziehungsgestaltung, die wiederum für Resilienzentwicklung wichtig sind, im Aufbau ihres Wertesystems, in ihrer Aufmerksamkeits- und Verhaltenssteuerung wie in ihrer kognitiven Entwicklung.[28]

Ein Mechanismus, der sich ebenfalls immer wieder beobachten lässt, ist die seit Sandor Ferenczi so benannte „Identifikation mit dem Aggressor"[29]. Dabei werden die Sichtweisen des(r) Gewalttäters(in) übernommen und das Erlebte als nicht so dramatisch eingeschätzt oder es wird überhaupt eigenem Verschulden zugeschrieben: als letzter Rettungsversuch, mit den Bedrohungen umgehen zu können. Die Logik dahinter be-

---

[28] Vgl. Köckeritz, Langzeitige Folgen früher Traumatisierung durch Gewalt und Vernachlässigung, 357–362.

[29] Sandor Ferenczi, Sprachverwirrung zwischen dem Erwachsenen und dem Kind, in: Internationale Zeitschrift für Psychoanalyse 19/1/2 (1933) 5–15 (online: https://archive.org/stream/InternationaleZeitschriftFuumlrPsychoanalyseXixHeft12/IZ_XVIII_1933_Heft_1_2#page/n3/mode/2up [Stand 01.09.2020]).

sagt, dass bei Eigenverschulden die Kontrolle behalten wird.[30] Es kommt zu einer Übernahme der Gefühle, die der Täter verspüren sollte: Opfer empfinden das Schuldgefühl, das der Täter nicht hat.[31] Man spricht hier auch von Täterintrojekten, das sind „psychisch komplexe Leitbilder, die Opfer gegen ihren Willen durch die brutalen Grenzüberschreitungen des Täters verinnerlicht haben"[32]. Täterintrojekte können sich auch so äußern, dass gegen andere in ähnlicher Weise wie der Täter agiert wird (Täter-Opfer), oder dass es zu Selbstbestrafung oder Selbstverletzungen kommt. Letztendlich kommt es zu einer Zerstörung des Ich von innen heraus.[33]

Es ist wichtig zu wissen, dass posttraumatische Belastungsstörungen sowie Dissoziation und Täterintrojekte Reaktionen beschreiben, die jeder Mensch unter extremen, lebensbedrohenden Bedingungen entwickeln kann.

Traumatologische Folgen sind nicht individualisierend zu behandeln, sondern vielmehr sind es die sozialen Strukturen, die als traumatogen anzusehen sind[34], beispielsweise wenn eine Schule eine ausgeprägte autoritäre Kultur mit dazugehörigen Demütigungsritualen hat, die immer wieder Angst auslöst.[35] Eine

---

[30] Vgl. auch Anne Schmitter-Boeckelmann, Vernetzung Traumatherapie/Traumapädagogik, in: Wilma Weiß/Tanja Kessler/Silke Birgitta Gahleitner, Handbuch Traumapädagogik, Weinheim 2016, 334–340, 337.

[31] Vgl. Köckeritz, Langzeitige Folgen früher Traumatisierung durch Gewalt und Vernachlässigung, 357.

[32] Werner Stangl, Stichwort: *'Täterintrojekte'*. Online Lexikon für Psychologie und Pädagogik (2019), online: https://lexikon.stangl.eu/10883/taeterintrojekte/ [Stand 13.09.2020].

[33] Vgl. Andreas Kraft, Jüdische Identität im Liminalen: die Dichterin Nelly Sachs und der Holocaust, Konstanz 2006, 66.

[34] Vgl. Maximiliane Brandmaier/Klaus Ottomeyer, Träume und Gesellschaft, in: Wilma Weiß/Tanja Kessler/Silke Birgitta Gahleitner, Handbuch Traumapädagogik, Weinheim 2016, 342–350, 344.

[35] Wie sehr sich Demütigungsrituale in die Struktur von Schule über die Jahrhunderte hinweg in unterschiedlichen Ausformungen eingeschrieben haben,

derart viktimisierende Kultur fördert das Schweigen der Opfer, das Nicht-Wahrnehmen des Ausmaßes der Übergriffe, der Verharmlosung durch die Umwelt und erschwert es den Traumatisierten, Hilfe zu holen und ihre Erlebnisse zu verarbeiten.

In einer viktimisierenden Kultur trifft man vielfach auch auf Mythen zu Gewaltvorkommen sowie rassistische und sexistische Klischeebilder, die einer Hierarchisierung auf unterschiedlichen Ebenen zuarbeiten: zwischen Erwachsenen und Kindern, Mädchen und Jungen, Ansässigen und Zugewanderten, Christ(inn)en und Andersgläubigen, etc. Daraus entstehen die Rechtfertigungen für das Täterverhalten sowie für passives oder gewaltermunterndes Bystander-Verhalten. Eine Reflexion der Folgen dieser Hierarchisierungen zielt auf die Etablierung einer opfersensiblen Kultur, die einen Rahmen dafür abgibt, dass Täter wie Opfer sich den Folgen von Demütigung und Gewalt auch individuell stellen können.

4. Opfern und Tätern Perspektiven im Umgang mit Gewalt eröffnen

Damit Opfer ihren Aufbruch in ein neues Leben wagen können, sind in der Traumaforschung drei Schritte benannt.[36] Zunächst ist es wichtig, dass die Opfer einen sicheren Ort haben und die Bedrohung durch den/die Täter gebannt ist. Diese äußere Sicherheit ist eine Grundbedingung dafür, dass sich die Opfer

beschreibt Ute Frevert anschaulich in: Ute Frevert, Die Politik der Demütigung. Schauplätze von Macht und Ohnmacht, Frankfurt [2]2017, bes. 82–110.

[36] Vgl. Judith Lewis Herman, Traumatische Erfahrungen verstehen und überwinden, Paderborn 2003 (2018), 215–306; vgl. auch Silke Birgitta Gahleitner, Milieutherapeutische und -pädagogische Konzepte, in: Wilma Weiß/Tanja Kessler/Silke Birgitta Gahleitner, Handbuch Traumapädagogik, Weinheim 2016, 56–66, 60.

der Entwicklung ihrer inneren Sicherheit zuwenden können. In einem zweiten Schritt geht es um das Erinnern dessen, was ihnen widerfahren ist. Dabei ist nicht eine detailreiche Erinnerung zentral, sondern die Möglichkeit, sich aus der Gewissheit sicherer Beziehungen (therapeutisch, familiär, …) heraus an die bruchstückhaften Erinnerungen Schritt für Schritt zu wagen. Dazu gehört auch das Trauern um die verlorenen Lebenschancen. Der dritte Schritt stellt dann die Integration des Erlebten dar, d. h. dass die unverbundenen Funktionen, wie abgespaltene Gefühle, integriert werden können und ein Leben angesichts des Erlittenen möglich wird sowie ein Wertesystem, ein Ich-Gefühl und eine Bindungs- und Beziehungsfähigkeit (wieder) aufgebaut werden können.

Gewalterlebnisse, Motive und Gewaltformen können sehr unterschiedlich aussehen und benötigen für nachhaltige Interventionen ein differenziertes Vorgehen. Erfolgen beispielsweise sexualisierte Übergriffe von jüngeren Kindern aus reiner Neugierde, ist ein nicht-skandalisierendes Verhalten angebracht. Übereifrig aufgestellte Verbote oder moralische Bewertungen würden dazu führen, dass sich Kinder mit ihrer Neugierde als schlecht erleben, Schuldgefühle entwickeln und Sexualität zum Tabuthema wird. Dies hätte wiederum zur Folge, dass sexualisierte Übergriffe schwerer identifiziert werden, sich der Geheimhaltungsdruck erhöht und die Betroffenen schweigen.

Demgegenüber benötigen physische oder psychische Gewaltübergriffe klare normative Adressierungen als sozial unerwünscht. Das Verhalten ist aber von der Person getrennt zu sehen und soll nicht mit Demütigungen beendet werden. Es braucht „das Insistieren auf Prinzipien der modernen Ächtung von Gewalt“[37], sodass Gewaltausübende sich mit dem konfron-

[37] Thiersch Hans, Gewalt in pädagogischen Interaktionen. Überlegungen zur Reaktivierung eines Modus der Kontrolle, in: Soziale Passagen 2/2 (2010) 222.

tieren können, was sie zu diesem Handeln bewogen hat. In diesem nicht einfachen Prozess der Selbsterkenntnis ist es wichtig, dass eine Anerkennung der Person spürbar und neue, weiterführende Perspektiven eröffnet werden.[38] So können sich auch Täter-Opfer dadurch, dass sie ihre Gewalttat als solche erkennen, in einem nächsten Schritt an ihre eigene Verletzungsgeschichte heranwagen.

Ob Schulen für Kinder einen Ort der Angst und der Demütigung oder einen sicheren Ort darstellen, hängt wesentlich davon ab, ob und welche Konzepte es im Umgang mit Gewaltvorkommen gibt. In der jüngeren Vergangenheit haben sich dazu unterschiedliche Initiativen und Forschungen etabliert. Diese Entwicklungen können lediglich in ein paar Grundlinien vorgestellt werden.

5. Traumapädagogisches Handeln erweitert Kompetenzen

Im deutschen Sprachraum hat sich nach den Missbrauchsskandalen in pädagogischen Einrichtungen und insbesondere durch die Integration geflüchteter Kinder die Notwendigkeit gezeigt, dass Lehrpersonen Kompetenzen im Umgang mit Trauma benötigen. Dazu hat sich in den letzten zehn Jahren ein neuer Forschungsstrang, die Traumapädagogik, mit vielfältigen Konzepten herausgebildet.[39]

---

[38] Vgl. ebd.

[39] Vgl. Marion Baldus, „A safe place is only as safe as it feels" – Schulen als sichere Orte für traumatisierte Kinder, in: Diskurs Kindheits- und Jugendforschung/Discourse Journal of Childhood and Adolescence Research 12/2 (2017), 209–223; und vgl. Wilma Weiß, Traumapädagogik: Entstehung, Inspirationen, Konzepte, in: Wilma Weiß/Tanja Kessler/Silke Birgitta Gahleitner, Handbuch Traumapädagogik, Weinheim 2016, 20–32.

Traumapädagogik versteht sich als ein Teil der Traumabewältigung neben der Traumatherapie, die in ärztlich-psychiatrischen und psychotherapeutischen Settings und zeitlich limitiert erfolgt. Sie zielt auf die Unterstützung traumatisierter junger Menschen im pädagogischen Alltag und versteht Traumaarbeit vor allem als „Prozess der Selbstbemächtigung, den die Mädchen und Jungen in den für sie oder ihn sozial bedeutsamen Bezügen vollziehen“[40]. Großen Einfluss zeigen die Bindungstheorie, die die Bindungsbedürfnisse der Kinder in den Mittelpunkt rückte, sowie psychoanalytische Konzepte. Trotz unterschiedlicher Schwerpunktsetzungen in den Inhalten und im pädagogischen Handeln ist allen Konzepten eine traumasensible Grundhaltung gemeinsam. In deren Zentrum steht die Annahme, dass das Verhalten des Kindes entwicklungsgeschichtlich als eine normale Reaktion auf eine außerordentliche Belastung zu verstehen ist.[41] Basierend auf dem Menschenbild einer humanistischen Psychologie umfasst diese gemeinsame Haltung folgende Elemente:

- Die Annahme des guten Grundes: „Alles, was ein Mensch zeigt, macht Sinn in seiner Geschichte!“
- Wertschätzung: „Es ist gut, so wie du bist!“
- Partizipation: „Ich traue dir was zu und überfordere dich nicht!“
- Transparenz: „Jeder hat jederzeit ein Recht auf Klarheit!“
- Spaß und Freude: „Viel Freude trägt viel Belastung!“ (BAG Traumapädagogik 2011[42])

---

[40] Weiß, Traumapädagogik, 20.

[41] Vgl. ebd. 23.

[42] BAG Traumapädagogik, Standards für traumapädagogische Konzepte in der stationären Kinder- und Jugendhilfe, Gnarrenburg (2011), online: https://fachverband-traumapaedagogik.org/standards.html?file=files/bag-trauma/Dokumentationen %20und %20Protokolle/positionspapier_11-2011.pdf [Stand 13.09.2020].

Traumapädagogische Ansätze arbeiten ressourcenorientiert. Zentral ist die Bedeutung von Beziehung, die nicht dahingehend missverstanden werden darf, dass Pädagog(innen) jederzeit verfügbar oder den Betroffenen jegliche Last abnehmen müssen. Wer dem Opfer die Verantwortung für seine Lebensgestaltung abnimmt, läuft Gefahr, sie(ihn) in neuen Abhängigkeitsverhältnissen zu positionieren und die Betroffenen in ihren Ressourcen nicht ernst zu nehmen. Was erforderlich ist, ist „Bindungsbalance", d. h., „die Balance zwischen distanzierter professioneller Reflexion und persönlichem Engagement"[43], die die Achtung der eigenen Grenzen sowie die Balance zwischen Nähe und Distanz einschließt.

> „Für belastete Kinder ist die Erfahrung, sie haben für jemanden Bedeutung, oft ganz neu. Sie beschreiben viele Jahre später die eine Stunde, den einen Moment, als die Kollegin bzw. der Kollege für sie Zeit hatte und etwas Besonders unternommen hat, vielleicht besonders zugehört hat, als exklusiv. Diese exklusive Beziehung schließt nicht andere Kinder oder Pädagog/innen aus, sie schließt exklusive Momente ein."[44]

Die exklusive Beziehung kann genügend Sicherheit geben, um sich wieder in andere Kontexte (Familie, Freizeit) wagen zu können. Exklusive Beziehungen helfen bei der Suche nach dem Verlorenen – wer sie sind, wem sie sich zugehörig fühlen, wem sie vertrauen können.

Einen weiteren wichtigen Aspekt stellt Beziehungsvielfalt dar, weil Beziehungsdyaden allein für traumatisierte Menschen nicht ausreichen. Idealiter finden sie diese in ihren unterschiedlichen Lebenskontexten, in denen sie so etwas wie eine heilende

43 Weiß, Traumapädagogik, 27.

44 Ebd.

Gemeinschaft erfahren.[45] Zum Bindungsaufbau und zur Bindungssicherheit sind Gleichaltrigengruppen wichtig, weil sie dazu beitragen können, Scham, Isolation und Individualisierung zu durchbrechen.[46] Das Bindungsverhalten der jungen Menschen sowie damit verbundene körperliche Aspekte bedürfen einer begleitenden Reflexion im Alltag. Aufgrund der gestörten Bindungs- und Beziehungserfahrungen der Betroffenen sind insbesondere Bindungsfallen – wie Abwertungen und Verstrickungen – zu beachten.[47]

6. Schule als safe space?

Traumapädagogische Ansätze entwickeln Konzepte, wie eine Schule zu einem sicheren Ort werden kann. Die safe space- oder safe place-Debatte reicht dabei in die Mitte der 90er Jahre zurück. In den Bildungswissenschaften werden die Begriffe metaphorisch verwendet, um gute Lernumgebungen zu beschreiben.[48] Robert Boostrom macht dies am Erfahrungsbericht einer

---

[45] Vgl. Silke Birgitt Gahleitner, Das Therapeutische Milieu in der Arbeit mit Kindern und Jugendlichen. Trauma- und Beziehungsarbeit in stationären Einrichtungen, Bonn 2011, 29.

[46] Vgl. Jacob Bausum, Über die Bedeutung von Gruppe in der traumapädagogischen Arbeit in der stationären Jugendhilfe, in: Birgit Lang u. a., Traumapädagogische Standards in der stationären Kinder- und Jugendhilfe. Eine Praxis- und Orientierungshilfe der BAG Traumapädagogik, Basel 2013, 175–186.

[47] Vgl. Thomas Lang, Bindungspädagogik – Haltgebende, verlässliche und einschätzbare Beziehungsangebote für Kinder und Jugendliche, in: Birgit Lang u. a., Traumapädagogische Standards in der stationären Kinder- und Jugendhilfe. Eine Praxis- und Orientierungshilfe der BAG Traumapädagogik, Basel 2013, 187–217.

[48] Vgl. Betty B. Barrett, Is „Safety“ Dangerous? A Critical Examination of the Classroom as Safe Space, in: The Canadian Journal for the Scholarship of Teaching and Learning, 1/1 (2010), online (2010): https://ojs.lib.uwo.ca/index.php/cjsotl_rcacea/article/view/6883/5597 [Stand 15.09.2020].

Lehrerin deutlich. In diesem erzählt sie von Caleb, einem stark verängstigten Viertklässler, der im Unterricht nur still vor sich hin murmelte. Eines Tages beobachtete sie, wie Caleb seinen Bleistift in das Etui legte und dabei zu diesem sprach, wie gut er es in seinem „safe space“ habe. Davon inspiriert besorgte die Lehrerin einen großen Karton („refrigerator box“), der größer war als Calebs Schreibtisch und in dem sich Caleb selbst einen sicheren Raum einrichten konnte. In den darauffolgenden Tagen brachte Caleb verschiedene Dinge mit und richtete sich mit diesen Dingen in seinem Karton ein. Im Laufe der Zeit war er dann in der Lage, den Karton zu verlassen und mit seinen Klassenkameraden(innen) zu kommunizieren und zu spielen. Davon inspiriert begannen auch andere Kinder, ihre Arbeitsplätze nach Calebs Vorbild mit persönlichen Gegenständen auszustatten. Die Lehrerin hielt fest, dass sie in ihren klar definierten Plätzen begannen mehr und besser zu arbeiten und dass sie dadurch erkannten, dass jede(r) einen Platz braucht, wo sie (er) sich sicher und angenehm fühlt.[49]

Wenn man Schulen als sicheren Ort für Kinder und Jugendliche gestalten möchte, so gilt es sowohl den äußeren sicheren Ort als auch den inneren sicheren Ort zu beachten. Der äußere sichere Ort kann in physischer Form als Rückzugsort, als opt-out-Raum o. Ä. bestehen, wobei diese Räume von Kindern unterschiedlich – positiv wie negativ – erlebt werden können. Haben sie Übergriffe in geschlossenen Räumen erlebt, bekommen sie möglicherweise Angst- und Panikattacken, erleben sie aggressiven Stress in der Gruppe, eröffnet sich für sie ein Schutzraum zum Stressabbau. Zum äußeren sicheren Ort gehören wesentlich auch die pädagogischen Fachkräfte, die mit ih-

---

[49] Vgl. Robert Boostrom, ‘Safe spaces’: Reflections on an Educational Metaphor, Journal of Curriculum Studies 30/4 (1998), online: https://doi.org/10.1080/002202798183549 [Stand 13.09.2020].

rem Beziehungsangebot entängstigend wirken und die Kinder und Jugendlichen darin unterstützen, ihre Umwelt nicht (nur) als bedrohlich zu erleben. Dies ist insbesondere in Krisen notwendig, um Betroffenen zu vermitteln, dass sie auch in der Krise einen Platz in der Schule, in der Klasse, etc. haben. Wichtig ist, dass pädagogische Fachkräfte ihr Beziehungsangebot auch dann aufrechterhalten können und sich nicht beleidigt oder enttäuscht zurückziehen, wenn Kinder und Jugendliche den Kontakt unterbrechen und somit ihre ursprünglichen Beziehungsabbruch-Erfahrungen reinszenieren.[50] Hier ist nicht der Zwang zum Reden gefragt, sondern eine Haltung, die das Vermeidungsverhalten akzeptiert und das Distanzbedürfnis respektiert, sodass die Schüler(innen) Nähe und Distanz selber regulieren können. Dazu ist es notwendig, die eigenen Bindungserfahrungen mit den daraus resultierenden Erwartungen und Beziehungsfallen zu kennen. Es sind Pädagog(innen) gefragt, „die mit einer inneren Balance und der Balance von emotionalem Engagement und professioneller Distanz in Beziehung gehen“[51]. Gezielte Interventionen können hilfreich sein, um das Kind in der Suche nach dem „guten Grund“ seines Verhaltens zu unterstützen, beispielsweise indem das Kind gefragt wird: „Du tust das, weil?“[52] Das Verhalten des Kindes wird damit als Reaktion auf das früher Erlebte und somit als normale Reaktion auf eine außergewöhnliche, überfordernde Situation anerkannt.

---

[50] Vgl. Thomas Lang, Bindung und Trauma. Co-Regulation und Selbstregulation – die äußere und die innere Welt korrigierender Beziehungserfahrungen, in: Wilma Weiß/Tanja Kessler/Silke Birgitta Gahleitner, Handbuch Traumapädagogik, Weinheim 2016, 272–281, 273.

[51] Ebd. 280.

[52] Weiß, Die Pädagogik der Selbstbemächtigung. Eine traumapädagogische Methode, in: Wilma Weiß/Tanja Kessler/Silke Birgitta Gahleitner, Handbuch Traumapädagogik, Weinheim 2016, 290–302; 293.

Die Frage: „Warum tust du das?"[53] hingegen unterliegt der Gefahr, Schuldgefühle zu aktivieren und das Kind in die Defensive zu drängen.[54]

Neben dem äußeren sicheren Ort soll der innere sichere Ort (Luise Reddemann)[55] Kindern ermöglichen, die Kontrolle über negative Gedanken und deren Auswirkungen auf das vegetative Nervensystem zu erhalten. Dazu können Imaginationen von Orten, an denen man sich sicher fühlt, helfen. Das kann sowohl ein erinnerter als auch ein fantasierter Ort sein, an man sich geborgen und wohl fühlt und den man in stressigen Situationen abrufen kann.

Der traumapädagogische Ansatz ist nicht nur als Ansatz für besondere Ausnahmesituationen, sondern als pädagogische Grundhaltung zu verstehen. Auffälliges oder unangepasstes Verhalten unter der „trauma lens" wahrzunehmen, erweitert die Perspektiven, um Kinder in ihren Bedürftigkeiten sehen zu können. „Soziale Problemlagen, gesellschaftliche Entwicklungen und globale Konflikte (…) werden (…) in die Schule hineingetragen und müssen von ihr aufgefangen und [in ihr auch] bearbeitet werden, damit Bildung gelingt."[56] Mit der Einbeziehung traumapädagogischer Erkenntnisse könnte es gelingen, Schulen immer mehr zu „safe spaces" zu machen, die möglichst allen Kindern und Jugendlichen einen angst- und gewaltfreien Zugang zu Bildung ermöglicht.

---

53 Ebd.

54 Vgl. ebd.

55 Vgl. Opferhilfe Berlin, Der sichere innere Ort, online: http://www.opferhilfe-berlin.de/downloads/der_sichere_innere_ort.pdf [Stand 13.09.2020].

56 Baldus, „A safe place is only as safe as it feels", 210.

Institutionelle Vulneranz und Vulnerabilität
Sich anvertrauen – ein ethischer Moment[1]

von Mary Hallay-Witte

In diesem Beitrag möchte ich einige Gedanken vorstellen, die mich in der Arbeit als Präventionsbeauftragte und in der Arbeit der Forschungsgruppe „*Vulnerabilität, Sicherheit und Resilienz*" an der Universität Würzburg im letzten Jahr beschäftigt haben. Ich möchte sie verstanden wissen als einen Beitrag zum Diskurs um die Aufarbeitung des sexuellen Missbrauchs im kirchlichen Kontext. Es ist ein Denkprozess, der noch nicht abgeschlossen ist. Die katholische Kirche befindet sich in einem Suchprozess, insbesondere in der Frage: Wie kann Aufarbeitung aussehen? Was bedarf es für eine grundlegende Aufarbeitung des Missbrauchsskandals?

Im ersten Teil greife ich die Frage der strukturellen Gewalt auf, die der eigentliche Nährboden für sexuellen Missbrauch in Institutionen ist. Im Weiteren gehe ich auf die ethische und moralische Dimension des aktiven Momentes ein, in dem sich Menschen anvertrauen und zum ersten Mal über ihren Missbrauch sprechen und somit ihr Schweigen darüber brechen.

[1] Erstmals veröffentlicht in: Hildegard Keul/Thomas Müller, Verwundbar. Theologische und humanwissenschaftliche Perspektiven zur menschlichen Vulnerabilität, Würzburg 2020, 72–84.

1. Einige Bemerkungen vorab

Der grundlegendste Fehler ist, zu denken, wenn ein Mensch sich jemandem anvertraut und offenbart, dass er in einer Institution sexuell missbraucht und somit zutiefst in seinem Menschsein, in seinem Subjektsein, in seiner Menschenwürde verletzt wurde, dass sich das Problem auflösen wird, es einfach weggeht, indem es ignoriert und verschwiegen wird. Betroffenen Kindern und Jugendlichen, Frauen und Männern nicht zu helfen, ihre Grundrechte auf Unversehrtheit nicht zu schützen, hat Langzeitfolgen. Diese betreffen nicht nur das Individuum selbst, sondern auch die Institution Kirche. Das Problem einfach nicht anzugehen, es nicht in angemessener Weise zu behandeln und insbesondere nicht strafrechtlich damit umzugehen, ist der größte und grundlegendste Fehler, den (Erz-)Bischöfe, Kardinäle und Führungskräfte in kirchlichen Einrichtungen machen können. Alles, was aktiv versucht wird zu unterdrücken, kommt mit noch größerer Wucht wie ein Bumerang zurück und wirkt umso zerstörerischer.

Dies zeigen die Skandale des sexuellen Missbrauchs von Kindern, Jugendlichen und erwachsenen Schutzbefohlenen und ihre Vertuschung in der katholischen Kirche weltweit. Das Jahr 2018 kann sich auf Grund der Veröffentlichung der von der Deutschen Bischofskonferenz in Auftrag gegebenen Studie *Sexueller Missbrauch an Minderjährigen durch katholische Priester, Diakone und männliche Ordensangehörige im Bereich der Deutschen Bischofskonferenz* (MHG-Studie)[2] und des *40ten Grand Jury Reports in Pennsylvania*[3] als ein Moment der radikalen Neuorientierung erweisen.

---

[2] Sexueller Missbrauch (2018), online: www.dbk.de/themen/sexueller-missbrauch/ [Stand 16.04.2019].

[3] Pennsylvania Diocese Victims Report (2018), www.attorneygeneral.gov/report/ [Stand 16.04.2019].

Die umfänglichen Ergebnisse legen schmerzlich offen, dass der existenzielle Moment sich anzuvertrauen ein hohes Risiko in sich birgt, erneut verletzt zu werden. Er hat auf zwei Ebenen grundlegende Auswirkungen. Auf der personalen Ebene des Individuums und auf der institutionellen Ebene sind diese Momente von existenzieller Bedeutung. Wie geht die Institution mit diesem „Shimmering moment of disclosure"[4] um?

2. Der Missbrauchsskandal – eine periodische Krise

Der Missbrauchsskandal der katholischen Kirche ist eine periodische Krise, in der diese weltweit scheinbar von Skandal zu Skandal stolpert, indem immer nur das zugegeben wird, was gerade unvermeidlich ist. So geschehen in den Jahren 2001, 2010 und 2018, als die Skandale Höhepunkte öffentlicher Empörung erreichten.[5] Das Bekanntwerden der krisenhaften Ereignisse verursachte heftige Erschütterungen, die jedoch immer wieder verebbten. Zwar wuchs mit jedem Peak der öffentlichen Empörung die Bereitschaft, beschlossene Maßnahmen entschiedener umzusetzen. Jedoch fielen die Entscheidungsträger wieder in alte Verhaltensmuster zurück, sobald die öffentliche Aufmerksamkeit nachließ. Kirchliche Vertreter versuchten immer wieder, der schrecklichen Wahrheit auszuweichen und sie nicht in ihrer ganzen Bitterkeit anzuerkennen. Sie hofften, dass die Kirche nicht in der Öffentlichkeit bloßgestellt und ihre wirtschaft-

[4] Der Ausdruck wurde geprägt von Ann Cahill (s. Anm. 21).

[5] Vgl. The Nature and Scope of Sexual Abuse of Minors by Catholic Priests and Deacons in the United States 1950–2002 (2004), online: http://www.bishop-accountability.org/reports/2004_02_27_JohnJay_revised/2004_02_27_John_Jay_Main_Report_Optimized.pdf [Stand 0.6.11.2020]; Royal Commission, Final Report (2017), online: www.childabuseroyalcommission.gov.au/final-report [Stand 23.06.2019].

liche Existenz gefährdet wird. Die Abwehrmuster ähnelten sich: Bagatellisierung, Delegieren der Verantwortung, keine Erinnerung, dass sich Betroffene schon vor Jahrzehnten gemeldet hatten.[6] Die Betroffenen waren nicht im Blick.

Die fehlende Bereitschaft der kirchlichen Vertreter zur Verantwortungsübernahme in ihrer gesamten ethischen, moralischen und strafrechtlichen Dimension ist eine wesentliche Ursache des tiefgreifenden Vertrauensbruchs.

Heute wissen wir: Sie verschwiegen und vertuschten Taten mit der Folge, dass Täter nicht bestraft und weitere Straftaten begünstigt wurden. Die in der MHG–Studie für Deutschland identifizierten 3.677 Opfer stehen stellvertretend für alle Opfer, die es weltweit bis heute gibt. Den allermeisten wurde nicht geglaubt und nicht geholfen. Es ging darum, Priester auf allen Hierarchieebenen vor Konsequenzen und (Gefängnis-)Strafen zu bewahren, die bestehenden Strukturen vor unbequem erscheinenden Veränderungen zu schützen und abzuschotten. Die katholische Kirche erschien als eine unverwundbare Trutzburg, immun gegen Fragen der ethischen und moralischen Verantwortung gegenüber den zahllosen Frauen und Männern, die als Kinder oder Erwachsene zum Opfer wurden, und immun gegen notwendige Veränderungen.

Die Hoffnung, dass das öffentliche Interesse am Thema ‚Sexueller Missbrauch in der katholischen Kirche' wieder in Vergessenheit geraten könnte, ist ein Trugschluss. Die Kirche hat ihre Deutungshoheit und das Grundvertrauen der Menschen in das christliche Handeln auf Jahrzehnte hin verloren. Menschen wenden sich durch Kirchenaustritte ab, bleiben den Got-

[6] Vgl. Erzbischöfliches Generalvikariat (Hg.), Sexueller Missbrauch, physische und psychische Gewalt am Collegium Josephinum, Bad Münstereifel. Eine wissenschaftliche Aufarbeitung mit und für Betroffene. Endbericht – Köln im Juli 2017, Köln 2017, 185 und 194f.

tesdiensten, den Gemeinden und Schulen fern, verlieren ihren Glauben und geben den Glauben, das aktive Christsein nicht an nachfolgende Generationen weiter. So wird die Kirche als solche grundlegend durch die Tolerierung der strukturellen Gewalt geschädigt.

Mit jeder neuen Tat, die aufgedeckt wird, wird alles gestern Gewesene erneut präsent, egal welche innovativen Maßnahmen zum Schutz von Kindern initiiert wurden. Die Mechanismen der Verantwortungsabwehr kirchlicher Verantwortlicher erweisen sich als immer weniger effektiv. Das institutionelle und öffentliche Gedächtnis vergisst nicht. Der Missbrauchsskandal wird stets latent vorhanden bleiben, wenn er nicht grundlegend aufgearbeitet wird. Dies gilt nicht nur für kirchliche Institutionen.[7]

3. Strukturelle Gewalt als Ausdruck institutioneller Vulneranz

Vulneranz ist die Fähigkeit und Bereitschaft den anderen zu verwunden.[8] Vulneranz als Schutz der eigenen Institution ruft Spiralen der Gewalt hervor. Jedoch braucht es im Kontext einer Institution Ermöglichungsbedingungen für das Ausüben von direkter Gewalt einzelnen Menschen gegenüber. Nur wenn es bereits einen Nährboden für unterschiedliche Formen von Gewalt gibt, ist es auch möglich, innerhalb einer Institution Kinder und Jugendliche zu missbrauchen. Dieser Nährboden ist die

---

7 Bettina Janssen, Tatorte und Aspekte der Täter-Opfer-Institutionen-Dynamik, in: Jörg M. Fegert/Mechthild Wolff (Hg.), Kompendium „Sexueller Missbrauch in Institutionen“. Entstehungsbedingungen, Prävention und Intervention, Weinheim 2015, 208–223, 223.

8 Zum Begriff der Vulneranz siehe: Hildegard Keul, Verwundbarkeit, Sicherheit und Resilienz. Der Vulnerabilitätsdiskurs als Chance für eine gesellschaftsrelevante Theologie, in: StZ 142 (2017) 589–598, 591.

strukturelle Gewalt. Er ermöglicht es einem Täter, manipulative Strategien zur Anbahnung und Vertuschung seiner Taten anzuwenden. Indem es nach der Offenlegung keine Sanktion, Konsequenz und Bestrafung gibt, wird die erneute Verletzung der Opfer in Kauf genommen. Sie werden als *Troublemaker* bezeichnet und abgewiesen. Diese Täterstrategie dient der Sicherung der eigenen Macht. „Der Wunsch, die eigene Institution zu schützen, birgt ein Gewaltpotenzial: Der andere wird verwundet, so dass er selbst nicht verwundet wird. Diese ‚Herodes-Strategie' führt zu Abwehrmechanismen, die die Opfer ausschließen, unter Verdacht stellen und erneut verwunden."[9]

So trifft die strukturelle Gewalt erneut das Opfer Es bedarf einer expliziten Widerstandskraft, um nicht erneut victimisiert zu werden.[10]

Die Ergebnisse der MHG-Studie zeigen auf, wie strukturelle Gewalt eine dem System immanente Grundlage ist, die den sexuellen Missbrauch von Kindern und Jugendlichen ermöglicht.[11] Der Umgang mit *„klerikaler Macht"*[12], der damit

---

[9] Hildegard Keul, Resurrection as an Art of Living. Restoring Faith after Abuse, in: Karlijn Demasure/Ka Fuchs/Hans Zollner, Safeguarding. Reflecting on Child Abuse, Theology and Care, Leuven 2018, 105–124, 109: „The desire to protect one's own institution contains a potential for violence: the other is wounded so that oneself is not. This 'Herodian strategy' results in defense mechanisms that exclude the victims, place them under suspicion, and wound them again."

[10] Zum Begriff von *Sacrifice* und *Victimisierung*: Hildegard Keul, Prävention als Zeichen der Zeit. Die unerhörte Macht der Verwundbarkeit und der Heilsauftrag der Kirche, in: Mary Hallay-Witte/Bettina Janssen (Hg.), Schweigebruch: Vom sexuellen Missbrauch zur institutionellen Prävention, Freiburg – Basel – Wien 2016, 271–289.

[11] MHG-Studie, 7 Teilprojekt 7 – Internetgestützte anonyme Befragung (2018), online: https://www.dbk.de/fileadmin/redaktion/diverse_downloads/dossiers_2018/MHG-Studie-gesamt.pdf [Stand 06.11.2020].

[12] MHG-Studie, A.4 Empfehlungen (2018), online: https://www.dbk.de/fileadmin/redaktion/diverse_downloads/dossiers_2018/MHG-Studie-gesamt.pdf [Stand 06.11.2020].

verbundene Machtmissbrauch, der tief in kirchlichen Strukturen wirkt, ermöglicht und legitimiert so den sexuellen Missbrauch. Dies wurde in der MHG-Studie als Ursache und als ein spezifisches Strukturmerkmal für sexuellen Missbrauch in der katholischen Kirche identifiziert. „Klerikalismus meint ein hierarchisch-autoritäres System, das auf Seiten des Priesters zu einer Haltung führen kann, nicht geweihte Personen in Interaktionen zu dominieren, weil er qua Amt und Weihe eine übergeordnete Position innehat. Sexueller Missbrauch ist ein extremer Auswuchs dieser Dominanz."[13]

Der Klerikalismus wirkt in kirchliche Institutionen hinein und färbt auf den Umgang aller Beteiligten miteinander ab. Viele Priester, in dem Verständnis Stellvertreter Christi zu sein, auch in leitender Verantwortung, leben in ihrem oft religiös untermauerten Machtmissbrauch ein Zeugnis vor, das Gewalt akzeptiert, toleriert und insbesondere nicht sanktioniert – die Versetzung von beschuldigten Priestern, Nicht-Einhalten von staatlichen und kirchlichen Gesetzen zur Strafverfolgung sind die Symptome. Damit wird nicht nur die sexualisierte Gewalt legitimiert, sondern auch viele andere Formen der Gewalt erhalten so die Legitimation und durchsickern das Alltagshandeln einer Institution und der in ihr beschäftigten und engagierten Menschen.

Dies spiegelt sich in den persönlichen Erfahrungen vieler an der Aufarbeitung beteiligter kirchlicher Mitarbeiter wieder. Die dem Thema immanente institutionelle Verdrängung und Abspaltung trifft diejenigen, die die Perspektive der Betroffenen einbringen, für Aufklärung und Schutz sorgen wollen. Sie gera-

---

13 MHG-Studie, A.3 Kontextualisierung der Befunde im Hinblick auf spezifische Strukturen und Dynamiken der katholischen Kirche im Verantwortungsbereich der Deutschen Bischofskonferenz (2018), online: https://www.dbk.de/fileadmin/redaktion/diverse_downloads/dossiers_2018/MHG-Studie-gesamt.pdf [Stand 06.11.2020].

ten in die Isolation und riskieren es, selbst Formen der strukturellen Gewalt zu erfahren. So machen sie sich in dem Versuch der Offenlegung von Gewalt selbst verwundbar. Sie brauchen Widerstandskraft und Resilienz, um diese Arbeit tun zu können.

Die Symptome sind Ausdruck institutioneller Vulneranz. In der Gewalttypologie von *Johan Galtung,* dem Gründungsvater der Friedens- und Konfliktforschung, wird strukturelle Gewalt beschreiben als Gewalt, die in „sozialen Interaktionsformen und Prozessen eingebettet ist“[14] und sich nicht nur in der Interaktion zwischen zwei Menschen abbildet, sondern „in der indirekten, stillschweigenden, hingenommenen oder institutionellen Blockade zum Ausdruck kommt“[15]. Sie geht nicht alleine von einzelnen Akteuren aus. Strukturelle Gewalt in einer Hierarchie zeichnet sich dadurch aus, dass ein Veränderungswille, der von den niederen Ebenen an die höheren Ebenen artikuliert wird, nicht umsetzbar ist, weil diese soziale Veränderung durch harte, „unveränderbare Regelbestimmungen und Maßnahmen“ der oberen Ebenen verhindert wird“[16]. Innerkirchlich zeigt sich dies z. B. in der theologischen Untermauerung des Zölibats, des Amtsverständnisses über das Priestertum, in der Sexualmoral u. v. m., welche auch eingesetzt werden, um Veränderungen zu verhindern, den Status Quo zu legitimieren und somit die klerikale Macht zu sichern.

Die stark homophobe Haltung, die Ablehnung von Homosexualität, insbesondere in großen Teilen der Priesterschaft, ist ebenfalls Ausdrucksform institutioneller Vulneranz. In der MHG-Studie finden sich Hinweise auf eine höhere Anzahl von

---

[14] Naakow Grant-Hayford/Victoria Scheyer, Strukturelle Gewalt verstehen. Eine Anleitung zur Operationalisierung (2016), online: https://www.galtung-institut.de/en/research/papers/ [Stand 16.04.2019].

[15] Ebd.

[16] Ebd.

Männern mit homosexueller Orientierung in der Kirche sowie eine überwiegende Zahl männlicher Betroffener.[17] Diese macht aufmerksam auf das komplexe „Zusammenspiel von sexueller Unreife, abgewehrten oder verleugneten homosexuellen Neigungen in einer ambivalenten, teilweise auch offen homophoben Umgebung, die im Falle ungünstiger Risikokonstellationen die Schranke zu sexuellen Handlungen mit (männlichen) Kindern und Jugendlichen herabsetzen und eine weitere Erklärung für das Überwiegen männlicher Betroffener beim sexuellen Missbrauch durch katholische Kleriker bieten.“[18]

In diesem Zusammenhang lässt sich kritisch fragen: Ist die rigide Sexualmoral auch ein Ausdruck von institutioneller Vulneranz?

4. Was heißt das für die anstehenden innerkirchlichen Reformprozesse?

Klerikalismus als Risikofaktor zu minimieren oder gar abzuschaffen, ist nicht ohne einen Perspektiv- bzw. Paradigmenwechsel möglich. Es geht darum, die notwendigen Reformen anzugehen und hinzuschauen, was in der römischen Kurie, den Diözesen, Abteilungen, Stabsstellen, Schulen, Pfarreien oder Orden verändert werden kann – woran viele im Arbeitsalltag und ihrem Alltagshandeln bewusst und unbewusst Anteil haben, auch selbst (un-)bewusst erleiden. Dies erfordert eine gründliche Analyse und Offenlegung der strukturellen Gewalt,

---

[17] MHG-Studie, A.2 Zentrale empirische Befunde aus den Untersuchungen (2018), online: https://www.dbk.de/fileadmin/redaktion/diverse_downloads/dossiers_2018/MHG-Studie-gesamt.pdf [Stand 06.11.2020].

[18] MHG-Studie, 6 Teilprojekt 6 – Personal-und Handaktenanalyse (2018), online: https://www.dbk.de/fileadmin/redaktion/diverse_downloads/dossiers_2018/MHG-Studie-gesamt.pdf [Stand 06.11.2020].

ihre Anerkennung und eine grundlegende Veränderung der Umgangskultur und Haltung. Das Evangelium zeigt die Grundlage des Handelns und der notwendigen Haltungen auf. Damit der anstehende radikale Aufarbeitungs- und der Veränderungsprozess innerhalb der Kirche gelebt werden kann, Formen der strukturellen Gewalt minimiert werden können, ist eine Analyse darüber notwendig, wie und wo diese wirkt.

In der strukturellen Prävention von sexueller Gewalt ist die Risikoanalyse ein Instrument, mit dem im ersten Schritt identifiziert wird, wo Gefahrenpotenziale in einer Institution vorhanden sind. D. h., die Prävention jeglicher Form von Gewalt, insbesondere der sexualisierten Gewalt, dient auch der Unterbindung und Minimierung von Gewaltdynamiken und somit der strukturellen Gewalt. Das meint im weitesten Sinne der in der Präventionsarbeit in Deutschland gängige Begriff einer *Kultur der Achtsamkeit.*

Wenn eine tiefgehende Analyse vorgenommen wird und Formen von struktureller Gewalt in kirchlichen Institutionen identifiziert werden, das Schweigen darüber gebrochen wird, lassen sich tagtäglich Formen von struktureller Gewalt finden, denen haupt- und ehrenamtliche Mitarbeitende, insbesondere Frauen in mittleren kirchlichen Führungspositionen, teilweise schutzlos ausgesetzt sind.

Strukturelle Gewalt im institutionellen Alltag artikuliert sich oftmals unerkannt. Beispiele hierfür sind: ständig auftretende, sich permanent potenzierende Konflikte, kein ausreichendes Beschwerdemanagement, unbeantwortete Emails, mangelnder Zugang zu (in-)formellen Kommunikationskanälen, unklare Auftragsvergabe, gezielte Nicht-Information, unregelmäßige Dienstbesprechungen, mangelnde Kontrolle von Workflows; mangelnde, verweigerte Kooperation; keine Sanktion bei nicht Einhaltung von Grundregeln des menschlichen Anstands, üble Nachrede, Rufschädigung, Arbeitsverweigerung zur Umsetzung der Präventionsordnungen, offene oder verdeckte Angriffe auf Personen.

Die Folgen auf Seiten der Mitarbeitenden und der Gläubigen sind innere und äußere Kündigung, (psycho)somatische Langzeiterkrankungen, Minimierung der einzelnen Arbeitsleistung; Überforderung mit den Anforderungen der vielen anstehenden Restrukturierungs- und Veränderungsprozesse.

Im übergeordneten Kontext sind der systematische Ausschluss von Frauen aus kirchlichen Führungspositionen, Diffamierung und Diskriminierung von Frauen und Opfern von sexualisierter Gewalt, die Isolierung derjenigen, die aufdecken, sprechen, anmahnen und die Verweigerung notwendiger Kirchenreformen vielfältige Ausdrucksformen der strukturellen Gewalt. Die Folgen auf Seiten der Institution sind die grundlegende Rufschädigung und ein unwiederbringlicher Vertrauensbruch, wenn die zugrunde liegende strukturelle Gewalt nicht adressiert und minimiert wird.

5. Die ethische und moralische Dimension des Momentes des sich Anvertrauens

Eine Ausdrucksform der strukturellen Gewalt ist, Betroffenen nicht zuzuhören, wenn sie sich an eine Institution wenden. Die Offenlegung von sexuellem Missbrauch gegenüber einer Institution löst eine institutionelle Krise aus. Jedoch, wenn sich die Verantwortlichen einer Institution der Tatsache stellen, dass es sexuellen Missbrauch von Schutzbefohlenen in der eigenen Institution geben kann, dass eine Institution auf diese Weise verwundbar ist, es keinen absoluten Schutz davor gibt, dann können sie auf jenen einen Moment vorbereitet sein, in dem sich (ehemalige) Schutzbefohlene an die Verantwortlichen wenden und sich das Leid, welches ihnen widerfahren ist, in seinem ganzen Ausmaß offenbart.

Die *MHG-Studie* und der *Pennsylvania Report* sind nur zwei Studien, in denen offensichtlich wird, wie systematisch der sexuelle Missbrauch in seinen vielfältigen Erscheinungsformen passiert ist und wie es möglich war, dass Betroffenen nicht zugehört wurde. Unzählige Momente des sich Anvertrauens verstrichen ungeschützt, unerhört und vielfach folgenlos für die Beschuldigten. So wurde Betroffenen weiteres Leid zu gefügt. Der Moment, in dem sich ihr Leid in einer Institution offenbart, kann alles oder nichts für diese Institution bedeuten. Dabei hat dieser Moment des Sich-Anvertrauens eine Schlüsselposition für den Umgang der Institution mit Missbrauch. Er ist mit vielen Fragen behaftet:

Wie reagiert die Person als Vertreterin der Institution und wie reagieren insbesondere die Verantwortlichen der Institution auf dieses Moment?

- Sind sie vorbereitet? Wenn ja, wie? Wenn nein, warum nicht?
- Sind die Verfahrenswege und Meldepflichten so, dass sie den Moment in seiner gesamten ethischen und moralischen Dimension schützen?
- Werden Opfer nicht wieder zu Opfern gemacht?
- Ist dieser Moment so gestaltet, dass er die unterschiedlichen Realitäten – die der Überlebenden, die wissen, was ihnen passiert ist und die des Vertreters der Institution, der an Verfahrensregeln gebunden ist, die Plausibilität prüfen soll sowie weitere Handlungsschritte einleiten muss – vereint?

Dieser Moment birgt ein hohes Risiko für beide Seiten in sich, denn er beinhaltet eine zutiefst ethische und moralische Dimension. Er bedarf des besonderen Schutzes, denn für die betroffenen Frauen und Männer bedeutet er alles in der institutionellen Reaktion darauf. Entweder zeigt sich die Institution als scheinbar unverwundbare Trutzburg, in der die Verantwortlichen jegliche Verantwortung von sich weisen, die ihre Macht zur weiteren Verwundung und Abwehr der Betroffenen ausspielen und die Fragen nach richtig oder falsch, plausibel oder nicht plausibel zu ihrem Vorteil beantworten. Oder sie erweist sich als eine verletzliche Institution, in der sich die Verantwortlichen ihrer ethischen und moralischen Verantwortung bewusst sind, diese in vollem Umfang für das Geschehene übernehmen, indem sie anerkennen, was geschehen ist, und bereit sind, die Würde der Betroffenen wiederherzustellen und ihre Rechte anerkennen. Indem sie bereit sind, Betroffene als Menschen anzusehen, die allen Schutz brauchen, der erforderlich ist, um sexuellen Missbrauch zu beenden, zu sanktionieren und als solchen anzuerkennen. Den Betroffenen in einer solchen Haltung zu begegnen bedeutet auch die Anerkennung der eigenen institutionellen Verletzlichkeit. In dem Akt der Anerkennung wird, um der Humanität willen, die eigene Verletzung und Verletzlichkeit nach außen sichtbar gemacht. Und letztlich stellt sich eine Institution der eigenen Scham und institutionellen Schuld.

Ein Ausgangspunkt dieser Überlegungen zur Vulnerabilität bzw. zur Vulneranz einer Institution ist der interdisziplinäre Vulnerabilitätsdiskurs verbunden mit dem Forschungsansatz von Hildegund Keul. Sie sieht den Vulnerabilitätsdiskurs als „Chance für eine gesellschaftsrelevante Theologie“[19] und bringt diesen mit der Theologie in Verbindung. „Die menschliche Verwundbarkeit übt im persönlichen und politischen, sozialen und kulturellen, und nicht zuletzt im religiösen Leben eine unerhörte Macht aus. Denn häufig sichert man sich selbst gegen Verwundungen ab, indem man Andere der Verwundung aussetzt. Das Spannungsfeld von Vulnerabilität und Sicherheit erzeugt ein Gewaltpotential, das vielerorts am Werk ist – nicht zuletzt an den umstrittenen Grenzen Europas. […] Daher steht das menschliche Handeln vor einer Doppelfrage: Wo ist es not-

[19] Keul, Verwundbarkeit, 589–598.

wendig, sich selbst und die eigene Gemeinschaft (Familie, Religion, Staat) vor Verwundungen zu schützen? Wer sich nicht vor Verwundungen schützt, wird das schnell mit dem Leben bezahlen. Wo ist es notwendig, um der Humanität willen der eigenen Verletzlichkeit zu riskieren?“[20]

In Verbindung dazu möchte ich den Ansatz der amerikanischen Philosophin Ann Cahill vorstellen. Unter dem Titel „The shimmering moment of disclosure“[21] beschreibt Cahill die ethische Dimension dieses besonders „angespannten, zerbrechlichen, gefährlichen, riskanten jedoch vielversprechenden“ Moments. Der Moment, in dem Überlebende sexuellen Missbrauchs die Erfahrung einer ihr vertrauenswürdigen Person oder einem Vertreter einer Institution offenbart. Sie beschreibt, „wie dieser Moment multiple Formen der Verletzlichkeit mit sich bringt und erzeugt“[22]. Sie stellt fest, dass „die Art und Weise, wie Verwundbarkeit im Spiel ist, uns daran erinnern kann, dass Verwundbarkeit nicht nur die Offenheit für Schaden oder Verletzung ist, sondern auch eine notwendige Bedingung für Welt- und Subjektwerdung bzw. der Menschwerdung ist.“[23] Sie beschreibt Vulnerabilität „nicht als Mangel, der verwaltet und/oder kompensiert werden muss, sondern als eine existenzielle Modalität, die es

[20] Dies., Verwundbarkeiten (2020), online: www.vulnerabilitätsdiskurs.de/vulnerabilitaetsdiskurs [Stand 06.11.2020].

[21] Ann Cahill, The Shimmering Moment of Disclosure. Vulnerability and Sharing Experiences of Sexual Violence (2019), online: www.his-online.de/nc/veranstaltungen/veranstaltung-einzelansicht/news/the-shimmering-moment-of-disclosure-vulnerability-and-sharing-experiences-of-sexual-violence/ [Stand 06.11.2020].

[22] Noch nicht veröffentlicht, Manuskript liegt der Autorin vor: Ann Cahill, Disclosing an Experience of Sexual Assault. Ethics and the Role of the Confidant, in: Doerthe Rosenow/Victoria Browne/Jason Danely (Hg.), Vulnerability and the Politics of Care, Oxford 2021, 189. „particularly fraught, fragile, perilous, and promising“.

[23] Ebd.

erlaubt und verlangt, dass das menschliche Subjekt von Anderen auf fundamentale Weise geformt, markiert und beeinflusst wird. Die schädlichen oder nützlichen Möglichkeiten, die diesem Moment der Enthüllung innewohnen, sollten daher nicht als unterschiedliche *Antworten* auf die Verwundbarkeit verstanden werden (…), sondern als unterschiedliche *Einsätze (deployments).*“[24]

In der Prävention und Intervention von sexuellem Missbrauch und Gewalt müssen wir also, wie Cahill feststellt, die multiple Verletzlichkeit schützen. Sie thematisiert „nicht nur die Risiken, die Überlebende bei der Offenlegung an Vertraute eingehen, sondern auch die Risiken und Möglichkeiten, die der Moment für den Vertrauten birgt.“

Sie konstatiert: „Nicht nur die rechtlichen oder institutionellen Eingriffe in diesen Moment der Offenlegung […] unterminieren ihr Potenzial für intersubjektive Bedeutungsbildung, sondern sie machen gleichzeitig die Betroffenen noch verletzlicher durch invasive bürokratische Verfahren, die selten zu Gerechtigkeit führen.“[25]

In Erweiterung zu Cahills Beschreibung dieses Momentes der multiplen Vulnerabilität, der Offenlegung möchte ich hinzufügen, dass auch ein hohes Risiko für die Institution selbst besteht. Es gibt demnach auch eine institutionelle Verwundbarkeit, denn die Möglichkeit, dass sexueller Missbrauch innerhalb einer Institution passiert, ist nach wie vor hoch. Das weltweite,

---

[24] Ebd.: „[…] managed and/or compensated for, but as an existential modality that both permits and requires the human subject to be shaped, marked, and influenced in fundamental ways by other human subjects. The harmful or beneficial possibilities inherent in this moment of disclosure […], should therefore be understood not as different *responses* to vulnerability, but as different *deployments* of it.“

[25] Ebd.: „Legal or institutional encroachments upon this moment of disclosure, […] undermine its potential for intersubjective meaning-making while simultaneously rendering survivors even more vulnerable to invasive bureaucratic procedures that rarely result in justice.“

jahrzehntelange Nichtstun, Leugnen und Vertuschen untergräbt das Potenzial der Anerkennung und Heilung, das solch aktiven Momenten der Offenbarung innewohnen kann. Es gibt eine Verletzlichkeit für beide Seiten. Das Risiko, das über Jahrzehnte weltweit eingegangen wurde, indem insbesondere nicht juristisch mit den Taten umgegangen wurde, führte zu dem grundlegenden Vertrauensbruch. Die Folgen sind: Überlebende hatten keine Möglichkeit, als Subjekte in ihrer Würde anerkannt zu werden. Das kostbare Potenzial dieses Augenblicks als Moment der intersubjektiven Bedeutungsbildung wurde verkannt. Somit wurde die vielfache Chance einer individuellen sowie institutionellen Aufarbeitung und Wiederherstellung von Gerechtigkeit und die Möglichkeit, Heilung zu erfahren, bisher verpasst.

Den Gedanken der multiplen Vulnerabilität in die kirchliche Präventionsarbeit mit hinein zu nehmen, insbesondere als Teil der notwendigen Aufarbeitung zu verstehen, heißt vielmehr, nicht nur in der Ausbildung von Klerikern und pastoralen Mitarbeitern die Fragen nach den persönlichen Themen der Verwundbarkeit und den eigenen Herodesstrategien zu stellen, sondern die Vulnerabilität als etwas zu verstehen, was bei allem Risiko über uns selbst hinaus weist und den Anderen in seiner Vulnerabilität in den Blick nimmt. Sonst läuft insbesondere die Präventionsarbeit Gefahr, den sexuellen Missbrauch lediglich als ein Sexualdelikt zu verstehen und dort zu verorten, anstatt ihn als Ausdruck von Macht und Gewalt zu sehen, mit allen damit verbundenen Fragen der klerikalen Macht.[26] Die Chance, die in diesem Perspektivwechsel liegt, ist, sich der eigenen Verwundbarkeit zu öffnen, berührbar zu bleiben mit dem Ziel, sich den Verwundungen der anderen auszusetzen zu können, sie anzuerkennen und so einen tiefer gehenden Prozess der Auf-

[26] Stephanie Klein, Sexueller Missbrauch als Ausdruck von Macht und Gewalt, in: ZPTh 36 (2016) 85–99.

arbeitung und Heilung, der Menschwerdung zu ermöglichen. Die kirchliche Präventionsarbeit in Deutschland seit 2010 kann als ein anfanghafter Schritt in diesem Perspektivenwechsel verstanden werden.

6. Wie kann der grundlegende Schaden aufgearbeitet werden?

Es wird eine Zukunftsaufgabe für den innerkirchlichen Diskurs sein, die Implikationen, die die Ergebnisse und Empfehlungen der MHG–Studie mit sich bringen, zu erarbeiten. Die Aufarbeitung und ihre Folgen sind für jede Institution, egal welcher Größe, existenziell. Nur indem sich eine Einrichtung auf einen Prozess der Reflexion über die missbrauchsermöglichenden Bedingungen und Strukturen selbstkritisch einlässt, ist es möglich, den Kreislauf der Gewalt, seine missbrauchsermöglichenden Strukturen zu durchbrechen und zukünftige Wiederholung zu unterbinden. Um wirksame und tiefgehende Aufarbeitung zu initiieren, ist es notwendig zu verstehen, wie es möglich war, dass der sexuelle Missbrauch passieren konnte. Wie sieht die Kultur zur Legitimation der Gewalt in einer Institution aus?

Jede Institution, die den Skandal eines sexuellen Missbrauchs durchlebt und aufarbeiten muss, geht einen eigenen spezifischen Weg. Dabei sind bestimmte Eckpunkte wie eine rückblickende Deutung der innersystemischen Prozesse und Konflikte, Schaffen einer Kultur der Erinnerung und der Integration ins kollektive Gedächtnis wichtig.

Der Austausch einzelner Akteure bringt keine grundlegende Veränderung mit sich. Das zeigt sich in dem Wirken von Papst Franziskus. Er hat versucht, die Probleme zu adressieren, seine anfänglich scharfen insbesondere theologisch untermauerten Worte sind inzwischen zu Ausweichmanövern geworden. Die Kardinäle seines engsten Beratergremiums sind wiederholt Vorwürfen der Vertuschung und des sexuellen Missbrauchs ausgesetzt. Warum handelt er nicht konsequent? Er schafft es bisher nicht, eine grundlegende Veränderung herbeizuführen, weil große Teile der eigenen Kurie ihn blockieren und weiterhin eine gewaltvolle Kultur des Miteinanders pflegen.

Galtungs Friedensforschung beschreibt, welche Ursachen menschliche Gewalthandlungen haben. Sie entstehen nicht grundlos. Galtung beschreibt „strukturelle und kulturelle Gewalt als Ursachen direkter Gewalt, mittels gewalttätiger Akteure, die gegen die Strukturen revoltieren, und einer Kultur zur Legitimation ihres Gebrauchs von Gewalt als Mittel"[27]. Der Friedensprozess muss laut Galtung „auf dieser Ebene in Gang gesetzt und ausgebaut werden, nicht nur im ‚Kopf' des Menschen"[28]. Versteht man strukturelle Gewalt als Kulturmerkmal, also als eine Kultur des Miteinanders, welche geprägt ist von unterschiedlichen Formen der Gewalt, insbesondere der sexualisierten Gewalt, kann die in der kirchlichen Präventionsarbeit postulierte *Kultur der Achtsamkeit* zu einem wirklichen Paradigmenwechsel und Neuanfang beitragen. Damit diese aber nicht nur in der Theorie bzw. im Kopf bleibt, ist die Verbindung der Theologie mit dem Vulnerabilitätsdiskurs und dem Verständnis darüber notwendig, dass der Moment des sich Anvertrauens eine ethische und moralische Dimension beinhaltet und zutiefst bedeutsam ist für die Mensch- und Subjekt-Werdung. Werden diese Ansätze miteinander verbunden, bergen sie ein bisher unterschätztes Potential für die kirchliche Aufarbeitung von sexuellem Missbrauch und können diesem eine neue Qualität hinzufügen. Dies erfordert jedoch auch heute noch

---

[27] Johan Galtung, Gewalt, Krieg und deren Nachwirkungen. Über sichtbare und unsichtbare Folgen der Gewalt (2004), online: https://them.polylog.org/5/fgj-de.htm [Stand 16.04.2019].

[28] Ebd.

Widerstandskraft, die sich den Versuchungen der Gewalt und des Machtmissbrauches entgegenstellt.

Dazu bedarf es Menschen, die sich vernetzen, sich verletzlich machen, indem sie sich der strukturellen Gewalt entgegenstellen, diese benennen und offenlegen.

So können kirchliche Strukturen zu schützenden Strukturen werden, in denen die Rechte von Kindern und Jugendlichen respektiert werden und das Leid von betroffenen Frauen und Männern Anerkennung findet. Dazu gehört auch die Verantwortungsübernahme für die eigenen Taten durch den einzelnen Täter.

Die Herausforderung ist, sich der eigenen Verwundbarkeit zu öffnen, berührbar zu bleiben, mit dem Ziel, sich den Verwundungen der anderen auszusetzen zu können, sie anzuerkennen und so einen Prozess der Aufarbeitung, Heilung und der Menschwerdung zu ermöglichen. Auf dieser Grundlage können Eckpunkte der Aufarbeitung wirksam werden und das Erinnern, das Sprechen, das Zuhören, das Anerkennen und Rechtsprechen auf fruchtbaren Boden fallen.[29]

Dann erst kann auch das erinnernde Gedenken dazu beitragen, die individuelle Leidensgeschichte in das kollektive Gedächtnis zu integrieren. Auf diese Weise können die Deliktkreisläufe, die Spiralen der Gewalt durchbrochen werden und als Teil der Geschichte verstanden werden, die der Vergangenheit angehören.

---

[29] Jens Brachmann, Pädosexuelle Gewaltverbrechen – Erwartungen an die „wissenschaftliche" Aufarbeitung (2017), online: https://www.budrich-journals.de/index.php/ew/article/view/29414 [Stand 06.11.2020].

Prävention von sexuellem Missbrauch
Die Entwicklungen in der katholischen Kirche im vergangenen Jahrzehnt und die Arbeit des *Centre for Child Protection*[1]

von Hans Zollner SJ

Die katholische Kirche hat sich angesichts des sexuellen Missbrauchs von Minderjährigen und anderen Schutzbefohlenen durch Priester und andere Vertreter der Kirche der Diskussion im gesamtgesellschaftlichen Rahmen zu stellen. Die Kirchenleitung und all jene, denen das Wohl der am meisten Verwundbaren am Herzen liegt, müssen mit der von Papst Benedikt XVI. wie von Papst Franziskus geforderten Konsequenz und Transparenz in der Aufarbeitung wie auch in der Präventionsarbeit vorgehen, um der Gerechtigkeit den Missbrauchsopfern willen und aus der Verantwortung für ihren Verantwortungsbereich in Gegenwart und Zukunft. Die an Minderjährigen und Schutzbefohlenen begangenen Verbrechen haben nicht nur viele Tausende unschuldige Menschen schwer verletzt und traumatisiert, sie haben in Folge auch die Glaubwürdigkeit der Kirche schwer erschüttert und damit das gesamte System Kirche in eine tiefe Krise gestürzt. Eine der wichtigsten Erkenntnisse, die konkrete Konsequenzen nach sich ziehen soll, ist, dass die katholische Kirche eine besondere Verantwortung dafür hat, Missbrauch zu verhindern.

---

[1] Dieser Beitrag stellt eine überarbeitete Fassung des früher publizierten Beitrags dar: Hans Zollner, Prävention von Missbrauch Minderjähriger und Schutzbefohlener in der katholischen Kirche, in: Erwachsenenbildung. Vierteljahresschrift für Theorie und Praxis 66 (2020) H.1, 4–8.

1. Anspruch und Wirklichkeit

Die schiere Größe und Bedeutung als größte und älteste Institution der Welt, die moralischen Ansprüche an alle Kirchenmitglieder, die faktische Führungsrolle der katholischen Kirche in vielen Ländern als Stimme der Hilfsbedürftigen und die innerkirchliche wie allgemein vorhandene Erwartungshaltung, dass gerade katholische Kleriker den hohen Ansprüchen genügen, rechtfertigen das spezifische Augenmerk, das auf die katholische Kirche gelegt wird, wenn es um Aufarbeitung und Prävention von Fällen sexueller Gewalt geht. Wenn man sich die globale Dimension der katholischen Kirche mit all ihren Institutionen vor Augen hält, ergibt sich allerdings ein sehr gemischtes Bild davon, welche Einstellung zur Missbrauchsaufklärung und zu Präventionsmaßnahmen vorherrscht. Die katholische Kirche hat etwa 1,3 Milliarden Mitglieder in fast 200 Ländern. Es gibt mehr als 220.000 Schulen in katholischer Trägerschaft, und diese existieren in den unterschiedlichsten rechtlichen, kulturellen und finanziellen Kontexten und Zusammenhängen. Gleiches gilt für die etwa 1450 katholischen Universitäten weltweit, sowie die hunderttausende von Kindergärten, Kinderheimen, Behindertenwerkstätten, Sozialstationen, Krankenhäuser, Hospize und vieles mehr. Eine umfassende Darstellung der Präventionsmaßnahmen in allen Bistümern, Ordensgemeinschaften, Bildungseinrichtungen, Pfarreien und anderen Institutionen der katholischen Kirche ist praktisch undurchführbar.

In einigen Ländern ist die Kirche als Reaktion auf die dort öffentlich gewordenen Skandale manchmal die einzige gesellschaftliche Größe geworden, die flächendeckend Leitlinien zum Umgang mit Opfern und Tätern sowie Präventionsmaßnahmen eingeführt hat. In anderen Ländern, z. B. in Teilen Osteuropas, Afrikas und Asiens, sehen die Kirchenleitung, aber auch vielen Gläubige die Auseinandersetzung mit sexuellem Kindesmissbrauch immer noch als „Problem des Westens“ an und bestreiten, dass es solchen Missbrauch im eigenen Land gab und gibt.

Diese mangelhafte Konsistenz führt zu einer innerkirchlichen Doppelbotschaft: einerseits wird in allen offiziellen Stellungnahmen neben der Aufklärung von geschehenem Missbrauch die Notwendigkeit von Präventionsmaßnahmen hervorgehoben, andererseits wird das Nicht-Einhalten der angemahnten Mindeststandards nicht konsequent geahndet. Die immensen länderspezifischen Unterschiede im Problembewusstsein, in den Rechtssystemen und in all dem, wie Sexualität in der jeweiligen Kultur bewertet und ausgedrückt wird, sind hier noch gar nicht in Rechnung gestellt.

Dabei haben die Päpste Benedikt XVI. und Franziskus sowie die Glaubenskongregation in Rom vorgegeben, dass der Grundsatz *Victims first* gelten soll, und dass entsprechend der Dokumente *Sacramentorum Sanctitatis Tutela* (2001), *Normae de Gravioribus Delictis* (2001), *Vos Estis Lux Mundi* (2019) sowie dem Brief der Glaubenskongregation an die Bischofskonferenzen zur Behandlung von Missbrauchsfällen (2011) die Rechtsgrundsätze sowohl der Kirche als auch des Straf- und Zivilrechtes des jeweiligen Landes eingehalten werden müssen. Von den 118 Bischofskonferenzen (die tausende Ordensgemeinschaften weltweit sind hier noch gar nicht miteinberechnet) wurde das Verfassen von umfassenden Leitlinien inklusive der Erläuterung von Präventionsstrategien eingefordert.

Der ungeschminkten Wahrheit ins Angesicht zu schauen – zu wissen, was an Verbrechen und Unheil geschehen ist (vgl. die von Regierungen oder Bischofskonferenzen in Auftrag gegebenen Erhebungen zu Ursachen und Symptomen von sexuellem Missbrauch durch Kleriker in der Kirche) – sowie die notwendigen Gegenmaßnahmen zu benennen, sind die Bedingungen, um fundierte und effektive Präventionsarbeit konzipieren und effektiv leisten zu können.

2. Was ist Prävention?

Im Hinblick auf sexuelle Gewalt meint Prävention die Schaffung gesunder und sicherer Lebensräume und Umgangsformen, durch die Sexualstraftaten verhindert werden sollen, bevor diese geschehen können. Wie Prävention von sexueller Gewalt geschieht, ist nicht leicht zu erfassen, weshalb Präventionsarbeit und Präventionsansätze kritisch diskutiert und regelmäßig evaluiert werden müssen (Postmus, 2013). Das zur Gewaltprävention adaptierte Public Health Model (Center for Disease Control and Prevention (CDC) 2012) setzt auf vier Ebenen an:

1. Benennen des Problems,
2. Identifizieren der Risiko- und Schutzfaktoren,
3. Entwickeln und überprüfen von Präventionsstrategien,
4. Absichern der Weiterverbreitung von Präventionsstrategien,

und versteht Prävention in erster Linie als Verminderung von Risikofaktoren und Erhöhung von Schutzfaktoren.[2] Das oberste Ziel dabei ist es, sexuelle Gewalt zu unterbinden, bevor diese geschehen kann. Generell kann Prävention in diesem Kontext Opfer-Prävention, Verhältnis-Prävention (Veränderung bzw. Kontrolle gefährdender Verhältnisse durch politische oder rechtliche Maßnahmen) und/oder Verhaltens-Prävention (Änderung des gefährdenden Verhaltens) meinen.[3]

Neuere, situative Präventionsmodelle[4] (vgl. John Jay Study 2004, 2011) berücksichtigen nicht nur Möglichkeiten, die sich

---

[2] Vgl. Hans Zollner/Katharina A. Fuchs/Jörg M. Fegert, Vermeidung von Viktimisierung. Prävention durch bessere Information, in: Nervenheilkunde 32 (2013) 819–826.

[3] Für einen Überblick vgl. ebd.

[4] Vgl. John Jay College of Criminal Justice, The Nature and Scope of Sexual Abuse of Minors by Catholic Priests and Deacons in the United States 1950–2002, Washington D.C. 2004; John Jay College Research Team, The Cau-

aufgrund der Veränderungen in den vergangenen Jahren ergeben haben, sondern auch die Wahrscheinlichkeit, dass Täter im Laufe der Zeit ihr Verhalten anpassen und ihre *modus operandi* entsprechend ändern werden. Insofern ist es unerlässlich, Verhältnis-Präventions-Strategien anzuwenden, die einen allgemeinen Orientierungsrahmen geben können. Das heißt, alle Ereignisse können situationell analysiert und neue Techniken (z. B. Interventionsstrategien) können implementiert werden, um Missbrauch zu verhindern. Gemäß solcher Modelle kann dies auf folgende Arten erreicht werden:

1. Wenn stärkere Bemühungen bestehen, Missbrauch zu verhindern, wird es für Täter schwieriger, Missbrauch zu begehen. In vielen Ländern haben kirchliche Institutionen mittlerweile wichtige Schritte in diese Richtung unternommen. Vielerorts wurden Leitlinien und Programme zur Schaffung einer sicheren Umgebung für Minderjährige eingeführt.
2. Trainingsprogramme zur Schaffung eines sicheren Lebensbereiches erhöhen aufgrund der Sensibilisierung von Verantwortlichen, Erziehungsberechtigten und potentiellen Opfern das Risiko für Täter, überführt zu werden. Diözesen, Orden und kirchliche Institutionen wie Schulen, Kindergärten und Kinderheime sollten solche Schulungsmaßnahmen für alle pastoralen und anderweitigen Mitarbeiterinnen und Mitarbeiter vorsehen.
3. Priesteramtskandidaten, Priester und Angehörige von Ordensgemeinschaften sollten in ihrer Aus- und Fortbildung die notwendige Unterstützung erfahren, affektiv und psychosexuell reifen zu können, ein gesundes Selbstbild zu entwickeln und Freundschaften mit Gleichaltrigen beiderlei Geschlechts zu pflegen. Außerdem müssen Priester in ihren

---

ses and Contexts of Sexual Abuse of Minors by Catholic Priests in the United States 1950–2010, Washington D.C. 2011.

Fortbildungen das rechte Verhältnis von Nähe und Distanz in der Seelsorge, besonders auch in Beichte und Begleitungsgesprächen einüben lernen.

4. Das Wissen darüber, welche Verhaltensweisen Minderjährigen gegenüber unangemessen sind, macht es schwerer, Grenzüberschreitungen zu entschuldigen und zu rechtfertigen. Dieses Wissen muss nicht nur durch Fortbildungsmaßnahmen ständig erweitert werden, sondern es muss auch mit entsprechenden emotional eindrücklichen Erfahrungen verbunden sein, z. B. durch den Bericht eines Opfers von Kindesmissbrauch.

3. Folgen für die Präventionsarbeit in der katholischen Kirche weltweit

Welche Folgen ergeben sich aus diesen z. T. sehr weit reichenden Forderungen? Ist die Kirche in der Lage ihnen gerecht zu werden? Wird sie es schaffen, Strukturen so umzubauen und Mentalitäten so zu verändern, dass Missbrauch verhindert oder zumindest extrem erschwert wird; Vertuschung unmöglich gemacht wird; eine ehrliche, transparente und nachhaltige Aufarbeitung aller Fälle stattfindet; die Opfer mit ihren Familien und Gemeinden im Sinne einer authentischen christlichen Nächstenliebe aufgefangen und begleitet werden; neue Missbrauchsfälle ernst genommen und ohne hohe Hürden angezeigt werden können; Prävention zu einer pastoralen Selbstverständlichkeit, menschliche Sexualität in der Ausbildung und im Leben von Priestern und Ordensleuten nicht mehr tabuisiert wird; Bischöfe bereit sind, sich einer unabhängigen Kontrolle zu unterwerfen; alle Entscheidungen und Maßnahmen der Kirche transparent vermittelt werden?

Schon seit vielen Jahren – aber fast ausschließlich nach dem Bekanntwerden von Missbrauchsskandalen in der Öffentlichkeit – haben die Bischöfe weltweit Maßnahmen beschlossen und umgesetzt. Einige Beispiele sind telefonische Beratungshilfen für Opfer von Missbrauch, die Überarbeitung der Richtlinien für Intervention und Prävention, die Ernennung von Missbrauchsbeauftragten in den Diözesen und Orden, durchgängige und verpflichtende Präventionsschulungen für kirchliche Mitarbeiter, die Aufarbeitung von Fällen, die Übernahme von Kosten für Therapien, die Zahlung von materiellen Wiedergutmachungsleistungen sowie die Beauftragung zu wissenschaftlichen Studien zu den Ursachen und Auswirkungen von Missbrauch und seiner Vertuschung. In der Öffentlichkeit ist es kaum bekannt, dass die katholische Kirche in einer Reihe von Ländern ein flächendeckendes Netz von Präventions- und Interventions-Stellen geschaffen hat. Darüber hinaus werden nicht nur kirchliche Mitarbeiterinnen und Mitarbeiter aller Art, sondern auch Ehrenamtliche (z. B. für Kinderfreizeiten, Kommunion- oder Firmunterricht) zu Fragen von Prävention und Intervention geschult und müssen Selbstverpflichtungserklärungen zum Schutz von Minderjährigen abgeben.

Im Zug dieser Entwicklung ist eine Reihe von Schritten erforderlich, die je nach Land und Kontext unterschiedlich viel Zeit in Anspruch nehmen wird:

- Ehrliche Analyse der Fehler und Mängel sowie ein realistischer Zeitplan für die nächsten Entwicklungsschritte.
- Einführung und ständige Fortschreibung von Präventionsprogammen auf allen Ebenen und in allen Bereichen kirchlicher Institutionen – unter der Berücksichtigung lokaler Faktoren und kultureller Kontexte. Hierbei ist mit einer starken Ungleichzeitigkeiten in der Bewusstseinsbildung und dem Bildungsstand von Mitgliedern von Pfarreien und Diözesen und Mitarbeiterinnen und Mitarbeiter von kirchlichen Institutionen zu rechnen.

- Prävention ist wirksam, auch wenn bisher nicht empirisch nachgewiesen werden könnte, welche Faktoren in welchem Maß hierfür ausschlaggebend sind.[5] Wichtig erscheint in jedem Fall, dass sich eine entsprechende Routine im Präventionsbestreben sowie in der Umsetzung von Präventionsmaßnahmen entwickelt.

Dort, wo die katholische Kirche ernstzunehmende Schritte in Richtung Verständnis und Reduzierung des sexuellen Missbrauchs an Minderjährigen durch Priester unternommen hat, hat sich die Zahl der Missbrauchsfälle deutlich und offensichtlich bleibend verringert.[6] Einige Bischofskonferenzen, besonders in den Ländern mit öffentlich gewordenen Missbrauchsskandalen, führen diese Bestrebungen mit Hilfe des Modells der Organisationsentwicklung und Organisationsveränderung fort. Hier kommen *Best Practices* bei der Weiterbildung zu Themen des sexuellen Missbrauchs für potentielle Opfer, Missbrauchstäter und Erziehungsberechtigte bzw. Leiter von Institutionen zum Tragen, die zum Teil von nicht-kirchlichen Modellen, aber auch aus funktionierenden kirchlichen Initiativen übernommen werden.

Die Glaubwürdigkeit und die Effizienz von Präventionsanstrengungen hängen auch davon ab, wie sich die Kirche dem in der Vergangenheit geschehenen Missbrauch stellt. Ein in diesem Sinn international als vorbildhaft angesehenes Vorgehen wurde seit 2010 für die katholische Kirche Österreichs durch die Opferschutzanwaltschaft („Klasnic-Kommission") umgesetzt. Diese versteht sich als eine zivilgesellschaftliche Einrichtung, die Betroffenen rasch und unbürokratisch helfen will.

---

[5] Vgl. Zollner/Fuchs/Fegert, Vermeidung von Viktimisierung.

[6] Vgl. John Jay College Research Team, The Causes and Contexts of Sexual Abuse of Minors by Catholic Priests in the United States 1950–2010

Bis Ende 2019 traf die Kommission rund 2250 positive Entscheidungen bezüglich einer Zuerkennung finanzieller und/oder therapeutischer Hilfeleistungen, d. h. in 92,3 % aller gemeldeten Fälle. Die Auseinandersetzung mit den Verbrechen hilft dabei, aus der Vergangenheit zu lernen und für eine bessere Gegenwart und eine sicherere Zukunft in Kirche und Gesellschaft zu arbeiten.

4. Was die katholische Kirche zu Prävention von Missbrauch beitragen kann

Als Ziel katholischer Bildungsarbeit kann man definieren, Hilfen für die Entfaltung und Entwicklung der menschlichen Anlagen und Begabungen zu geben und Menschen zu befähigen, aktiv an Entscheidungs- und Gestaltungsprozessen in Familie, Beruf, Gesellschaft und Kirche teilzunehmen. Wenn akademische, professionelle und andere Bildungseinrichtungen der katholischen Kirche einen spezifischen Dienst durch *Bildung* unter Einschluss der *pastoralen Dimension* anbieten sollen, dann sind im Blick auf die kirchliche und außerkirchliche Präventionsarbeit u. a. folgende Themenfelder verbunden, die auf adäquate inhaltliche, pädagogische und methodologische Weise den Teilnehmerinnen und Teilnehmern an diesen Veranstaltungen zu vermitteln sind:

- Kenntnis über Rechte und Bedürfnisse von Kinder, insbesondere die Regelungen in der UN-Kinderrechtskonvention von 1990 mit ihrer Formulierung der grundlegenden Kinderrechte sowie die im jeweiligen Rechtsraum gültigen allgemeinen und speziellen Gesetze und Normen.
- Information über die verschiedenen Formen von Kindeswohlgefährdung und speziell über sexualisierte Gewalt gegen Heranwachsende.

- Sensibilisierung zur Reflexion des eigenen professionellen Handelns gegenüber den anvertrauten Heranwachsenden.
- Vermittlung von Interventionsempfehlungen bei konkreten Verdachtsfällen sowie Darstellung der Möglichkeiten und Grenzen präventiver Maßnahmen in Institutionen, im familiären Kontext und in anderen Zusammenhängen.
- Schaffung eines sicheren Umfeldes durch ein Vorgehen, angestrebt in drei Schritten:
- Schritt 1: Risikofreie/zuverlässige Personaleinstellung,
- Schritt 2: Verhaltenskodex,
- Schritt 3: Schulung und Supervision im Einführen von sicheren Aktivitäten.
- Erläuterung dessen, warum die spirituell-religiöse Dimension bei Missbrauch durch einen Kleriker oder andere Kirchenrepräsentanten eine einzigartige Tiefe der Verwundung hinzufügen kann, und welche spirituellen und theologischen Reflexionen über die Wurzeln und die spezifischen Konsequenzen jener Art von Missbrauch notwendig sind, in denen sexueller Missbrauch, gepaart mit Missbrauch von Gewissen und von Macht[7], spirituell und religiös gefärbt waren oder sogar damit begründet wurden (Zollner, H. 2019).[8]

---

[7] Papst Franziskus, Schreiben von Papst Franziskus an das Volk Gottes, 20. August 2018; Quelle: http://w2.vatican.va/content/francesco/de/letters/2018/documents/papa-francesco_20180820_lettera-popolo-didio.html [Stand 20.10.2019].

[8] Vgl. Hans Zollner, The Child at the Center. What Can Theology Say in the Face of the Scandals of Abuse?, in: Theological Studies 80 (2019) 692–710.

5. Das Centre for Child Protection (CCP) – ein Kompetenzzentrum für Missbrauchsprävention in der katholischen Kirche

Prävention von Missbrauch muss von verschiedenen Seiten, über verschiedene Methoden sowie durch verschiedene Disziplinen kommen. Im Folgenden wird aufgezeigt, wie im Rahmen akademischer Ausbildung Schulungsmaßnahmen zur Prävention von Missbrauch mit weltweiter Wirkung durchgeführt werden können. Diese Tätigkeit in der Qualifizierung von fachkundigen Präventionsexpertinnen und -experten, „Safeguarder" genannt, muss in der jeweiligen Ortskirche (Diözese) oder Ordensprovinz aufgenommen und durch eine mit entsprechenden Kompetenzen ausgestattete Organisation systemische, institutionelle und organisatorische Präventionsmaßnahmen unterstützt und flächendeckend und effizient implementiert werden.

Spezifische Präventionsprogramme zielen nicht nur darauf, das Verüben einer Sexualstraftat zu vermeiden, sondern vor allem darauf, ein breites und tiefes Wissen um die Gründe, Begleitfaktoren und Auswirkungen von sexuellem Missbrauch zu fördern und konsequentes Handeln anzuregen. Die Kirche mit ihren schulischen, akademischen, caritativen und pastoralen Einrichtungen könnte hier weltweit eine Vorreiterrolle auch für andere Religionsgemeinschaften, alle möglichen Arten von Organisationen und die Regierungen spielen, wie sie es in einigen Ländern besonders der südlichen Hemisphäre heute schon tut. Das *Centre for Child Protection* (CCP) der Päpstlichen Universität Gregoriana in Rom stellt sich ganz in den Dienst der Prävention von Missbrauch von Minderjährigen.[9]

---

[9] Website: http://childprotection.unigre.it

5.1. Entstehung des CCP

Zu den von der katholischen Kirche angestoßenen Initiativen, präventiv gegen den Missbrauch in den eigenen Reihen vorzugehen, gehört seit Januar 2012 das „Centre for Child Protection" (CCP) als Forschungs- und Ausbildungszentrum zur Prävention des sexuellen Missbrauchs in der Weltkirche. Gegründet wurde das CCP gemeinsam von der Päpstlichen Universität Gregoriana (PUG) in Rom, der Erzdiözese München und Freising und der Abteilung für Kinder- und Jugendpsychiatrie und -psychotherapie des Universitätsklinikums Ulm. Es startete seine Arbeit im Februar 2012 mit einem Symposium zum Thema „Auf dem Weg zur Heilung und Erneuerung" an der PUG in Rom.

5.2 Ziele und Aufgabenfelder des CCP

Das grundlegende Prinzip des CCP ist ein opferzentrierter Ansatz, nach dem das Zeugnis von Opfern gehört wird und im Mittelpunkt steht, wenn es um Reflexion und um entsprechende Präventionsmaßnahmen geht. Weitere Grundsätze sind das christliche Menschenbild, Spiritualität, kulturelle Sensibilität und der multidisziplinäre Ansatz, in dem psychologische, soziologische, pädagogische, kirchen- und zivilrechtliche sowie theologische Themen behandelt werden.

Das CCP verfolgt das Ziel, Kinder, Jugendliche und schutzbefohlene Erwachsene zu schützen, indem es weltweit Präventionsmaßnahmen in der katholischen Kirche gegen sexuellen und jegliche andere Form des Missbrauchs fördert, und zwar durch akademische Forschung, Wissensvermittlung und Sensibilisierung.

Das CCP fördert Präventionsarbeit gezielt in jenen Ländern, wo bisher wenig dafür getan wurde, und qualifiziert Menschen für ihre Aufgabe vor Ort. Es geht darum, kirchlichen Mitarbeiter und Mitarbeiterinnen in Pfarreien, Schulen, Kindergärten Hilfen für den Schutz von Kindern und Jugendlichen anzubieten. Dies geschieht konkret durch

- interdisziplinäre Diplom- und Master-Studiengänge für künftige Präventionsbeauftragte aus der Weltkirche und andere Interessierte,
- durch ein (derzeit sechssprachiges) E-Learning-Programm zur Präventionsschulung, das den Ortskirchen weltweit zur Schulung der eigenen Mitarbeiter in der Breite angeboten wird,
- durch die Betreuung von Doktorarbeiten zu relevanten Themen im Bereich der sexuellen Gewalt in Kirche und Gesellschaft,
- durch empirische Forschung und inhaltliche Entwicklung von Kerninhalten der Präventionsarbeit,
- sowie durch regelmäßige Fachkongresse und Veröffentlichungen.

5.2.1 Diplom und Lizentiat

Zu den Ausbildungsprogrammen des CCP gehören seit 2015 ein Diplomkurs und seit 2018 ein Lizentiatskurs in *Safeguarding*. Beide Kurse richten sich schwerpunktmäßig an pastorale Mitarbeiter, die häufig die ersten Ansprechpartner für Opfer sexuellen Missbrauchs sind. Die Aufklärung von Geistlichen, Ordensleuten und anderen pastoralen Mitarbeitern ist deshalb ein erster Schritt, die katholischen Gemeinden, Schulen, Heime u. v. m. zu sicheren Orten für Kinder zu machen. Die in englischer Sprache angebotenen Kurse richten sich auch an Kinderschutzbeauftragte von Diözesen, Orden und kirchlichen Einrichtungen weltweit, und sie sind offen für alle, die als Berater, Ausbilder oder Trainer in kirchlichen und säkularen Organisationen im Bereich des Kinderschutzes tätig sind oder werden wollen.

Beim Diplomkurs handelt es sich um einen einsemestrigen Kurs an der PUG auf Englisch (das Diplom wird ab Frühjahr 2021 auch in Spanisch angeboten werden). Er ist offen für Studierende, die mindestens einen Bachelor-Abschluss haben. Die Studierenden kommen aus der ganzen Welt und haben einen Abschluss in Psychologie, Psychotherapie, Erziehung, Medizin o. ä. Die Studierenden erarbeiten sich ein umfassendes Spektrum an kognitiven und praktischen Kompetenzen, die auf dem Gebiet des Kinderschutzes erforderlich sind. In einem Vollzeit- und Ganztagesprogramm mit einem Lernerzentrierten Ansatz entwickeln sie die erforderlichen Kompetenzen für das Fachgebiet, beispielsweise das Erkennen von Missbrauch bei Opfern und Risiken bei potentiellen Tätern, Unterstützung von Missbrauchsopfern und sekundären Opfern, spirituelle und theologische Implikationen von Missbrauch, Schaffung von Kinderschutznetzwerken in den jeweiligen Regionen, Unterstützung der Kirchenführung beim angemessenen Umgang mit Vorwürfen, Instrumente für eine adäquate Intervention, Umsetzung kontextspezifischer Richtlinien zum Kinderschutz, Durchführung von Ausbildungskursen in Ausbildungseinrichtungen und Gemeinden etc. Das grundlegende Prinzipien des Kurses ist ein opferzentrierter Ansatz, nach dem das Opfer gehört wird und im Mittelpunkt steht, wenn es um Reflexion und zu treffenden Maßnahmen geht.

Der seit Herbst 2018 angebotene Lizenziatskurs, der akademisch dem Niveau eines Masterkurses (mit Erlangung des entsprechenden Grades eines universitären zweiten Studienzyklus) entspricht, folgt den gleichen Prinzipien und Zielsetzungen wie der Diplomkurs, auf dem er aufbaut. In den vier Semestern werden die Studieninhalte mit dem Ziel einer Qualifikation für zwei künftige Arbeitsbereiche zugeschnitten: Intervention bei Missbrauch und Prävention von Missbrauch. Das erste Semester ist deckungsgleich mit dem Diplomkurs, im zweiten Semester werden dessen Inhalte je nach Vorbildung der Studierenden vertieft. Das dritte Semester besteht aus einem Praxissemester in einer Einrichtung, die sich mit Kinderschutz befasst, und das vierte Semester dient dem Verfassen der Lizentiatsarbeit und der Vorbereitung auf die Abschlussprüfung.

5.2.2 E-Learning – Blended Learning

Neben dem Diplom-und dem Lizentiatskurs ist auch das vom CCP entwickelte und angebotene E-Learning-Programm ein wichtiges Schulungsinstrument zum Umgang mit sexuellem Missbrauch in der Kirche. Der Internet-basierte Kurs kann überall auf der Welt eingesetzt werden und an die jeweiligen kulturellen, sprachlichen und rechtlichen Situationen in den verschiedenen internationalen Kontexten angepasst werden. Dabei handelt es sich nicht um einen Kurs, den die Teilnehmer sich individuell „im stillen Kämmerlein" aneignen sollen, sondern um ein sog. *Blended Learning*, ein Lernmodell, in dem computergestütztes Lernen und klassischer Unterricht kombiniert werden. Deshalb werden diese Lerneinheiten nur in Zusammenarbeit mit einer akademischen oder anderen Lehr- oder Fortbildungsinstitution angeboten. Dies ist deshalb wichtig, weil unter den Kursteilnehmern zuweilen auch Missbrauchsopfer sind, die durch die Inhalte retraumatisiert werden könnten. Durch die Anbindung an eine Institution kann schneller und effektiver Unterstützung angeboten werden, wenn es notwendig werden sollte. Ähnlich wie der oben beschriebene Diplom- und Lizentiatskurs ist auch der E-Learning-Kurs ein interdisziplinäres Schulungsinstrument, das den Teilnehmern Wissen in Sachen Kindesschutz vermitteln und sie in die Lage versetzen soll, adäquat und professionell auf Betroffene von Missbrauch und ihre Angehörigen einzugehen und über präventive Maßnahmen zu informieren.

Ziel der Blended-Learning-Kurses ist es, handlungs- und praxisorientierte Kompetenzen sowohl für die Präventionsarbeit als auch für konkrete Interventionsmaßnahmen zu vermitteln. So lernen die Teilnehmer beispielsweise, welchen Einfluss die jeweilige Kultur auf das emotionale Leben eines Kindes und damit auf eventuelle Missbrauchserfahrungen hat; sie werden in die entwicklungspsychologischen Aspekte der Kindheit und Jugend, über Beziehungen und Sexualität eingeführt; sie werden darin geschult, wie man mit emotionaler und körperlicher Distanz gegenüber Schutzbefohlenen umgeht, wie man Signale von Missbrauch bei betroffenen Minderjährigen erkennt, wie man den Opfern begegnet und sie beschützt; sie erfahren, welche Schritte zur Aufarbeitung notwendig sind, was im Fall eines erhärteten Verdachts aufgrund der jeweiligen Rechtslage zu tun ist, und was die Vorgehensweise nach dem Kirchenrecht ist, wenn der Täter ein Kleriker ist.

Das Programm ist derzeit in sechs Sprachen verfügbar: Deutsch, Englisch, Spanisch, Französisch, Italienisch und Portugiesisch; Übersetzungen in anderen Sprachen stehen kurz vor der Fertigstellung. Jede Lerneinheit enthält interaktive Fallbeispiele, Übungen, Lehrtexte und -videos, Aufgaben zur Selbstreflexion und Tests und ist für unterschiedliche Lern- und Bildungsbedürfnisse und -niveaus geeignet. Die E-Learning-Einheiten werden interessierten Einrichtungen weltweit zur Verfügung gestellt, beispielsweise Universitäten, Kongregationen, Priesterseminaren, Diözesen, Schulen etc. Die Einrichtungen, die das Programm nutzen und in ihre Bildungsangebote bzw. Curricula integrieren, bieten weitere Einheiten aus ihrem eigenen kulturellen, sozialen und rechtlichen Kontext vor Ort und in Gruppen an – so dass es zu einem *Blended-Learning* wird. Das CCP unterstützt die Kurse durch Begleitung der Konzepterstellung bzw. Umsetzung und durch wissenschaftliche, technische und logistische Beratung. Bei erfolgreichem Abschluss des Programms bietet das CCP ein mit der durchführenden Einrichtung gemeinsam ausgestelltes Zeugnis an.

5.2.3 Forschung und Promotionen

Das internationale Team des CCP besteht aus Wissenschaftlerinnen und Wissenschaftlern aus den Bereichen Psychologie, Theologie, Pädagogik, Sozialwissenschaften. Wissenschaftliche Arbeiten finden im Rahmen von Promotionsstudien statt und setzen sich schwerpunktmäßig mit Fragen des sexuellen Missbrauchs von Kindern und Jugendlichen in verschiedenen Teilen der Welt und mit Konzepten zur Ausbildung an Priesterseminaren auseinander. Das CCP veröffentlicht in diesem Zusammenhang immer wieder innovative empirische Forschung und trägt zur inhaltlichen Entwicklung von Kerninhalten der Präventionsarbeit in Kirche und Gesellschaft bei.

5.2.4 Kongresse und Fortbildungen

Das CCP ist mittlerweile bekannt für seine an der Päpstlichen Universität Gregoriana in Rom durchgeführten internationalen Kongresse zur Analyse von Missbrauch Minderjähriger in Kirche und Gesellschaft und dem Umgang mit diesem Phänomen. Das oben bereits erwähnte Symposium „Auf dem Weg zur Heilung und Erneuerung“, das im Februar 2012 stattfand, war bahnbrechend, weil dabei das Thema Missbrauch in der katholischen Kirche zum ersten Mal in einem solchen internationalen, dezidiert akademischen und gleichzeitig hochrangig besetzten Rahmen erörtert wurde, vor allem aber, weil mit Marie Collins eine Betroffene von Missbrauch die Tagung eröffnete.

Im Oktober 2017 fand der Kongress „Child Dignity in the Digital World“ statt, auch dies der erste seiner Art weltweit. Er setzte sich mit den Gefahren sexuellen Missbrauchs und sexueller Ausbeutung auseinander, der die 800 Millionen Minderjährige weltweit ausgesetzt sind, die das Internet benutzen. Auch dieser Kongress brachte hochrangige Vertreter aus der Wissenschaft, der Kommunikationsbranche – darunter die großen Social-Media und Internetunternehmen –, der Zivilgesellschaft, Politik, Justiz, Kirche und Religionen zusammen und endete mit einer „Erklärung von Rom", die Papst Franziskus in einer Privataudienz aller Teilnehmer überreicht wurde. Auf diese Erklärung, die eindringlich alle Verantwortungsträger weltweit auffordert, den Schutz von Kindern in der digitalen Welt sicher zu stellen, antwortete der Papst mit einer viel beachteten Rede.

Seit 2015 (mit einer Unterbrechung in 2019) ist das CCP regelmäßig Gastgeber der sog. „Safeguarding Conference", die seit ca. 30 Jahren Verantwortungsträger aus dem Bereich der weltweiten kirchlichen Präventionsarbeit, Ordensobere und Bischöfe zu einem intensiven Austausch über den Umgang mit sexuellem Missbrauch zusammenführt.

Über die Veranstaltung eigener Kongresse zum Thema Missbrauch von Minderjährigen hinaus ist das CCP auch mit seiner Expertise bei vielen einschlägigen Kongressen und Symposien in allen Kontinenten vertreten. Die kontinuierliche Schulungs- und Fortbildungstätigkeit in den vielen römischen kirchlichen Ausbildungshäusern, bei Generalleitungen von Ordensgemeinschaften und in Einrichtungen der vatikanischen Kurie sowie auf Einladung von Bischofskonferenzen, Universitäten und anderen Institutionen auf allen Kontinenten ist wesentlicher Teil der Tätigkeit der Mitarbeiterinnen und Mitarbeiter des CCP.

6. Schluss

Der Kampf gegen sexuellen Missbrauch wird noch lange dauern, und dabei muss man Abschied nehmen von der Illusion, dass das bloße Einführen von Regeln oder Leitlinien die gänzliche und endgültige Lösung bringen wird.[10] In der weltweiten Kirche den sexuellen Missbrauch zu bekämpfen ist eine Herkules-Aufgabe, bei der sehr viele Akteure in Kirche und Gesellschaft zusammenwirken müssen. Es geht um die Veränderung von Einstellungen, und diese wandeln sich nur langsam. Es geht um eine grundsätzliche Umkehr, um eine Einstellung, bei der das Streben nach Gerechtigkeit für die Opfer und der Einsatz für eine umfassende Prävention nicht als etwas Lästiges abgehakt werden, wenn die Öffentlichkeit nicht mehr so genau hinschaut. Die Botschaft vom Gott Jesu Christi ist die Quelle und die Kraft für diese kontinuierliche Besinnung auf den Kern des Evangeliums. Denn Gott liebt besonders die Kleinen und Verwundbaren: „Lasst die Kinder zu mir kommen. Denn Menschen wie ihnen gehört das Reich Gottes“ (Mk 10,14).

---

[10] Papst Franziskus, Schreiben des Heiligen Vaters an die US-Amerikanischen Bischöfe, die an den geistlichen Exerzitien am Chicagoer „Mundelein Seminary“ teilnehmen, 1. Januar 2019, Quelle: http://www.vatican.va/content/francesco/de/letters/2019/documents/papa-francesco_20190101_lettera-vescovi-usa.html [Stand 20.10.2019].

Verzeichnis der Autorinnen und Autoren

Andreas Batlogg SJ, geb. 1962, Dr. theol., 2008–2015 wissenschaftlicher Leiter des Karl-Rahner-Archivs, 2009–2017 Herausgeber und Chefredakteur der Kulturzeitschrift „Stimmen der Zeit".

Mary Hallay-Witte, geb. 1969, Dipl. Rel.Päd. und Systemische Therapeutin (DGSF), kommissarische Leiterin des Instituts für Prävention und Aufarbeitung sexualisierter Gewalt in Grafschaft-Lantershofen.

Erich Lehner, geb. 1958, Dr. theol., Psychoanalytiker in freier Praxis und Lehranalytiker im „Wiener Kreis für Psychoanalyse und Selbstpsychologie".

Andrea Lehner-Hartmann, geb. 1961, Dr. theol., Professorin für Religionspädagogik und Katechetik an der Katholisch-Theologischen Fakultät der Universität Wien.

Klaus Mertes SJ, geb. 1954, Diplomtheologe, 2000–2011 Rektor des Canisius-Kolleg Berlin, 2011–2020 Rektor des Kolleg St. Blasien; Redaktionsmitglied der Kulturzeitschrift „Stimmen der Zeit".

Damian Miller, geb. 1962, Dr. phil., Professor am Fachbereich Bildungs- und Sozialwissenschaften an der Pädagogischen Hochschule Thurgau.

Johann Pock, geb. 1965, Dr. theol., Professor für Pastoraltheologie und Kerygmatik an der Katholisch-Theologischen Fakultät der Universität Wien.

Gunter Prüller-Jagenteufel, geb. 1964, Dr. theol., außerordentlicher Professor für theologische Ethik an der Katholisch-Theologischen Fakultät der Universität Wien.

Christoph Kardinal Schönborn, geb. 1945, Dr. theol.; 1975–1991 Professor für Dogmatik in Freiburg i. Ue.; seit 1995 Erzbischof von Wien.

Wolfgang Treitler, geb. 1961, Dr. theol., außerordentlicher Professor für Fundamentaltheologie an der Katholisch-Theologischen Fakultät der Universität Wien.

Hubert Wolf, geb. 1959, Dr. theol. Dr. h.c., Professor für Mittlere und Neuere Kirchengeschichte an der Katholisch-Theologischen Fakultät der Westfälischen Wilhelms-Universität Münster.

Ansgar Wucherpfennig SJ, geb. 1965, Dr. theol., Professor für Exegese des Neuen Testaments an der Philosophisch-Theologischen Hochschule Sankt Georgen in Frankfurt.

Hans Zollner SJ, geb. 1966, Dr. theol., Professor für Psychologie an der Päpstlichen Universität Gregoriana in Rom, Präsident des Centre for Child Protection (CCP) ebenda.

Weitere Bände der Reihe
Katholizismus im Umbruch

Magnus Striet (Hg.)
„Nicht außerhalb der Welt"
Theologie und Soziologie
Katholizismus im Umbruch 1
2014, 208 Seiten
ISBN Print 978-3-451-33271-5
ISBN E-Book (PDF) 978-3-451-80595-0

Stephan Goertz/Magnus Striet (Hg.)
Nach dem Gesetz Gottes
Autonomie als christliches Prinzip
Katholizismus im Umbruch 2
2014, 200 Seiten
ISBN Print 978-3-451-33272-2
ISBN E-Book (PDF) 978-3-451-80596-7

Stephan Goertz (Hg.)
„Wer bin ich, ihn zu verurteilen?"
Homosexualität und katholische Kirche
Katholizismus im Umbruch 3
2015, 448 Seiten
ISBN 978-3-451-33273-9

Stephan Goertz/Caroline Witting (Hg.)
Amoris laetitia – Wendepunkt für die Moraltheologie?
Katholizismus im Umbruch 4
2016, 336 Seiten
ISBN Print 978-3-451-37820-1
ISBN E-Book (PDF) 978-3-451-81820-2

Stefan Gärtner
Der Fall des niederländischen Katholizismus
Kirche und Seelsorge in einer spätmodernen Gesellschaft
Katholizismus im Umbruch 5
2017, 240 Seiten
ISBN 978-3-451-37840-9

Anna Karger-Kroll/Michael Karger/Christopher Tschorn (Hg.)
Beziehungsstatus: kompliziert
Das kirchliche Leitbild von Ehe und Familie in Konfrontation mit der sozialen Wirklichkeit
Katholizismus im Umbruch 6
2017, 200 Seiten
ISBN Print 978-3-451-38076-1
ISBN E-Book (PDF) 978-3-451-82076-2

Gunda Werner (Hg.)
Gerettet durch Begeisterung
Reform der katholischen Kirche durch pfingstlich-charismatische Religiosität?
Katholizismus im Umbruch 7
2018, 264 Seiten
ISBN Print 978-3-451-38087-7
ISBN E-Book (PDF) 978-3-451-83087-7

Ursula Nothelle-Wildfeuer / Magnus Striet (Hg.)
Einfach nur Jesus?
Eine Kritik am „Mission Manifest"
Katholizismus im Umbruch 8
2018, 160 Seiten
ISBN Print 978-3-451-38318-2
ISBN E-Book (PDF) 978-3-451-83318-2

HERDER

Magnus Striet/Rita Werden (Hg.)
Unheilige Theologie!
Analysen angesichts sexueller Gewalt gegen Minderjährige durch Priester
Katholizismus im Umbruch 9
2019, 200 Seiten
ISBN Print 978-3-451-38509-4
ISBN E-Book (PDF) 978-3-451-83509-4

Georg Essen/Magnus Striet (Hg.)
Nur begrenzt frei?
Katholische Theologie zwischen Wissenschaftsanspruch und Lehramt
Katholizismus im Umbruch 10
2019, 128 Seiten
ISBN Print 978-3-451-38583-4
ISBN E-Book (PDF) 978-3-451-83583-4

Bernhard Emunds/Stephan Goertz
Kirchliches Vermögen unter christlichem Anspruch
Katholizismus im Umbruch 11
2020, 408 Seiten
ISBN Print 978-3-451-38510-0
ISBN E-Book (PDF) 978-3-451-83510-0

Stephan Goertz/Magnus Striet (Hg.)
Johannes Paul II. – Vermächtnis und Hypothek eines Pontifikats
Katholizismus im Umbruch 12
2020, 224 Seiten
ISBN Print 978-3-451-38723-4
ISBN E-Book (PDF) 978-3-451-83723-4

HERDER